예비영유아교사를 위한

보육실습

예비영유아교사를 위한

보육실습

윤은경 · 이미나 · 김형수 공저

동 문 사

머리말

보육실습은 보육교사가 되기 위한 준비과정으로 학생들이 실제 보육현장과는 처음으로 만나는 현장실습을 위한 교육과정이다. 보육실습은 보육현장에서 물리적인 환경, 보육교직원, 영유아를 관찰하면서 학급운영의 전반적인 보육활동 내용을 체험하면서 익히는 것이다. 그 과정에서 영유아 발달을 다시 공부하고, 교재·교구를 만들어 볼 수 있으며, 보육활동계획안을 작성하여 실행하면서 어떻게 하면 보육현장에 적응하면서 잘할 수 있을지에 대해 고민하며 영유아 발달에 맞는 보육이 무엇인지를 실제적인 경험할 수 있다. 이러한 경험들은 예비영유아교사로서 보육실습의 중요성을 인식하고 미래의 꿈나무가 될 영유아의 꿈과 희망을 키우는 보육교사로 성장하는 데 밑거름이 될 것이다.

현대사회는 심각한 저출산 문제를 겪고 있다. 우리나라 역시 자녀양육의 문제가 여성 개인의 문제에서 사회적 문제로 변화하며 국가의 책무성이 강조되었고, 이에 2013년 3월부터 모든 영유아를 대상으로 무상보육이 실행되어 부모의 양육부담을 줄일 수 있는 계기가 되었다. 그러한 가운데 보육 수요자들은 영유아 권리존중 보육, 질 높은 보육서비스의 욕구가 다양해졌으며, 그에 따른 보육실습기관과 영유아교육기관을 효율적으로 운영하기 위한 평가인증과 보육교사 양성제도의 효과적인 교사교육의 관리체계가 필요하게 되었다.

질 높은 보육교사 교육을 위한 '보육실습' 교과목의 강화는 2016년 1월 12일자로 공포된 「영유아보육법」 시행규칙의 개정 사항에 따라 종전의 보육실습시간이 160시간(4주)에서 240시간(6주)으로 강화되어 2016년 8월부터 적용하고 있다. 이처럼 보육의 질적 향상과 보육교사의 자질과 전문성에 대한 관심은 양질의 보육교사를 양성하고 보육교사 자격을 취득하기 위한 다양한 기관[대학(교), 평생교육원, 사이버대학(교), 사이버교육원, 보육교사 양성훈련기관 등]에서의 양성교육과정과 예비영유아교사를 위한 바람직한 보육실습에 대한 법적인 기준 강화로 이어졌다.

머리말

보육과 관련된 법 개정은 곧바로 보육교사 양성교육과정에 즉시 반영되고 수정되어야 할 사안으로, 그동안 대학(교)이나 보육교사 양성교육기관에서 실질적으로 '보육실습' 교과목을 담당했던 저자들이 법 개정에 따른 보육실습 지도를 위한 교재의 필요성을 느끼면서 실습지도교사와 실습생에게 실제적인 도움을 제공하기를 바라는 마음으로 집필하게 되었다.

이 책은 영유아보육법 시행규칙 개정(2016, 보건복지부령 제392호)에 의해 보육교사의 인성과 자질을 향상을 위해, 교육영역 및 영역별 필수 교과목 변경과 대면교육의 강화, 보육실습기준의 강화 등을 다룬 보건복지부 및 육아정책연구소에서 발간한 『보육교사 양성과정 및 보육실습 매뉴얼 연구』를 바탕으로, 2017년 보육사업안내에서의 보육실습지도와 보육실습기관에서의 보육실습지도, 국가수준 제4차 어린이집표준보육과정과 2019년 개정누리과정 등을 기본으로 하여 보육실습의 전 과정에서 참고하여, 전체 11장으로 구성하였다.

세부적인 내용을 살펴보면 1장에서는 보육실습의 기초를 알아보는 보육실습의 이해, 2장에서는 보육실습의 법적 기준으로 보육실습기관, 지도교사, 교과목 및 기간, 이수 및 기간 그리고 등록과 기준으로 구성하였다. 3장에서는 보육실습의 계획으로 실습생의 준비, 보육실습기관 및 학교에서의 준비를 다루었고, 4장에서는 보육실습의 내용으로 참관실습, 참가실습, 지도실습, 실습생의 일상 업무와 실습 마무리의 내용으로 구성하였다. 5장에서는 보육실습의 운영내용으로 보육프로그램 계획, 보육프로그램 계획 시 고려해야 할 내용, 보육 운영계획 및 보육프로그램 실제를 다루었다. 6장에서는 영유아와의 상호작용으로 영유아를 위한 바람직한 상호작용으로 구성되었으며, 7장에서는 영유아 문제유형별 생활 지도 실제로서 영유아 생활 지도 및 영유아의 기본생활습관 지도로 구성되었다. 8장에서는 실습생의 실습과정에서 나타날 수 있는 실습생의 특성에 따른 적응에 대한 내용을 구성하였고, 9장에서는 실습생의 발달단계 및 실습생의 발달단계 사례를 다루었다. 10장에서는 보육실습기관에서의 실습생 평가 및 지도, 11장에서는 보육실습 사후관리로 구성하였다. 그리고 부록을 통해 보육실습일지 및 보육실습에 필요한 자료의 양식을 담았다.

이 책을 통하여 보육실습을 나가는 학생들과 보육실습 담당자에게 많은 도움이 되길 바랍니다. 끝으로 본 교재가 나오기까지 도와주시고 격려하여 주신 모든 분에게 감사를 드리고자 한다. 그리고 출판을 흔쾌히 허락하고 모든 지원을 해 주신 동문사 대표와 편집부에게 정중하게 감사의 말을 전합니다.

2021년 2월
저자 일동

차 례

■ 머리말 / 5

CHAPTER 01 보육실습의 이해

1. 보육실습의 개념 13
2. 보육실습의 목적 15
3. 보육실습의 의의 17
4. 보육실습의 영향 19

CHAPTER 02 보육실습의 법적 기준

1. 보육실습기관 26
2. 보육실습 지도교사 27
3. 보육실습 교과목 및 학점기준 27
4. 보육실습 이수 및 기간 30
5. 보육실습생 등록과 관리 32

CHAPTER 03 보육실습의 계획

1. 실습생의 준비 37
2. 보육실습의 유형 54
3. 보육교직원과 실습생의 역할 64
4. 실습생이 알아야 할 윤리규정 88
5. 실습생이 알아야 할 보육교사의 인성역량 92

CHAPTER 04 보육실습의 내용

1. 참관실습 97
2. 참가실습 99

3. 실제지도실습 114
4. 실습생의 일상 업무 117
5. 실습 마무리 118

CHAPTER 05 보육실습의 운영내용

1. 보육프로그램 계획 123
2. 보육프로그램 계획 시 고려해야 할 내용 124
3. 보육 운영계획 126
4. 보육프로그램 실제 128

CHAPTER 06 영유아와의 상호작용

1. 영아를 위한 바람직한 상호작용 173
2. 유아를 위한 바람직한 상호작용 179

CHAPTER 07 영유아 문제유형별 생활 지도 실제

1. 영유아의 생활 지도 187
2. 영유아의 기본생활습관 지도 200

CHAPTER 08 실습생의 특성에 따른 적응

1. 불안감 207
2. 시간 관리 208
3. 걱정 209
4. 도움 청하기 210
5. 학생교사라는 애매한 신분 211
6. 영유아와의 애착 211

차 례

7. 보육철학의 차이 212
8. 실습 스트레스 213

CHAPTER 09 실습생의 발달단계

1. 실습생의 발달단계 217
2. 보육현장에서의 실습생의 발달단계 사례 221

CHAPTER 10 보육실습기관에서의 실습생 평가 및 지도

1. 지도교사의 일일 실습생 평가 및 지도 231
2. 실습과정의 주별 목표에 따른 지도교사의 실습생 평가 및 지도 234
3. 총괄 평가 및 지도 236
4. 실습생의 자기 평가표 236

CHAPTER 11 보육실습 사후관리

1. 보육실습 지도기관의 사후관리 241
2. 양성교육기관의 사후관리 242
3. 보육교사 자격증 신청 244

■ 참고문헌 / 248

QR코드를 스캔하면 보육교사 실습일지를 다운받을 수 있습니다.

CHAPTER 01

보육실습의 이해

학습내용

보육교사 자격증을 취득하기 위해서는 보육실습 교과목을 이수해야만 한다. 또한 예비영유아교사는 보육실습 교과목을 통해서 실습기관에서 6주간의 현장실습을 해야만 한다. 그러므로 예비영유아교사가 실습생이 되기 전에 보육실습 교과목에 대해 정확하게 이해하는 것은 중요하다. 이를 위해 본 장에서는 보육실습의 개념을 먼저 논의하고, 교과목으로서의 보육실습의 특성에 대해서 구체적으로 살펴보고자 한다.

1. 보육실습의 개념

보육실습은 보육교사에게 필요한 지식, 기술, 태도 등을 갖추기 위해 보육의 실제현장을 관찰하는 것에서부터 현장에 직접 참여하여 실제로 영유아들을 가르치고 보호·양육하는 데 필요한 것을 계획하고 준비하고 수행하는 것뿐만 아니라, 행정사무와 관련된 교사의 업무까지 포함하는 보육현장과 연결된 모든 경험을 내포한다. 그러므로 보육실습은 보육의 질 제고를 위한 교사 양성 측면에서 그 중요성이 더욱 부각되고 있다.

유아교사 양성교육과정에서의 실습은 교사자격증 취득을 위한 필수과정으로서 예비영유아교사가 이수한 교과목, 훈련, 경험 등을 종합하여 반영하면서 배울 수 있는 현장의 수련과정이다(Machado & Botnarescue, 2008). '보육실습'은 현행법 체계 내에서 '교직과목'은 아니지만 「영유아보육법」에 근거한 보육교사 자격증을 취득하기 위해서는 반드시 이수하여야 할 법적 교육과정의 하나이므로 교직의 성격을 갖는 실습과목이라 할 수 있다.

일반적인 교사의 의미는 일정한 양성과정을 거쳐서 자격증을 받고 공공 교육기관에서 공적으로 채용되어 학생을 가르치는 사람으로 정의된다. 이러한 의미에서 보육실습은 보육교사가 되기 위한 일정한 양성과정 중 하나이며, 이를 거쳐서 보육교사 자격을 취득하고 보육실습기관에서 가르치는 일을 전문적으로 하는 사람을 양성한다는 것을 의미한다.

우리나라의 경우, 유아교육기관이 상이한 행정부서와 법령하의 교육과 보육기관으로 이원화 구조를 이루고 있으나 '에듀케어(educare)'의 개념, 즉 발달에 적합한 교육(education)과 동시에 보호·양육(care)의 기능을 지원하는 유아교육을 강조하는 흐름(김선영·신나리·김향은, 2009)에서 볼 때, 유치원과 보육실습기관의 교사는 모두 유아교사에 포함된다. 이러한 맥락에서 보육실습은 유아교육기관에서의 현장실습으로서 유아교육실습의 일종이다.

유아교육실습은 유아교사 양성과정에 있어 중요한 요소이며 그 교육과정에서 배운 이론이나 기술을 실제에 적용해 보는 단계로 그 의미가 확대, 인식되고 있다. 즉, 예비 유아교사가 실제 현장에서 직접적·간접적인 경험을 통하여 유아 교사에게 필요한 지식, 기술, 태도 등을 배우는 모든 과정이 유아교육실습이다. 유아교육실습을 통하여 예비영유아교사는 교사로서 갖추어야 할 태도가 긍정적으로 변화·발전하고, 교수 능력이 향상되며, 자신이 가지고 있는 이론과 경험을 토대로 하여 상황에 적절한 실천적 지식을 형성하는 능력이 발전한다(배소연, 1993).

그런 의미에서, 유아교육실습의 중요성은 다음과 같다(윤기영·정현숙, 1998).

첫째, 실습기간을 통해 예비 유아교사들은 강의식이나 책을 통해 얻은 지식이나 이론을 실제로 경험해 보고 또 실제에 적용해 볼 수 있다.

둘째, 유아를 교육하는 데 필요한 새로운 지식이나 기술, 특별한 상황에 적용할 수 있는 교과지도, 생활지도, 학급 운영에 필요한 실제적이며 구체적인 기술을 배울 수 있다.

셋째, 교사에게 필요한 대인관계의 지식이나 기술을 배울 수 있다.

넷째, 유아교사로서 자신의 적성과 능력을 시험해 볼 수 있다.

다섯째, 행정적·사무적 측면에서 교사의 역할을 경험하고 배울 수 있다.

현재 유아교사 양성체제의 이원화에 따라 예비영유아교사는 유치원 교사가 되기 위해서 교육실습을, 보육실습기관 교사가 되기 위해서는 보육실습을 이수해야 한다. 교육실습과 보육실습 모두 유아교육실습으로서 전반적인 특성은 유사하지만, 대상 연령 및 일과 진행 시간에서는 차이가 있다. 교육실습의 대상 연령은 유치원 대상 연령인 3~5세이고, 보육실습의 경우는 보육실습기관 대상 연령인 0~5세이다.

하루 일과 진행 시간은 교육실습의 경우, 반일제 유치원은 오전 9시~오후 12시30분까지이고, 종일제 유치원의 경우 오전 9시~오후 6시인 경우가 대부분이다. 보육실습의 경우, 종일제 보육시간이 12시간 보육원칙에 따라 오전 7시30분~오후 7시30분이며, 종일제 시간의 전후로 시간 연장형 보육이 진행될 수 있다. 그러므로 예비영유아교사가 보육실습에 임할 때는 0~5세의 영유아 발달과 그 발달에 적합한 일상생활 및 교육활동의 지도방법을 인식해야 하며, 종일제 보육에 따른 일과구성과 교사의 역할을 이해하여야 한다.

2. 보육실습의 목적

유아교육기관 현장실습의 가장 중요한 목적은 교사로서의 전문적인 능력을 획득하는 것이다(Machado & Botnarescue, 2008). 예비영유아교사는 보육실습을 통하여 교사로서 수행할 역할을 경험함으로써, 보육교사로서의 전문성을 갖추기 위해 자신이 습득해야 할 것들이 무엇인지에 대해 점검할 수 있다. 실습시간이 경과함에 따라서, 실습생은 점차 교사로서 변모하게 된다.

한국보육진흥원(2010)에서 보육인력의 전문성 제고를 위한 표준화사업으로 개발한 「표준보육실습 지도지침」에 제시된 보육실습의 목적은 다음과 같다.

첫째, 보육교사로서의 보육철학과 보육 목표를 발전시킨다.

둘째, 보육교사의 역할과 책임, 태도에 대해 직접 경험한다.

셋째, 영유아에 대한 심화된 이해 및 생활지도를 경험한다.

넷째, 보육교사의 전문적이고 실천적인 지식과 다양한 지도방법을 경험한다.

다섯째, 학생 자신이 스스로 보육교사로서의 장단점을 파악하고 향후 진로를 탐색한다.

여섯째, 보육실습기관이 지역사회에서의 역할, 기관 내 조직과 문화 등을 이해한다.

보육실습은 유아교육기관에서 현장실습을 하는 유아교육실습이다. 그러므로 보육실습은 일종의 교육실습이다. 교육실습의 목적은 다음과 같다(한국교원교육학회, 2001).

첫째, 학생의 발달과 심리 이론, 교수·학습 이론, 특별활동 지도 이론, 학교·학급경영 이론, 교육연구 이론 등 교육의 기초이론을 교육현장에 적용할 기회를 제공한다.

둘째, 교육에 필요한 조건과 기술을 습득한다.

셋째, 교육 경험을 체득한다.

넷째, 교육문제를 이해한다.

다섯째, 자신의 교직적성을 점검하고 평가한다.

여섯째, 훌륭한 교육자의 정신을 이해하고 습득하여 교육관을 확립한다.

이와 같은 교육실습의 일반적인 목적을 포함한 보육실습기관 현장 교육실습으로서의 보육실습의 목적을 구체적으로 정리하면 다음과 같다.

첫째, 바람직한 영유아를 위한 보육관을 확립한다. 영유아의 인격과 능력을 존중하며, 영유아 발달에 적합한 보호와 양육 그리고 교육을 이해한다.

둘째, 다양한 보육철학에 따른 보육프로그램을 이해한다. 기관, 지역사회, 보육수혜자 등의 특성에 따른 보육프로그램의 다양성을 경험하고 특성과 장점을 평가 분석하며 이해한다.

셋째, 영유아의 발달적 특징을 관찰하고 이해한다. 보육대상인 0~5세 영유아의 신체, 사회·정서, 언어, 인지 발달의 연령별 특징과 개별 발달차를 관찰하고 이해한다.

넷째, 영유아 연령별 종일제 하루 일과를 관찰하고 이해한다. 연령별 발달적 차이를 고려한 종일제 하루 일과를 관찰하여, 연령이 어릴수록 보호·양육관련 일상생활 활동에 대한 일과에 많은 시간이 배정되고 연령이 높아질수록 교육 활동에 만은 시간이 배정됨을 이해한다.

다섯째, 영유아에게 적합한 교수학습과정을 계획하고 실행하며 평가를 반영한다. 영유아 발달에 적합한 수업을 계획하고 계획한 내용을 효율적으로 전달하기 위한 교수·학습방법 및 기술을 습득한다. 또한 진행된 수업 내용을 평가하고 이후 다음 단계의 수업에 반영하는 과정을 통하여 평가의 중요성을 이해한다.

여섯째, 보육교사로서의 인성적 자질을 증진한다. 보육교사의 모든 행동이 잠재적 교육과정으로서 영유아에게 미치는 영향이 크다는 것을 이해하고 영유아가 모델링할 수 있는 바람직한 언행을 실천한다.

일곱째, 영유아의 건강, 영양, 안전을 위한 지침을 습득한다. 보육기관은 영유아가 장시간 생활하는 곳이므로 교사는 건강, 영양, 안전을 위한 지침을 준수해야만 영유아의 신체적 건강을 확보할 수 있다. 그러므로 영유아의 건강, 영양, 안전을 위한 급·간식 제공, 급·간식 지도, 물리적 환경 점검, 배변 지도 및 기저귀 갈이 등에 대한 지침을 습득한다.

여덟째, 보육기관의 특성을 이해한다. 보육실습기관의 기능, 기관 내의 조직문화를 이해하며 보육현장 제반 문제를 이해한다.

요컨대, 보육실습은 예비영유아교사에게 실제 현장에서 보육교사로서 갖추어야 할 지식, 태도, 기술 등을 습득할 수 있는 중요한 학습의 장을 제공한다.

3. 보육실습의 의의

보육실습은 예비영유아교사에게는 보육현장에서 첫 경험을 하게 되는 시기이다. 보육실습 기간 동안에 예비영유아교사는 가르치며 배우는 학생교사라는 독특한 지위에 따른 역할을 하게 된다. 동시에 실습기간은 예비영유아교사가 보육교사 양성과정 중에서 가장 면밀하고 세심한 지도를 받는 시간이기도 하다. 그러므로 성공적인 보육실습은 유능한 보육교사가 되기 위한 매우 중요한 과정이다.

한국보육진흥원(2010)에서 보육인력의 전문성 제고를 위한 표준화 사업으로 개발한 「표준보육실습 지도지침」에 제시된 보육실습의 의의는 다음과 같다.

첫째, 그동안 이론 중심으로 배웠던 지식을 현장에서 실제 적용해 보면서 실천적 지식을 습득한다.

둘째, 영유아, 원장, 보육교사 및 부모 등 다양하고 폭넓은 인간관계를 경험함으로써 보육현장에 대한 깊은 이해와 문제해결 능력을 향상한다.

셋째, 학급운영 및 보육활동을 계획하고 실시해 봄으로써 영유아-교사 간의 바람직한 상호작용을 배우고 영유아의 개별적 특성을 이해하는 기회를 갖는다.

넷째, 실제 교사들과 함께 생활하면서 보육교사의 역할에 대한 현실적 견해를 갖고 교사로서의 자신의 능력과 자질을 평가해 볼 수 있다.

다섯째, 6주간의 보육실습을 성공적으로 끝냈다는 자신감은 향후 갖게 될 직업에 대한 긍정적 태도와 연관될 수 있다.

보육실습은 일종의 교육실습으로서, 일반적인 교육실습의 의의는 다음과 같다(남정걸, 1998).

첫째, 교육실습은 교사자격증 취득을 위한 법적 요건을 충족한다.

둘째, 대학에서 배운 지식이나 이론과 원리를 교육현장에서 실천하는 기회를 가진다.

셋째, 교사로서의 품성과 능력을 기르는 기회가 된다.

넷째, 교사로서의 자질을 스스로 평가하고, 객관적으로 평가받는다.

다섯째, 교육현장의 실태와 문제를 파악한다.

여섯째, 교육현장의 실태와 문제를 연구하고 해결하는 능력을 배양함으로써 교사가 되기 위한 준비에 만전을 기한다.

이와 같은 교육실습의 의의를 포함한 보육실습기관 현장 교육실습으로서의 보육실습의 의의를 구체적으로 정리하면 다음과 같다.

첫째, 보육실습은 양성 교육과정에서 이수한 교과목, 훈련, 경험과 연계되는 현장 수련과정이다. 양성과정에서 학습한 내용을 실제 현장에서 종합하고 반영하면서 배울 수 있다.

둘째, 비록 보육실습을 통해 가르치며 배우는 학생 교사이지만 교사로서의 첫 출발의 경험을 한다. 실습생은 지도교수와 지도교사에게 학습을 지도받는 학생의 입장이지만, 영유아에 대한 역할과 책임, 태도를 직접 경험할 수 있는 교사의 위치이기도 하다.

셋째, 보육실습을 통해 보육의 실제를 이해하게 되고 보육교사로서의 전문성을 인식하게 된다. 실습생은 실습과정을 통해 자신이 보육교사로서 적합한 자질을 가지고 있는지, 보육교사로서 일하는 것이 목표가 될 수 있는지에 대해 생각해 보고 자신을 이해하며 평가해 볼 수 있는 기회가 된다.

넷째, 원장 및 지도교사와의 관계, 부모 및 영유아와의 관계, 동료 실습생과의 관계 등의 기관 내 수직·수평 관계를 경험한다. 이러한 과정을 통해 보육기관이란 독특한 조직문화를 이해하고 보육교사에게 적합한 대인관계 형성방법을 습득할 수 있다.

다섯째, 직업으로서의 보육교사에 대해 구체적으로 준비할 수 있는 계기가 된다. 실습생은 보육실습과정 중 보육교사로서의 자신에 대해 반성적 사고를 하게 되고, 보육교사로서의 진로 준비를 위한 구체적인 실행을 시작하게 된다.

한편, 보육실습은 예비영유아교사로 하여금 관찰과 참여를 통해서 대학에서 학습한 내용을 실제 보육현장에 관련시킬 수 있게 한다. 유아교육 현장실습에서 예비영유아교사의 관찰과 참여는 중요하다(Spodek & Saracho, 1990). 실습생은 관찰을 통하여 학급운영의 모든 요소, 즉 교사의 역할, 영유아와의 행동과 상호작용, 자료와 비품의 사용, 하루 일과와 환경구성의 중요성 등에 대해 알게 된다. 또한, 실습생은 학급 운영의 책임과 의사결정 등의 참여를 통해 대학에서 배운 전문 지식을 자신의 가치, 이해, 감성과 통합하고, 미래의 교사상을 이끌 자신만의 중요한 실제적 지식을 창출한다(Spodek & Saracho, 1990).

4. 보육실습의 영향

예비영유아교사는 보육실습을 통해 수업 및 직무 실습의 반복적인 실패, 영유아와의 상호작용 실패, 지도교사 및 원장과의 갈등, 보육현장의 현실에 대한 실망, 영유아에 대한 긍정적인 아동관의 부정적인 아동관으로의 변화, 지도교사의 부정적인 교수방법 사용 묵인 등의 부정적인 경험을 할 수도 있다. 이러한 부정적인 경험은 실습생의 진로를 보육교사가 아닌 다른 방향으로 전환시킬 수 있다. 또한 예비영유아교사는 실습 기간 동안의 경험이 보육현장의 일부분일 수 있음에도 불구하고 마치 보육현장의 전부인 것처럼 오해할 수도 있다. 예비영유아교사가 현장 실습기간 중에 부적합한 것을 관찰한 것조차도, 학급 운영에 있어 유익하거나 적절한 것으로 간주하고 교사가 된 이후에도 새로운 지식과 기술을 추구하는 것을 회피할 수도 있는 등의 실습의 부정적인 측면도 있다(Spodek & Saracho, 1990).

실습생은 보육실습 상황에서 상당한 스트레스를 받는다(김선영·서원경, 2010). 실습생이 인식하는 보육실습생의 업무는 정리정돈 및 청소를 가장 많이 하였고, 그 다음 간식 및 급식지도, 잡무 보조 순이어서 실습에 대한 부정적인 인식을 갖게 하여 실습의 효과를 저하시키는 측면도 있다(박성미, 2005). 즉, 보육실습생은 일과활동 지도 이외에 잡무 보조를 많이 하고 있다는 부분을 간과할 수 없다.

보육실습을 통해 경험하는 예비영유아교사의 갈등부분에서도 자신과의 갈등이 가장 높았고, 다음으로 유아와의 갈등, 지도교사와의 갈등, 기관과의 갈등, 동료실습생과의 갈등 순으로 나타난다(김선혜·김규수, 2008). 이렇듯, 보육실습이 예비영유아교사에게 부정적인 영향을 미치고 있음을 인식해야 한다.

예비영유아교사에게 현장실습은 상황에 따라 다소 부정적인 경험이 될 수도 있지만, 근본적으로는 긍정적인 경험이라는 것은 명확하다(Spodek & Saracho, 1990). 즉, 유아교육 현장실습은 예비영유아교사로 하여금 대학의 수업시간이나 교재에서 배운 이론적 지식을 실제 학급에 적용하게끔 하며, 교수와 학습에 대한 자신의 지식, 기술, 개인적·전문적인 이론과 이해를 구성하고 수정하게끔 한다. 그러므로 보육실습은 예비영유아교사로 하여금 보육교사에게 필요한 지식, 태도, 기술을 습득하는 데 있어서 긍정적인 영향을 미친다.

보육실습이 실습생에게 보육효능감과 일반효능감을 향상시킬 수 있다. 보육실습 후 실습생들은 영유아를 이해하고 잘 지도할 수 있으며, 물리적 환경과 수업준비를 잘할 수 있다고 생각하는 효능감이 향상되기도 한다. 또한 일상생활에서 일어날 수 있는 다양한 상황에서 개인의 자기 효능감의 강도를 측정하는 일반 효능감과 보육실습의 관계를 분석해 보았을 때, 실습생은 보육실습 전보다 끝난 후에 행동의 적극성과 능력의 사회적 위치에 대한 인식이 보다 강하게 나타났다(현정환, 2003). 예비영유아교사가 보육실습 후에 긍정적인 영향으로 변화된 것이다.

보육실습은 그 중요성에도 불구하고, 예비영유아교사의 실습경험과 성공여부에 따라 부정적인 영향을 초래할 수 있고, 바람직하고 성공적인 보육실습을 통해 긍정적인 영향을 초래할 수도 있다. 그러나 바람직하고 성공적인 보육실습을 통해 긍정적인 영향을 받은 예비영유아교사는 보육과 보육교사로서의 미래에 대한 긍정적인 기대를 하게 된다. 그러므로 실습생, 양성기관인 대학, 보육실습기관은 가능한 한 실습의 부정적인 영향을 줄이고 긍정적인 결과를 초래할 수 있도록 노력하여야 한다.

02

CHAPTER

보육실습의 법적 기준

학습내용

보건복지부는 보육교사의 인성과 자질 향상을 위한 양성과정을 강화하고자 「영유아보육법 시행규칙」을 개정하였고, 실습시간, 실습기관 기준 등을 강화하였다. 이를 위해 본 장에서는 새로 변경된 보육실습을 위한 법적 기준은 무엇인지 알아보고, 보육실습을 위한 어떤 사전준비를 해야 하는지에 초점을 두고 구체적으로 살펴보고자 한다.

보건복지부는 2015년 9월에 보육교사의 인성 및 자질향상을 위해 양성과정을 보다 강화하는 내용을 포함하는 「영유아보육법 시행규칙」 일부 개정령안을 마련하였으며, 이를 수정·보완하여 「영유아보육법 시행규칙」을 개정하고 2016년 1월 12일 공포한 바 있다. 이 개정안에는 보육실습 관련해서 실습시간 강화, 실습기관 기준을 평가인증제와 연계, 실습지도교사 1인당 실습지도 가능 인원 제한 등에서 강화된 내용이 포함되었다.

습득한 이론이나 지식을 실제 보육현장에서 경험해 보고 적용해 보는 기회를 가지는 것은 예비영유아교사의 실천적 지식과 반성적 사고를 신장시키므로 매우 중요한 과정임에도 불구하고 여러 선행연구들(김선영 외, 2010; 이미화 외, 2007; 좌승화 외, 2015)은 예비영유아교사인 실습생들이 보육실습에 대한 부적인 감정을 경험한다고 지적한다. 이는 보육실습기관의 열악한 질적 수준, 실습기관과 양성대학의 협력 부족, 실습 지도교사의 능력 부족 등이 그 원인임을 언급하고 있다(이미화 외, 2007). 이런 문제들을 해결하기 위해 보육실습 관련하여 변경된 내용 및 강화된 내용을 알아보는 것은 필요하다.

「영유아보육법 시행규칙」 일부 개정안(2016.8.1. 시행, 보건복지부령 제392호) 제12조 제1항에 보육실습기관 및 보육실습 지도교사, 보육실습 교과목 및 학점 기준, 보육실습 시기 및 실습인정시간, 실습의 평가기준이 명시되어 있다. 이 시행규칙은 대학 등 양성기관에서는 2017년 1월 1일 이후 입학자부터 교육훈련시설에서는 2016년 8월 1일부터 시행된다.

육아정책연구소(2016)의 보육교사 양성과정 및 보육실습 매뉴얼 연구보고서, 보건복지부·(재)한국보육진흥원(2017)에서 발간한 보육교사자격기준 변경

안내자료, 「영유아보육법」 등 관련법과 공공기관의 연구보고서 등을 참고하여 보육교사 자격 취득 관련 대면교육 강화 및 보육실습 확대, 보육교사 자격기준 변경내용, 보육실습기관 및 보육실습 지도교사, 보육실습시기 및 실습 인정시간 등 구체적인 내용을 살펴보면 다음과 같다.

1. 보육실습기관

보육실습을 담당하는 기관은 양질의 보육실습이 이루어지기 위해 평가인증을 유지하고 있는 보육실습기관, 최근 몇 년간 보육실습생을 지도해 본 경험이 있어 보육실습기관의 실습생 관리와 실습지도의 질적 수준이 높다고 판단되는 곳을 선정해야 한다. 또한 실습지도 교사가 최선을 다해 예비영유아교사를 지도하고자 하는 곳으로 학생들이 좀 더 우수한 곳에서 실습을 경험할 수 있도록 실습기관에 대한 선정에 신중을 기해야 한다.

보육실습이 가능한 실습기관 법적 기준은 다음과 같다.

- 법적으로 인가받은 정원 15인 이상의 보육실습기관으로 평가인증을 유지하는 보육실습기관
- 교육과정과 방과후 과정을 운영하는 유치원(실습지도가 가능한 보육교사 1급 또는 유치원 정교사 1급 자격을 가진 사람이 있어야 함)

실습기관은 위의 법적 기준을 충족시켜야 함은 물론 양성기관에서 최근 몇 년간 보육실습을 보낸 후 실습 평가회의 평가 결과를 근거로 실습지도가 원활하며 우수한 곳을 선정하도록 한다. 실습생과 인척 관계나 개인적인 친분이 있는 곳의 선정은 가능하면 지양하도록 한다(한국보육진흥원, 2013).

법적으로 인정되는 보육실습기관 유형은 국공립보육실습기관, 사회복지법인보육실습기관, 법인·단체 등 보육실습기관, 민간보육실습기관, 직장보육실습기관, 협동보육실습기관이다.

2. 보육실습 지도교사

- 재직하는 보육교사 1급 또는 유치원 정교사 1급 자격자
- 실습 지도교사 1명당 보육실습생은 3명 이하

보육실습기관의 법적 기준에 적합한 보육실습기관이나 유치원에 재직하는 보육교사 1급 또는 유치원 정교사 1급 자격을 가진 사람이 보육실습을 지도하여야 한다. 이 경우 실습지도교사 1명당 보육실습생은 3명 이하로 한다. 1명의 실습지도교사가 많은 실습생을 지도하기는 무리함이 있기 때문이다.

실습지도교사는 강한 책임감과 함께 보육 실무에 대해 체계적 지도가 가능해야 한다. 6주간의 보육실습과 실습지도를 설계하여 운영하고, 전문성이 있는 슈퍼비전을 할 수 있는 자질이 필요하다. 또한 실습생의 특성, 능력 등을 충분히 파악하여 무사히 보육실습을 마칠 수 있도록 따뜻하고 성실한 실습지도를 할 수 있어야 한다.

3. 보육실습 교과목 및 학점기준

보육교사가 되기 위하여 보육실습 이전에 이수해야 하는 선수교과목은 2010년에 개정된 영유아보육법 시행규칙 일부 개정안 제17조 제2항 제1호에서는 보육교사 2급 자격 취득 시 '12과목 이상 35학점'을 '17과목 이상 51학점'으로, 보육교사 3급 자격 취득 시 '25과목 이상 65학점'으로 변경하여 시행된다고 2013년 3월 1일자로 입법 예고하였다.

또한 2016년 1월 12일자 시행규칙 개정공포를 통하여 2016년 8월 1일자로 보육교사 자격기준 주요 변경사항을 공지하면서 보육교사의 인성과 자질을 향상시켜 전문성을 높이고 보육서비스의 질적 수준을 향상시키고자 하였다.

보육교사 자격은 보육교사 2급 자격 취득 시 '17과목 51학점'을 기준으로 교육영역별 대면 교과목을 9과목 선정하였으며, 과목당 8시간 이상의 출석 수업과 1회 이상 출석시험을 실시하도록 하는 내용을 포함시켰다.

보육교사 3급 자격 취득 시에는 '22과목 65학점'으로 교과목을 줄이는 한편 보육실무 과목(보육실습 4학점)을 7학점으로 배정하여 보육실무를 통한 실습교육을 강화하였다.

그러므로 대학 및 교육훈련시설(보육교사교육원)의 양성교육기관에서는 실습생으로 하여금 교사 인성과 관련된 교과목과 보육실무 영역 교과목을 충분히 이수하고, 보육실습을 수행하도록 지도한다.

보육실습 시기 역시 이러한 교과목의 이수가 완료된 이후에 이루어져야 하므로 4년제 대학의 경우 3학년 2학기 이후, 2·3년제 대학은 마지막 학년에 실시될 수 있도록 지도한다. 교육훈련시설(보육교사교육원)은 보육 관련 과목 중 대면 및 보육실습 확대를 위한 교사 인성 영역 교과와 보육 실무 영역 취지를 잘 이해하고 보육실습 교과목을 수강하도록 지도한다.

이에 따라 대학 등에서 이수하여야 할 교과목 및 학점은 <표 2-1>, <표 2-2>, <표 2-3>과 같다. 또한 보육실습 교과목은 '보육실습'이라는 교과목명으로 이수하는 것이 원칙이며, 성적 증명서를 통하여 교과목 점수가 확인 가능해야 한다. '보육실습' 교과내용은 현장실습과 이론수업으로 구성되어야 하며 반드시 3학점 이상으로 이수하여야 한다.

보육실습 평가점수는 80점(B학점) 이상인 경우에만 보육실습을 이수한 것으로 인정된다. 여기에는 출석수업(참여수업), 과제물, 중간(기말)고사, 실습기관에서의 평가(현장점수 80점 이상), 실습일지 평가, 지도교수 방문평가 등이 포함된다.

표 2-1 **보육교사 자격 취득을 위한 보육 관련 교과목 및 학점 기준**

구분		교과목	이수과목(학점)
교사 인성 영역	필 수 교과목	보육교사(인성)론, 아동권리와 복지	2과목(6학점)
보육 지식과 기술영역	필 수 교과목	보육학개론, 보육과정, 영유아 발달, 영유아 교수방법론, 놀이지도, 언어지도, 아동음악(또는 아동동작, 아동미술), 아동수학지도(또는 아동과학지도), 아동안전관리(또는 아동생활지도)	9과목(27학점)
	선 택 교과목	아동건강교육, 영유아 사회정서지도, 아동문학교육, 아동상담론, 장애아 지도, 특수아동 이해, 보육실습기관 운영관리, 영유아 보육프로그램 개발과 평가, 보육정책론, 정신건강론, 인간행동과 사회환경, 아동간호학, 아동영양학, 부모교육론, 가족복지론, 가족관계론, 지역사회복지론	4과목(12학점) 이상
보육 실무 영역	필 수 교과목	아동관찰 및 행동연구, 보육실습	2과목(6학점)
전체		17과목 51학점 이상	

출처: 보건복지부(2016). 2016년 보육사업 안내.

표 2-2 **보육교사 자격 취득을 위한 교육훈련시설의 교과목 및 학점 기준**

구분		교과목	이수과목(학점)
교사 인성 영역	필 수 교과목	보육교사(인성)론(3학점), 아동권리와 복지(3학점)	2과목(6학점)
보육 지식과 기술영역	필 수 교과목	보육학개론(3학점), 보육과정(3학점), 영유아 발달 및 지도(3학점), 아동생활지도(3학점), 영유아 문제행동 지도 및 상담(3학점), 특수아동의 이해와 지도(3학점), 놀이지도(3학점), 언어지도(3학점), 아동음악과 동작(3학점), 아동미술지도(3학점), 아동수학지도·아동과학지도(3학점), 영유아교수방법론(3학점), 교재·교구개발(3학점), 부모교육(3학점), 영유아 건강지도(2학점), 영유아 영양지도(2학점), 아동안전관리(3학점), 보육실습기관 운영관리(3학점)	18과목(52학점)
보육 실무 영역	필 수 교과목	아동관찰 및 실습(3학점), 보육실습(4학점)	2과목(7학점)
전체		17과목 51학점 이상	

출처: 보건복지부(2016). 2016년 보육사업 안내.

표 2-3 보육교사 자격 취득을 위한 대면교육 적용 교과목(적용 2016. 8. 1. 이후 입학자)

구분	대면 교과목(9과목)
교사 인성 영역	보육교사(인성)론, 아동권리와 복지
보육 지식과 기술영역	놀이지도(3학점), 언어지도(3학점), 아동음악(또는 아동동작, 아동미술), 아동수학지도(또는 아동과학지도), 아동안전관리(또는 아동생활지도)
보육 실무 영역	아동관찰 및 행동, 보육실습

대면 교과목 실시 방법: 과목당 8시간 이상 출석 수업, 1회 이상 출석 시험 실시 의무. 단, 「보육 실무 영역」의 교과목 중 보육실습은 '보육실습 기준'에 따름
출처: 보건복지부(2016). 2016년 보육사업 안내.

4. 보육실습 이수 및 기간

1) 보육실습 이수 시기

보육실습은 보육실습 교과목이 개설된 학기(직전 후 방학 포함)에 하여야 한다. 가능한 한 보육실습기관의 일상적인 보육이 이루어지는 4~6월, 9~11월 학기 중 보육실습을 하는 것이 바람직하다. 그러나 양성교육기관에서는 학사 일정 운영 등을 이유로 6~8월, 11~12월 방학 시기와 학기 말 시기에 보육실습이 대부분 이루어지고 있다. 보육실습기관(유치원) 행사가 많거나 보수교육이 이루어지는 시기, 혹은 방학이 있을 경우에는 연속적인 실습이 이루어지지 않는 경우가 많고 그 외 기간에 보육실습을 하게 될 경우 체계적인 보육실습 지도 및 관리가 소홀하게 이루어지는 경우가 많다.

2) 보육실습 기간

- 6주 240시간 이상 연속(월~금) 실습
- 1일 오전 9시~오후 7시 사이 8시간 실습
- 2회로 나누어 실시 가능

보육실습은 6주(240시간 이상)를 준수해야 한다. 연속 6주 실습이 권장되나 양성교육기관과 보육실습기관 간의 협의를 통하여 분할 2회에 나누어 실시할 수도 있다. 다만, 실습시간은 평일(월요일~금요일)을 기준으로 오전 9시부터 오후 7시 사이의 1일 8시간 실습을 기준으로 하며 1일 8시간을 초과할 경우 이를 인정받지 못한다.

대부분의 보육실습 시간은 휴게시간 1시간을 별도로 제공하여야 하며, 오전 9시부터 오후 6시까지 혹은 휴게시간 1시간을 포함하여 보육실습을 진행하는 경우는 오전 9시부터 오후 5시까지 보육실습을 진행한 것으로 간주하고 이를 인정하고 있다.

따라서 주 1회 보육실습 또는 주말실습 등 특정 요일에만 보육실습을 하거나 오후 7시 이후 야간에 실습을 하는 경우 이를 포함하여 240시간 이상이 되더라도 보육실습을 이수한 것으로 인정받지 못한다. 실습기간에 대해서는 제3장에서 구체적으로 다뤄진다.

보육실습은 보육이론 수업과 보육현장 실습으로 나누어서 운영되므로 2회에 나누어 보육실습을 실시하는 것처럼 이론 교과목 수업과 현장실습 수업을 동시에 병행하여 학기 내에 실시하는 것이 가능하다. 다만, 야간대학(교), 한국방송통신대학교, 원격대학(교)의 경우 분할하여 2회로 나누어 실시하는 경우 교과목을 1학기, 2학기로 나누어 보육실습 I, II로 개설하고 학점은 총 3학점으로 이수해야 인정된다. 이때 보육실습 교과목이 개설된 학기 중(직전, 직후 방학 포함)에 반드시 실시하여야 하므로 교과목이 개설된 학기에 각 1회씩 실시해야 한다.

표 2-4 보육실습 법적 기준 제시(2016. 8. 1. 시행, 2017. 1. 1. 전면 시행)

구분	내용	비고
실습운영	이론수업과 보육현장실습으로 운영	이론 수업 15주 이상 실시
실습기간	6주 240시간	2회 분할 실습 가능
실습기관	정원 15명 이상 보육실습기관 교육과정과 방과후 과정을 운영하는 유치원	평가인증을 유지하고 있는 기관

구분	내용	비고
실습지도교사	보육교사 1급 유치원 정교사 1급	실습지도교사 1명당 보육실습생 3명 이내 지도
실습인정시간	월요일~금요일(평일) 오전 9시~오후 7시 사이	하루에 8시간을 초과할 수 없음
실습의 평가	보육실습일지와 실습평가서 작성	평가점수 80점 이상
보육실습 확인	보육실습기관지원시스템에서 출력한 확인서 양식 보육실습기관장, 양성교육기관 학과장 직인 날인	이수한 해당연도 서식

출처: 보건복지부(2016). 2016년 보육사업 안내.

5. 보육실습생 등록과 관리

2013년 3월 1일부터는 「어린이집지원시스템」을 통해 [보육실습생 등록 및 관리]가 이루어지며, 등록된 정보는 자격취득을 위한 정보로 「자격관리시스템」에 전송된다. 또한 보육실습확인서는 「어린이집지원시스템」을 통해 인적사항을 작성한 후 2부 이상을 출력하여 어린이집(유치원) 직인 날인한 후 양성교육기관으로 송부하도록 되어 있다. 보육실습생 등록 및 수정은 실습종료일 이후 2개월 이내에만 가능하며 구체적인 방법은 다음과 같다.

■ 보육실습생 등록방법

어린이집지원시스템 접속 → [교육관리] → [보육실습생 관리] → [등록] 버튼 클릭(보육실습내용: 실습기관 및 실습이수자 기본사항, 실습기간 등 입력) → [저장] 보육실습생 정보 저장 완료 → 보육실습확인서 온라인 제출 후 2부 출력 → 어린이집 원장 직인 날인 → 학교 제출

〈유의사항〉

- 실습이수자 기본 사항 및 실습기간 입력
- 실습지도교사 관련 사항 입력
- 온라인 제출 후 시스템 수정이 불가능하므로 작성 전에 내용을 반드시 확인한 후 입력할 것
- 출력 후 수정을 할 경우 붉은색 펜으로 두 줄을 긋고 내용을 수정하고 직인을 날인하여 정정할 것

• 방과후 과정을 운영하는 유치원은 보육실습확인서 양식을 사용하여 직접 작성한 후 직인 날인하고 추가 서류(인가증 사본, 지도교사 자격증 사본)를 첨부하여 학교로 제출

■ **실습지도교사 등록방법**

지도교사 성명과 자격종류(자동연동)를 선택 후 자격번호 입력 → [저장] 보육실습생 및 지도교사 정보 저장 완료

• 보육실습을 지도한 교사가 1명 이상일 경우 혹은 실습생이 1명 이상일 경우 {추가} 버튼을 클릭한 후 저장

1) 보육실습확인서 작성 및 제출방법

'보육실습확인서'는 「어린이집지원시스템」을 통해 입력, 저장된 보육실습생 및 실습지도교사 정보가 자동으로 연동되므로 입력된 정보가 정확한지 확인한 후 '보육실습확인서'를 출력하여 어린이집 직인 날인 후 양성교육기관으로 송부하거나 밀봉하여 인편으로 보낸다. 이때 첨부서류(인가증 사본, 지도교사 자격증 사본)는 제출하지 않는다(단, 어린이집지원시스템을 사용하지 않는 방과후 과정을 운영하는 유치원에서 실습한 경우는 제출하여야 한다).

표 2-5 보육실습 관련 제출서류

평가인증 유지 어린이집을 확인하는 방법	보육실습 이수를 확인하는 방법
1) 임신육아종합포털사이트 '아이사랑' 홈페이지 (http://www.childcare.go.kr) '어린이집 → 어린이집 찾기 → 평가인증 정보' 2) 어린이집 평가인증서	15인 이상 어린이집에서 보육실습을 완료했을 경우 ⓐ 보육실습확인서(어린이집지원시스템 출력본) ⓑ 보육실습평가서
	방과후 과정을 운영하는 유치원에서 보육실습을 완료했을 경우 ⓐ 보육실습확인서 원본 ⓑ 보육실습평가서 ⓒ 보육실습기관 인가증 사본 ⓓ 실습지도교사 자격증 사본 ⓔ 방과후 교육과정 운영 확인서 ⓕ 실습지도교사 1인당 3명 이내의 실습지도 확인서

출처: 보건복지부 · 한국보육진흥원(2016). 보육교사 자격기준 변경안내(2016. 1. 12. 개정. 2016. 8. 1. 시행).

03

CHAPTER

보육실습의 계획

학습내용

보육실습생과 보육실습기관, 학교가 서로 협력할 때 한 사람의 훌륭한 보육교사가 탄생될 수 있다. 그러므로 본 장에서는 훌륭한 보육실습을 하기 위해 실습생이 준비해야 할 내용과, 보육실습기관에서 준비해야 할 내용, 학교에서 준비해야 할 내용들에 대해 구체적으로 살펴보고자 한다.

훌륭한 보육실습을 하기 위해서는 보육실습생 자신이 올바른 마음가짐과 철저한 준비가 있어야 하며, 보육실습기관에서도 보육실습생을 위한 오리엔테이션(orientation) 및 훌륭한 지도교사 배정, 시설장과 시설종사자들의 협조와 이해가 따를 때 좋은 보육실습을 받을 수 있다. 또한 학교에서도 현장실습의 시기와 방법 결정, 실습생의 실습지 배정, 현장실습 보육실습기관의 선정, 서류작성·발송, 실습생의 사전교육 등이 잘 이루어질 수 있도록 해야 하며, 현장실습이 시작되면 지도교수가 실습기관을 방문하여 실습지도를 철저히 하고 실습이 끝나면 현장실습의 평가를 가져야 한다.

1. 실습생의 준비

보육실습에 임하는 실습생이 충분한 실습목적을 달성하기 위해서는 올바른 마음가짐과 철저히 자기점검을 해야 한다. 영유아기는 발달이 개별적이고, 환경에 영향을 많이 받으며, 주변 사람들에게도 민감하게 반응하는 시기이다. 사회학습 이론가들에 의하면 이 시기의 유아들은 교사들의 행동, 제스처, 언어 등에도 민감하게 반응하고 모델링(modeling)을 잘 한다고 한다. 그러므로 보육실습에 임하는 실습생은 교육적으로 바람직한 환경을 제공할 수 있도록 보육실습이 이루어지기 전에 철저한 자기점검을 해야 한다.

1) 실습생으로서의 준비

(1) 자신에 대한 준비

실습생은 보육실습에 임하기 전에 자기 자신의 신체적·성격적·지적 성숙 정도는 물론 현재 보육활동을 수행해 낼 수 있는 능력에 대한 냉정하고도 객관적인 분석을 해야 한다.

보육실습생이 갖추어야 할 건전한 성격 특성은 다음과 같다.

첫째, 인간의 초월성에 대한 확고한 신념이 있으며, 건전한 성격을 하나의 상태가 아닌 하나의 과정으로 본다.

둘째, 자기의 인생을 의식적으로 통제할 수 있는 능력을 가지고 있다.

셋째, 자기 자신에 대하여 올바른 지각을 한다.

넷째, 과거에 지배되지 않고 현재에 정착한다.

다섯째, 미래의 목표와 사명에 대한 지향성을 가지고 있다.

여섯째, 다양한 자극과 감각과의 접촉을 통해 자기의 긴장을 증가시킨다.

일곱째, 대인관계를 부드럽고 따뜻하게 맺어 나간다.

이러한 입장에서 교사로서의 마음가짐을 다음과 같이 요약될 수 있다.

① 인간성

- 명랑하고 즐겁게 사람을 대한다.
- 용모를 단정히 하고 바른 자세를 지녀야 한다.
- 지적·정서적으로 안정되고 균형이 있어야 한다.
- 성실함과 책임감을 지녀야 한다.
- 진취적이고 능동적인 자세를 지녀야 한다.
- 자신의 책임은 곧 수행해야 하며 또 즐겁게 임해야 한다.
- 타인의 제안을 존중해야 한다.

② 음성과 화술

- 명확하고 부드러운 음성과 적절한 억양을 사용한다.
- 화제 내용의 전후 연결이 정확하고 자연스러워야 한다.

- 표준말을 사용해야 한다.
- 낱말 하나하나가 명확해야 한다.

③ 어휘의 사용

- 자연스럽게 말해야 한다.
- 좋은 관용구를 사용해야 한다.
- 알맞은 말과 좋은 말을 써야 한다.
- 철자법이 정확해야 한다.

④ 문화와 사회의 적응

- 원만한 대인관계를 유지해야 한다.
- 문화, 음악, 예술을 잘 이해하고, 감상할 줄 알아야 한다.
- 다양한 독서로 폭넓은 지식을 가져야 한다.

⑤ 윤리적인 면

- 정직하며 성실해야 한다.
- 자기 자신을 통제하는 데 보다 높은 수준에 있어야 한다.
- 정직하게 노력하는 것을 존중하며 타인에게도 용기를 주어야 한다.
- 자기 자신의 임무와 태도를 스스로 평가·반성해야 한다.
- 보다 높은 이상 실현을 위하여 지속적으로 노력해야 한다.

⑥ 신체적·정신적 건강

- 건전한 습관과 태도를 가져야 한다.
- 정서적·정신적으로 건전한 생활을 도모해야 한다.
- 사람들에게 건전한 영향을 주어야 한다.

⑦ 학습지도를 위한 준비

- 학습지도 준비를 철저히 해야 한다.
- 학습과 관계 있는 개별 어린이 요구를 알아야 한다.
- 어린이들의 여러 가지 요구에 대하여 알맞은 지도방법이 어떤 것인지를 알아야 한다.

- 다양한 학습지도 방법을 알아야 한다.
- 여러 활동 영역과 그 영역이 지닌 특수 내용을 잘 알아야 한다.
- 학습지도의 준비 계획, 학습 내용, 활동, 그리고 시청각자료에 대하여 자세히 알아야 한다.

(2) 실습을 위한 구체적인 계획과 준비

첫째, 보육실습에 대한 목적의식을 분명히 한다. "왜 보육실습을 하게 되며, 무엇을 배울 것이며, 어떻게 할 것인가"에 대한 명확한 문제 의식을 갖는다.

둘째, 보육실습 시에 필요한 서류와 준비물을 점검한다(보육실습일지, 실습생 신상조사서, 자기소개서, 필기도구, 파일, 명찰, 도장, 실내화, 활동복 등).

셋째, 보육실습 전에 실습기관을 사전 방문하여 보육실습기관에 대한 현황 및 실태 등을 파악한다(실습지와 자택과의 거리, 교통편, 실습기관 측의 보육실습 지침, 하루 일과, 특별활동 등).

넷째, 동일한 보육실습기관에 배정된 보육실습생끼리 구체적인 보육실습 활동을 의논하고 준비한다.

다섯째, 보육실습 활동에 대한 조직적이고 체계적인 계획을 세운다.

여섯째, 보육실습 전에 학습 내용을 총 점검·정리하여 보육실습 활동에 대비한다.

일곱째, 보육실습에 과한 지침서나 계획서 등을 읽고 선배나 동료들과 의견을 나누어 구체적인 계획을 세운다(먼저 실습한 동료나 선배들의 조언을 듣고 구체적인 계획을 세워 본다).

여덟째, 실제지도에 대한 보육실습은 해 본다. 동료를 대상으로 실제수업 활동 과정을 모의수업으로 연습해 본다.

이 외에도 실습생은

① 영유아에 대한 신체적·생리적·심리적·사회적 발달과 요구를 잘 이해해야 한다.

② 보육실습기관의 설립목적, 보육실습기관의 연혁, 시설종사자들의 역할, 주간활동 등 실습할 보육실습기관에 대한 명확한 이해가 있어야 한다.

③ 실습생은 늘 열린 마음으로 모든 문제를 지도교사와 논의하고, 조언을 구하며, 지도교사와 늘 협력적인 관계를 맺어야 한다.

④ 실습생은 실습보육실습기관에 대한 정보나 실습하고 있는 내용, 힘든 점, 협조를 구할 것 등을 수시로 실습지도 교수에게 제공하는 것이 좋다.

⑤ 실습생은 지역사회는 영유아들의 교육의 장일 뿐 아니라 실제로 보육실습기관에 영향을 미치고 있으므로 그 지역사회에 대한 바른 이해를 하고 있어야 한다.

실습생이 보육실습 전에 지역사회에 대해 파악해야 할 사항은 다음과 같다.

① 지역사회 안에서의 보육실습기관의 지위와 보육실습기관에 대한 지역사회의 태도

② 보육실습기관이 위치한 지역주민의 생계유지의 형태

③ 지역사회의 행정조직 형태

④ 다른 지역과의 비교를 통한 두드러진 차이점

⑤ 영유아를 위한 지역문화 시설

⑥ 지역사회 형성에 대한 역사적 배경

⑦ 지역사회 내의 교육자원(유적지, 관공서, 자원인사 등)

⑧ 지역주민의 보육에 대한 인식

⑨ 보육실습기관 원아 부모의 사회·경제적 지위 및 보육에 대한 관심

(3) 보육실습 사전방문 및 실습지 근무요령

A. 실습기관 사전방문

보육실습이 이루어지기 전 실습생은 자신이 실습하게 될 보육실습기관을 미리 방문하여 원장으로부터 실습 전 오리엔테이션을 받고 보육교직원들과 인사를 나누는 것이 좋다. 기관방문을 실습 전 3~7일 사이가 좋으며 보육실습기관의 일정에 맞추어 행사들로 분주하지 않는 날로 택해야 하며 원장이 있을 때 방문하는 것이 좋다. 방문하기 전 전화나 서신으로 미리 예고를 해 두어 사전허락을 받는 것이 좋다.

보육실습기관을 방문하여 다음의 내용들을 미리 파악해 두는 것이 실습에 많은 도움이 된다.

- 보육실습기관의 위치와 교통편
- 원장, 원감, 교직원의 이름과 역할, 각 개인의 개략적인 성격
- 학급별·연령별, 성별 영유아의 수
- 본인이 실습하게 될 학급의 이름과 원아 명단
- 보육실습기관 주변의 주요 시설 및 환경
- 일일 보육계획안, 주간, 월간, 연간 계획안, 특별활동 프로그램
- 보육실습기관의 연혁, 설립목적, 교육철학, 이념이 담긴 내용
- 보육실습기관 건물배치도 및 교실(보육실) 평면도
- 원아평가지 양식 등

B. 실습생의 근무지침

① 근무요령

- 실습실시 전에 해당 보육실습기관을 방문하여 사전지도를 받는다.
- 실습생은 무단으로 결근, 조퇴, 외출, 지각을 해서는 안 되며, 불가피한 경우 사전에 지도교사에게 양해를 구해 정식 서류를 제출한다(예 결근계 등).
- 실습생의 출근은 정시(9시 정각)에 출근하여, 출근 즉시 출근부에 날인하고, 보육실습기관 내의 환경정비, 교수-학습활동 준비에 임한다.
- 퇴근시간은 하루 실습시간 8시간을 실습한 후 퇴근한다.
- 제반 근무요령은 보육실습기관의 근무지침에 따른다.
- 실습 보육실습기관의 보육방침을 이해하고, 적극적으로 협력해야 한다.
- 실습 보육실습기관의 시설, 부품 등을 사용하고자 할 경우에는 소관자의 허가를 받은 다음에 사용하며, 사용 후에는 분명하게 반환한다.
- 간식시간이나 자유놀이시간에는 가급적 유아들과 함께 지내도록 한다.
- 보육실습기관의 지시사항을 포함한 하루의 일과는 자기 스스로 계획하여 생활한다.

- 실습일지는 매일 기록하여 지도교사에게 제출한다.
- 당직 근무를 해야 할 때에는 당직자 근무수칙에 따라 근무한다.
- 실습으로 인하여 보육이나 그 분위기 조성에 장애가 되는 일이 없도록 노력한다.
- 실습기간의 제반 연구과제(교재교구 제작, 연구수업 등)를 종합하여 보고서를 작성, 제출하도록 한다.
- 일체 사무처리는 지도교사의 지도를 받아 정확하고 깨끗하게 처리하도록 한다.
- 보육실습기관의 기밀, 지도교사·원장의 사적인 내용, 원아와 가정에 대한 사항을 타인에게 공개해서는 안 된다.
- 특정 내용에 관한 선전·비방을 하지 않는다.
- 실습생 상호 간은 서로 존경하고 협동해 실습의 성과를 최대한 거두도록 노력한다.
- 실습생과 실습생, 실습생과 원아, 실습생과 지도교사 간에는 표준말과 존댓말을 사용한다.
- 실습생은 항상 배운다는 자세로 원장 및 지도교사의 지도를 성실하게 받아들이도록 한다.
- 자기가 담당한 일이나 영유아와의 약속은 신속, 정확하게 지켜야 한다.
- 가능한 한 실습생은 현직교사처럼 단정한 복장을 하여야 한다.
- 명찰을 단다.
- 짙은 화장, 매니큐어 등은 하지 않는다.
- 적당한 비상금을 소지한다.

② 원아와의 관계

- 원아와의 관계는 어디까지나 교육적이어야 한다. 특정한 원아에 대한 편견이나 가정방문 등은 허용되지 않는다.
- 어떤 이유에서든 원아에게 체벌을 가해서는 안 된다. 체벌 이외의 어떤 벌도 지도교사와 상의하여야 한다.
- 원아들에 대하여 잘 알아야 한다(영유아 이름, 영유아 특성 등).

- 중요한 문제는 지도교사와 상의해야 한다.
- 영유아를 지도할 경우에는 항상 사랑으로 대하고 각자 원아들의 개별적인 특성을 존중해야 한다.
- 원아에게 모범이 되는 생활 태도를 가져야 한다.

2) 실습기관의 준비

실습기관에 따라 보육실습생을 받아들이는 것에 대해 긍정적인 관점으로 보는 경우와 부정적인 관점으로 보는 경우로 나눌 수 있다.

긍정적인 관점으로 보는 보육실습기관의 경우에는 ① 부족한 인력을 보완한다는 측면에서, ② 예비영유아교사를 양성한다는 측면에서, ③ 새로운 교사에 대한 신선한 느낌을 영유아들에게 주는 측면에서, ④ 새로운 지식정보, 보육이론을 접할 수 있다는 측면에서이다.

부정적인 관점으로 보는 보육실습기관의 경우에는 ① 미성숙한 실습생에 의한 보육활동은 정상적인 보육실습기관 보육과정 운영을 어렵게 한다고 보는 측면에서, ② 실습생을 지도해 낼만한 유능하고 경력 있는 교사가 없어서, ③ 보육실습기관 종사자 수가 많아서 인력 관리면에서 힘들다는 측면에서, ④ 보육실습기관에서 실습생을 받을 만한 시설이 준비되어 있지 않은 경우이다. 그러나 보육실습생에 대한 어떠한 관점을 갖고 있더라도 일단 보육실습생을 받게 되면 보육실습에서는 다음과 같은 준비를 해야 한다.

(1) 보육실습기관 측의 준비

보육실습기관 원장, 지도교사는 훌륭한 보육교사를 양성한다는 마음가짐을 갖고 적극적으로 보육실습 지도를 해야 한다.

① 보육실습기관에서 준비해야 하는 활동의 내용

- 보육실습 의뢰서 및 공문서류 보관 철저
- 보육실습에 관한 제반규칙 및 지침 결정
- 보육실습 운영계획 및 지도계획 협의 결정

- 보육실습에 대비한 자료와 시설의 정비 및 보관
- 보육실습 운영안내 및 지침서 배부
- 학교에서 배정된 실습생과의 실습 전 면담 및 협의
- 기존 보육실습생들의 실습일지 및 자료보관 제시

② 효과적인 보육실습을 위한 지침서 제공

- 보육실습기관 설립목적, 연혁, 교육철학, 원훈
- 보육실습기관 건물 배치도
- 학급(보육실)의 놀이영역 평면도
- 교직원 명단(보육실습기관 종사자 명단)
- 보육실습기관 일과표
- 학급편성 현황표
- 보육실습기관 주간 교육계획안, 월간 교육계획안, 연간 교육계획안
- 보육실습기관 보육실습 일정표
- 보육실습기관 보육실습생 지도방침
- 보육실습생의 준수사항 및 유의사항 등

(2) 보육실습기관 원장(시설장)의 임무

보육실습현장에서 원장(시설장)은 보육지도력에 있어서 매우 중요한 지위를 갖는다. 지도력(leadership)의 정의를 보면 "지도자를 따르는 것, 목표의 설정과 달성을 위한 집단 활동에 영향을 미치는 과정, 과업수행집단의 활동을 지휘하고 조정하는 능력, 한 사람이 다른 사람에게 특정한 목표를 달성하도록 하기 위해 동기화시키는 행동" 등이다.

리더십(leadership)과 의사결정은 매우 밀접한 관련성을 갖는다. 리더십은 다른 사람들과의 관계에 영향을 미칠 수 있는 능력을 의미하는데, 그들로부터 조직의 목적에 기여할 수 있는 바람직한 변화나 행동을 유도해내기 위한 것이다.

보육실습현장에서 지도력이란 훌륭한 교수-학습 환경을 만들 수 있는 능력이다.

보육실습기관장은 민주적 지도력, 즉 지도자가 여러 가지 결정을 함께 있

어서 부하직원들에게 의견을 묻고, 이들을 의사결정과정에 참여시켜 부하직원들이 일에 대한 동기와 사명감이 증진될 수 있고 의사소통의 경로가 개방됨으로써 새로운 정보의 교환이 활발하게 이루어질 수 있는" 지도력이 있어야 한다.

보육실습에 있어서 원장(시설장)의 가장 중요한 임무는 지도교사 선정에 있다. 원장은 훌륭한 교사를 확보해야 하고, 지도교사는 영유아 보육에 경험이 풍부하며, 인격적으로 성숙한 교사이어야 한다.

① 지도교사의 선정

실습생을 위한 보육실습 지도교사는 대부분 원장(시설장)이 정한다. 그러므로 원장은 보육실습의 중요성을 깊이 이해하고 보육실습기관에 가장 유능하고 영유아 보육현장 경험이 풍부하고, 어린이를 사랑하고, 성실하고, 인격적으로 성숙한 교사를 선정해야 보육실습의 효과가 극대화될 수 있다.

② 사전교육의 실시

보육실습기관에서는 실습생이 실습 전 보육실습기관을 방문했을 때 또는 실습 첫날에 실습에 대한 사전교육을 실시하게 된다. 사전교육에 제시되는 사항은 다음과 같다.

- 실습생을 보육실습기관 종사자 전원에게 소개하기
- 실습생 반 배정과 지도교사 소개
- 보육실습기관 보육방침, 보육실습기관과 보육프로그램 소개
- 근무요령, 실습생으로서 가져야 할 태도 등 안내
- 실습생의 실습지도 계획 안내
- 실습생을 위한 보육실습기관의 자체 실무연수 계획
- 지역사회와 보육실습기관과의 관계 소개

③ 지도교사의 역할

지도교사는 보육전문가로서의 확고한 지위를 가져야 하며, 보육이론과 실제를 연결할 수 있는 능력과 더불어 교직에 대한 전문적인 지식을 갖고 있어야 한다. 지도교사가 실습 시 수행해야 할 역할은 다음과 같다.

- 실습생의 미성숙과 약점을 보완하는 일
- 실습생의 능력을 파악하고 그것을 적절하게 이용하는 일
- 일지작성, 부분수업 참여, 교구 제작 등의 지도
- 수업참관, 실습생 선발, 연구문제 제기, 교수법 평가 등의 일환으로 학교와 협력하기 등
- 실습생을 위한 보육실습기관의 자체 실무연수계획
- 지역사회와 보육실습기관과의 관계 소개

지도교사가 실습생을 위해 해야 할 일은 다음과 같다.

- 보육실습생들이 실습 기간 동안 어떤 경험을 할 것이며, 이러한 경험을 통해 어떤 것을 지도할지를 계획한다.
- 교사로서 갖춰야 할 교수 기술이나 능력, 태도, 대인관계의 기술에 대해 시범을 보인다.
- 보육실습생이 작성한 보육실습교육계획안과 학습지도안을 사전에 검토하고 수정하며 필요한 제안을 해 준다.
- 보육실습생이 일과를 진행할 때에 적절한 도움을 주고 영유아 지도에 관한 보조를 한다.
- 실습이 진행되는 동안 보육실습생들의 행동이나 태도 등을 관찰하여 평가한다.
- 보육실습기관 내 또는 지역사회에서의 책무에 관해 지도와 조언을 해 준다.
- 교직자로서의 생활 철학에 도움이 되는 지도를 한다.

(3) 실습 지도교사의 역할

일반적으로 보육교사의 역할은 ① 영유아의 신체·심리적 안전과 보호, ② 보육내용 및 활동의 계획과 지도, ③ 비품, 교재·교구, 학습자료의 준비 점검 및 활용, ④ 실내·외 학습분위기 조성 및 활용, ⑤ 영유아들과 친밀한 인간관계를 통한 생활지도, ⑥ 기본생활습관지도, ⑦ 영유아 보육활동의 평가, ⑧ 부모상담 및 부모교육, ⑨ 현장학습계획 및 지도, ⑩ 지역사회와 연계된 프로그램 계획 및 실천 등 다양하게 많다. 그러나 보육실습이 시작됨과 동시에 보육교사의 역할은 예비영유아교사를 가르쳐야 하는 역할을 겸해야 한다.

에만스(Emans, 1983)는 실습 지도교사의 역할을 다음과 같이 네 가지로 들

고 있다.

첫째, 예비영유아교사들이 실습기간 동안 어떤 경험을 할 것이며, 이들 경험을 통해 어떤 것들은 지도할 것인가에 대한 계획을 한다.

둘째, 실습이 진행되는 동안 예비영유아교사들의 행동이나 태도 등을 관찰하여 평가한다.

셋째, 예비영유아교사들이 작성한 교육계획안 및 교육지도안을 사전에 검토·수정하며 필요한 제안을 해 준다.

넷째, 예비영유아교사들이 일과를 진행할 때 적절한 도움을 준다.

맥티어(McAteer, 1976)는 실습 지도교사의 역할을 다음과 같이 세 가지로 요약했다.

첫째, 예비영유아교사들이 여러 가지의 다양한 경험을 해 볼 수 있도록 계획을 세우는 것

둘째, 교사로서 갖추어야 할 능력, 태도 및 대인관계 기술시범

셋째, 예비영유아교사들의 행동을 관찰하여 평가·지도하기 등이다.

타일러(Taylor, 1983)는 실습 지도교사의 역할을 다음과 같이 네 가지로 요약했다.

첫째, 적절한 교수 행동 시범 보이기

둘째, 교수와 관계되는 지식과 기술 가르치기

셋째, 예비영유아교사들의 의견을 수용하고 이에 대해 적절히 지도하기

넷째, 예비영유아교사들이 융통성 있고 개방적인 태도를 갖도록 격려하기 등이다.

이들의 견해를 종합하여 실습 지도교사의 역할은 다음과 같다.

① 예비영유아교사들이 실습기간 동안 어떤 경험을 할 것이며, 그들 경험을 통해 어떤 것을 지도할 것인가에 대한 계획을 한다.

② 교사로 갖추어야 할 교수 기술이나 능력, 태도, 대인관계의 기술에 대한 시범을 보여준다.

③ 예비영유아교사들이 일과를 진행할 때 적절한 도움을 준다.

④ 실습이 진행되는 동안 예비영유아교사들이 행동이나 태도 등을 관찰하여 평가한다.

실습 지도교사의 역할을 표로 나타내면 <표 3－1>과 같다.

표 3-1 실습 지도교사의 역할

구분	역할
실습 계획 시	• 대학의 교사양성목표, 보육실습기관의 여건을 고려하여 실습지도교수와 실습지도교사가 실습의 내용 및 과정 등을 계획한다.
실습 지도 시	• 교사의 역할에 대한 시범을 보여준다. • 교육계획안 및 교육 지도안을 검토·수정한다. • 일과 진행 시 적절한 도움을 준다.
실습결과 평가 시	• 실습이 진행되는 동안 관찰한 예비영유아교사들의 행동·태도 등과 제출한 과제물을 토대로 평가한다.

3) 학교에서의 준비

(1) 실습시기 및 방법 결정

보육실습 시기는 학교의 교육과정, 보육실습기관 현장의 상황, 보육실습생의 요구 등 여러 가지 요인을 고려하여 결정하는 것이 바람직하다.

먼저 학교의 교육과정을 고려하여 3월에 학기가 시작되면 그동안 보육실습 전반에 관한 이론을 공부한 후 7~8월 방학기간을 이용하여 실습하는 것이 좋고, 9월에 학기가 시작되면 1~2월 방학기간을 이용하여 실습하는 것이 좋을 것이다. 그러나 여러 학교에서 보육과 관련된 교과목을 이수하지도 않은 채 학생들의 편의를 위해 방학기간 동안 보육실습을 마치고 방학 후에 교과목을 수강하는 학생들도 있는데 이것은 매우 위험한 일이다.

실습받을 학생이 영유아의 발달, 심리, 인지, 사회, 정서, 신체적인 면의 구체적인 이해 없이 어떻게 영유아를 다룰 수 있으며, 수업진행에 필요한 지식을 구축하지도 않고 어떻게 교재를 만들고 올바른 관찰 평가를 할 수 있겠는가? 그러므로 학교에서는 보육실습과 관련된 교과목을 충분히 지도한 후에 실습기관에 배치시킬 수 있도록 해야 하며 방법은 6주를 연속으로 하든지 아니면 학기 중에 1주에 1~2일씩 나누어 6주 동안 실습지도를 받을 수도 있다.

학교에서 실습준비 및 사전지도내용은 다음과 같다.

- 보육실습에 관한 규칙을 만든다.
- 보육실습에 관한 연간 계획서를 작성한다.
- 보육실습과 관련된 안내서, 자료를 작성한다.
- 실습생에 대한 사전지도, 기간 중 지도, 사후지도 내용을 검토한다.
- 보육실습기관을 선정하고 위촉한다.
- 실습 지도교사를 선정하고 위촉한다.
- 보육실습기관 원장 및 지도교사와 실습에 관하여 사전 협의를 한다.
- 보육실습생 실태 파악 및 자료를 수집한다.
- 보육실습생 사전지도(orientation)를 한다.

(2) 보육실습기관의 선정

훌륭한 보육실습을 받기 위해서는 좋은 보육실습기관을 선정해야 한다. 물리적인 환경과 인적인 환경이 제대로 구성된 보육실습기관이면 실습하기에 좋은 기관이라 볼 수 있다. 그러나 학교에서 일일이 그 지역의 보육실습기관에 대한 정보를 알 수 없으므로 해당 시·군·구청의 아동복지과, 사회복지과를 통해 정보를 얻을 수 있고, 그 지역 내의 어린이집 연합회를 통해서 또는 보육 정보센터를 통해서 각 기관의 규모와 학급 수, 원아 수, 시설운영상태 등을 파악할 수 있으므로, 이러한 정보를 바탕으로 보육실습생들이 희망하는 보육실습기관을 섭외, 의뢰하는 과정이 필요하다. 보육실습기관 섭외, 의뢰하는 시기는 충분한 시간을 두고 준비하는 것이 좋다.

그 과정을 구체적으로 살펴보면 다음과 같다.

- 각 지역의 보육실습기관에 관한 정보를 파악한다(시·군·구청 아동복지과, 사회복지과, 어린이집연합회, 보육정보센터, 기관의 원장 등을 통해 정보를 얻을 수 있다).
- 실습생의 희망 실습기관의 유형과 실습생의 거주지를 확인한다.
- 실습생과 실습 예정된 실습기관에 대해(유형, 위치, 학급 등) 지도교수와 상의한다.
- 해당 보육실습기관에 실습 사전의뢰를 한다(공문서 발송).
- 실습의뢰 기관으로부터 회신을 확인한다.
- 보육실습기관을 최종 결정한다(각 보육실습기관별로 실습 가능한 인원을 확인한다).

(3) 보육 실습생의 실습지 배정

선정된 보육실습기관의 지역별 명단과 유형, 실습가능 인원을 학생들에게 알려주고 실습지를 스스로 결정할 수 있도록 한다. 학생들은 자신의 거주지역과 거리, 희망하는 보육실습기관의 유형, 환경 등을 고려하여 실습지를 결정한다.

실습지 배정표를 다음과 같이 만들어 실습학생들이 우선적으로 실습을 희망하는 보육실습기관에 자신의 이름을 기록하게 한 후 최종적으로 지도교수가 조정을 한다.

표 3-2 현장실습지 배정표

○○ 구 ○○ 동						
번호	보육 시설명	설립 유형	실습희망자	학번 주민등록번호	주소	전화번호

(4) 서류작성 및 발송

각 보육실습기관에 보육실습생을 위탁할 때 실습을 위한 협조문과 실습에 필요한 모든 서류를 준비하여 보육실습기관에 발송하는 것으로 마무리한다. 각 보육실습기관으로 발송하는 시기는 최소한 보육실습생이 실습지 방문 1주 전에 도착되어야 한다. 그러나 보육실습 전에 실습생이 사전에 보육실습기관을 방문할 경우에는 보육실습생 인편으로 서류를 보내는 방법도 가능하다. 이때 보내야 할 서류는 다음과 같다.

- 실습협조공문
- 보육실습기관에 실습 받을 학생 명단
- 실습생 시상 소개서
- 실습생 평가서
- 실습 결과 보고서
- 실습지도 계획서
- 실습지도비 영수증: 실습생 수 × 실습지도비

(5) 실습생 사전 지도

보육실습생의 사전지도는 현장실습이 시작되기 1~2주일 전에 이루어지는 것이 바람직하다. 보육실습 이전에 사전지도를 하는 것은 보육실습을 위해 학생들이 그동안 준비해 온 것을 다시 한 번 점검해 주고, 사전지도를 통해 간과해버리기 쉬운 것들은 다시 한 번 강조하여 학생들이 갖고 있는 심리적인 불안을 해소하기 위한 목적이 있다. 사전지도(orientation)는 학교, 보육실습기관 양쪽에서 이루어진다.

현장실습은 위한 사전지도는 다음과 같은 내용을 포함한다.

- 현장실습의 목표, 과정 및 내용을 알게 한다.
- 실습생의 역할과 올바른 자세에 대해 알게 한다.
- 실습생이 해야 할 과제, 수업참여방법 지도
- 실습지의 사전방문 준비 사항

- 실습일지의 작성방법을 알게 한다.
- 실습을 위한 기본적인 이론의 요약 및 정리한다.
- 보육실습기관의 상황을 소개한다.
- 보육계획안 작성요령을 지도한다.
- 영유아 관찰평가 방법을 지도한다.

(6) 지도교수의 실습기관 방문

보육실습생이 현장실습을 받는 동안 지도교수의 실습기관 방문은 여러 가지 면에서 중요한 의미를 갖는다.

첫째, 실습지도교사에게 실습생의 배경, 현장실습 준비상태, 재능 등 중요한 장점은 상세히 알려주어 지도교사를 도울 수 있다.

둘째, 지도교사는 보육실습기관의 상황, 실습생의 현장실습 상황 등을 지도교수에게 알려줌으로써 서로 실습지도를 도울 수 있다. 그러므로 이것은 보육실습 후에 종합평가 및 추후 지도에도 유용한 자료가 될 수 있다.

셋째, 지도교수는 보육실습기관의 방문함으로써 보육실습기관의 사회적인 풍토, 교육철학, 연혁, 설립목적 등을 알 수 있으므로 다음에 실습생을 배정하는 데 많은 도움을 줄 수 있다.

지도교수가 보육실습지 순회 방문계획 시 고려할 점은 다음과 같다.

① 방문실습지 선정 원칙
- 실습생 인원이 많은 곳을 우선 선정 • 전년도 방문시설 제외

② 방문일정 수립

③ 사전방문 연락: 방문 전에 각 보육실습기관에 전화연락을 통해 사전약속

④ 방문 시 할 일
- 실습생의 실습활동 관찰
- 지도교수로부터 실습생 실습현장과 지도상의 문제 청취
- 실습지 원장이나 지도교수와 이야기를 나눈 자기실습을 위해 토의되어야 할 내용을 기록
- 실습생으로부터 애로사항 청취
- 실습지 선정과 절차에 관해 설명
- 지도교수의 실습지 방문과정 설명

- 실습방문지의 선정원칙을 간단하게 설명하여, 방문하지 않는 시설에 오해가 없도록 한다.
- 내년에도 현장실습 협조 요청
- 실습지 적정도 사정
- 실습지의 협조정도와 보육실습기관의 보육환경의 질적 요건을 고려하여 상, 중, 하로 평정

⑤ 실습지 방문결과 토의모임: 실습지 방문이 끝난 후, 실습방문에 대한 결과 토의모임을 가짐

2. 보육실습의 유형

보육실습 기간 6주 동안 실습생은 실습초기에 지도교사를 도와 학급의 하루 일과 운영에 참여하면서 영유아를 관찰하고, 실습반의 보조교사로 참여하기 시작한다. 실습생은 기관 및 해당 반의 하루 일과에 익숙해지면, 보육실의 흥미 영역 중 한 개 영역에 해당하는 보육 활동을 계획하여 직접 실행해 보고, 점차 몇 영역으로 확대해 본다. 마지막으로 학급의 일이나 하루 일과 전체에 대한 보육계획안을 실습생이 직접 작성하고, 교재교구를 준비하여 영유아를 지도하는 과정으로 보육실습을 진행하게 된다.

1) 보육실습 주차별 실습 유형

주차별로 진행할 수 있는 보육실습 실시과정의 예를 제시하면 다음과 같다. 양성교육기관과 보육실습지도 기관의 상황에 따라 선택하여 운영할 수 있다.

(1) 연속형(안)

다음은 6주 연속 보육현장실습을 시행하는 사례이다.

표 3-3 보육실습 연속형(6주 연속) 실시 내용 예시

<table>
<tr><th colspan="2">주</th><th>1일차</th><th>2일차</th><th>3일차</th><th>4일차</th><th>5일차</th></tr>
<tr><td colspan="2">사전방문과 교육</td><td colspan="5">• 사전방문하여 실습 오리엔테이션을 실시함
• 보육실습 일정과 내용, 준비물, 준비서류 및 기타 유의사항 합의</td></tr>
<tr><td>사전 참여 실습</td><td>1주</td><td colspan="5">• 어린이집의 운영 철학 및 보육서비스 등의 특징 파악
• 어린이집 보육교직원들과 친밀감 형성
• 모든 연령의 반 참여 관찰: 일과운영, 보육환경, 영유아-교사 상호작용 등. 영아반과 유아반 고르게 경험. 실습기관의 지침에 따라 순서는 융통성 있게 운영
• 보육실습일지 작성과 지도교사의 평가</td></tr>
<tr><td rowspan="8">보육 활동 운영 실습</td><td rowspan="2">2주</td><td colspan="5">• 실습 반 영유아와 친밀감 형성하기
• 보조교사로서의 역할 수행하기</td></tr>
<tr><td colspan="2">• 실습 반 관찰(일과운영, 보육환경, 영유아-교사 상호작용 등)</td><td colspan="3">• 3주차 영역별 보육활동 선정 및 계획안 제출과 지도 교사의 평가</td></tr>
<tr><td rowspan="2">3주</td><td></td><td>영역별 보육활동 실습</td><td></td><td>영역별 보육 활동 실습</td><td></td></tr>
<tr><td></td><td>자기평가, 지도교사 평가</td><td>영역별 보육 활동 선정</td><td>자기평가, 지도교사 평가</td><td>연계활동 계획안 제출</td></tr>
<tr><td rowspan="2">4주</td><td></td><td>연계활동 실시</td><td></td><td></td><td></td></tr>
<tr><td>연계활동 자료 준비 및 제작</td><td>자기평가, 지도교사 평가</td><td colspan="2">반일(일일)보육 계획 협의</td><td>반일(일일)보육 계획안 제출</td></tr>
<tr><td rowspan="2">5주</td><td></td><td></td><td>반일(일일) 보육활동 실시</td><td rowspan="2"></td><td rowspan="2"></td></tr>
<tr><td colspan="2">반일(일일)보육 활동 자료 점검</td><td>자기평가, 지도교사 평가</td></tr>
<tr><td>사후 참여 실습</td><td>6주</td><td colspan="3">• 참여 관찰(일과운영, 보육환경, 영유아-교사 상호작용 등)
• 보조교사 역할 수행하기
• 보육 실습일지 작성</td><td>최종 어린이집 실습평가회 (원장, 지도교사 등 참여)</td><td>실습일지 및 기타 실습관련 서류 제출</td></tr>
</table>

출처: 한국보육진흥원(2017). 어린이집에서의 실습지도.

(2) 분리운영(안)

분리운영(안)은 본 실습 시작 전에 먼저 2주간의 참여실습을 하고, 4주의 본 실습을 하는 형태의 실습과정과 반대로 4주의 본 실습과 2주간의 사후참여 실습을 하는 형태가 있다. 또는 보육활동 운영실습을 3주씩 나누어 실시하는 유형이 있다.

① 분리 A형: 사전 참여실습 사례(2주 사전참여실습 + 4주 보육활동운영실습)

분리 A형은 사전참여실습을 본 실습 시작 전에 2주 동안 하고, 4주의 본 실습을 하는 형태의 실습과정이다. 이 유형은 실습생이 보육실습 기간 동안 모든 연령의 반에 참여관찰을 하며 연령별 영유아의 발달특성에 따른 일과운영의 흐름과 보육교사의 역할을 배울 수 있도록 하는 장점이 있다. 예를 들어, 3세반에서 본 실습을 하기로 한 실습생의 경우 참여실습을 하는 2주 동안 0세반, 1세반, 2세반, 4세반, 5세반에서 각각 2일씩 참여관찰을 하는 형태이다.

4주간의 본 실습을 하는 반에서 관찰자 및 보조교사로 참여하기 시작하여 점차 하루 일과의 일부분 동안 한 영역에서의 보육활동을 시작으로 영유아를 지도하고 차츰 반일이나 하루 일과 전체 동안 영유아를 지도하는 과정으로 보육실습을 하게 된다. 보육실습 진행과정의 예는 <표 3-4>와 같다.

표 3-4 보육실습 분리 A형(2주+4주) 실시 내용 예

구분		내용
사전방문과 교육		• 사전방문하여 실습 오리엔테이션을 실시함 • 보육실습 일정과 내용, 준비물, 준비서류 및 기타 유의사항 합의
사전 참여 실습	1주	• 어린이집의 운영 철학 및 보육서비스 등의 특징 파악 • 어린이집 보육교직원들과 친밀감 형성 • 모든 연령의 반 참여 관찰: 일과운영, 보육환경, 영유아-교사 상호작용 등 • 보조교사로서의 역할 수행하기 • 보육실습일지 작성 및 참관 경험에 대한 저널 작성하기
	2주	• 보육활동운영 실습 반의 관찰(일과운영, 보육환경, 영유아-교사 상호작용 등) • 보육실습교사 역할 수행 • 실습 반의 영유아와 친밀감 형성하기 • 보육 실습 일지 작성 및 지도교사 평가 • 3주차 영역별 보육활동 선정 및 계획안 제출

<table>
<tr><td rowspan="10">보육
활동
운영
실습</td><td rowspan="3">3주</td><td colspan="5">• 보육활동운영 실습 반의 관찰(일과운영, 보육환경, 영유아-교사 상호작용 등)
• 보조교사로서의 역할 수행
• 실습 반의 영유아와 친밀감 형성하기</td></tr>
<tr><td></td><td></td><td></td><td>영역별
보육활동 실습</td><td></td></tr>
<tr><td></td><td>영역별
보육활동 선정</td><td></td><td>자기평가,
지도교사 평가</td><td>4주차 영역별
보육활동
계획안 제출</td></tr>
<tr><td rowspan="2">4주</td><td></td><td></td><td>영역별
보육활동 실습</td><td></td><td></td></tr>
<tr><td>영역별
보육활동 선정</td><td></td><td>자기평가,
지도교사 평가</td><td>연계활동
계획안 제출</td><td>연계활동 자료
준비 및 제작</td></tr>
<tr><td rowspan="2">5주</td><td></td><td>연계활동 실시</td><td></td><td></td><td></td></tr>
<tr><td></td><td>자기평가,
지도교사 평가</td><td>반일(일일)보육
계획 협의</td><td>반일(일일)
보육 계획안
제출</td><td></td></tr>
<tr><td rowspan="2">6주</td><td></td><td></td><td>반일(일일)보육
활동 실시</td><td rowspan="2">최종 어린이집
실습 평가회
(원장, 지도교사
등 참여)</td><td rowspan="2">실습일지 및
기타 실습 관련
서류 제출</td></tr>
<tr><td colspan="2">반일(일일)보육활동 자료 점검</td><td>자기평가,
지도교사 평가</td></tr>
</table>

출처: 한국보육진흥원(2017). 어린이집에서의 실습지도.

② **분리 B형: 사후참여실습 사례**(4주 보육활동운영실습 + 2주 사후참여실습)

사후참여실습은 4주의 본실습과 2주의 사후참여실습을 하는 형태의 실습이다. 4주의 본 실습을 충실히 한 후, 2주간 실습한 연령의 반을 제외한 모든 연령의 반에 참여관찰을 하는 유형이다. 참여실습이 본 실습 이후에 이루어져 연령별 발달적 특성에 따른 일과운영의 흐름을 자신 이 실습을 했던 경험을 바탕으로 하여 배울 수 있는 장점이 있다. 예를 들어, 4세반에서 4주간 본 실습을 한 후 참여실습을 할 때 0세반, 1세반, 2세반, 3세반, 5세반에서 2일을 참여관찰을 하는 형태도 진행될 수 있다. 보육실습 진행과정의 예시는 <표 3－5>와 같다.

표 3-5 보육실습 분리 B형(4주+2주)의 실시 내용 예

<table>
<tr><th colspan="2">주</th><th>1일차</th><th>2일차</th><th>3일차</th><th>4일차</th><th>5일차</th></tr>
<tr><td colspan="2">사전방문
과 교육</td><td colspan="5">• 사전방문하여 실습 오리엔테이션을 실시함
• 보육실습 일정과 내용, 준비물, 준비서류 및 기타 유의사항 합의</td></tr>
<tr><td>보육
활동</td><td>1주</td><td colspan="5">• 어린이집의 운영 철학 및 보육서비스 등의 특징을 파악하기
• 어린이집 보육교직원들과 친밀감 형성하기
• 실습 반 관찰(일과운영, 보육환경, 영유아-교사 상호작용 등)
• 실습 반의 영유아와 친밀감 형성하기
• 보조교사로서의 역할 수행
• 보육실습일지 작성 및 지도교사 평가
• 2주차 영역별 보육활동 선정 및 계획안 제출</td></tr>
<tr><td rowspan="6">운영
실습</td><td rowspan="2">2주</td><td></td><td>영역별
보육활동 실습</td><td></td><td>영역별 보육활동
실습</td><td></td></tr>
<tr><td></td><td>자기평가,
지도교사 평가</td><td>영역별
보육활동 선정</td><td>자기평가,
지도교사 평가</td><td>영역별
보육활동 선정</td></tr>
<tr><td rowspan="2">3주</td><td></td><td>연계활동 실시</td><td></td><td></td><td></td></tr>
<tr><td>연계활동 자료
준비 및 제작</td><td>자기평가,
지도교사 평가</td><td colspan="2">반일(일일)보육계획 협의</td><td>반일(일일)
보육계획안 제출</td></tr>
<tr><td rowspan="2">4주</td><td></td><td></td><td>반일(일일)
보육활동 실시</td><td></td><td></td></tr>
<tr><td colspan="2">반일(일일)보육활동 자료 점검</td><td>자기평가,
지도교사 평가</td><td></td><td></td></tr>
<tr><td rowspan="3">사후
참여
실습</td><td>5주</td><td colspan="5">• 참여 관찰(일과운영, 보육환경, 영유아-교사 상호작용 등)
• 보조교사로서의 역할 수행하기
• 보육실습일지 작성 및 참관 경험에 대한 저널 작성 및 지도교사 평가
• 6주차 영역별 보육활동 선정 및 계획안 제출</td></tr>
<tr><td rowspan="2">6주</td><td></td><td>영역별
보육활동 실습</td><td></td><td rowspan="2">최종 어린이집
실습평가회
(원장, 지도교사
등 참여)</td><td rowspan="2">실습일지 및
기타 실습관련
서류 제출</td></tr>
<tr><td></td><td>자기평가,
지도교사 평가</td><td></td></tr>
</table>

출처: 한국보육진흥원(2017). 어린이집에서의 실습지도.

③ **분리 C형: 보육 활동 운영 분리 사례**(3주 보육활동운영실습 + 3주 보육활동운영실습)

본 실습을 3주씩 분리하여 실시하는 유형이다. 다른 보육실습기관에서 실습을 2회로 나누어 운영하고자 할 때 선택할 수 있는 안으로 3주의 보육활동 운영 실습을 2회에 나누어 실시하는 방법이다. 3주 중 1주는 참여관찰과 보육활동 운영계획을 주로 하며, 2주차와 3주차에는 실제 보육활동을 운영해 보는 형태이다. 예를 들어, 3세 이상의 유아반에서 3주간 본 실습을 한 후, 영아반에서 3주간 보육활동 운영실습을 진행하는 안이다. 진행 가능한 보육실습의 예시안은 <표 3-6>과 같다.

표 3-6 보육실습 분리 C형(3주+3주)의 실시 내용 예

<table>
<tr><th colspan="2">주</th><th>1일차</th><th>2일차</th><th>3일차</th><th>4일차</th><th>5일차</th></tr>
<tr><td colspan="2">사전방문과 교육</td><td colspan="5">• 사전방문하여 실습 오리엔테이션을 실시함
• 보육실습 일정과 내용, 준비물, 준비서류 및 기타 유의사항 합의</td></tr>
<tr><td rowspan="5">보육활동운영실습 I</td><td>1주</td><td colspan="5">• 어린이집의 운영 철학 및 서비스 등의 특징 파악
• 어린이집 보육교직원들과 친밀감 형성
• 모든 연령의 반 참여 관찰: 일과운영, 보육환경, 영유아-교사 상호작용 등
• 실습 반 영유아와 친밀감 형성하기
• 보조교사로서의 역할 수행
• 본 실습 반 관찰(일과운영, 보육환경, 영유아-교사 상호작용 등)
• 보육실습일지 작성과 지도교사의 평가
• 2주차 영역별 보육활동 선정 및 계획안 제출</td></tr>
<tr><td rowspan="2">2주</td><td></td><td></td><td></td><td>영역별 보육활동 실습</td><td>연계활동 계획안 제출</td></tr>
<tr><td></td><td></td><td></td><td>자기평가, 지도교사 평가</td><td></td></tr>
<tr><td rowspan="2">3주</td><td></td><td>연계활동 실시</td><td></td><td rowspan="2">중간 어린이집 실습 평가회 (원장, 지도교사 등 참여)</td><td rowspan="2">실습일지 및 기타 실습관련 서류 제출</td></tr>
<tr><td>연계활동 자료 준비 및 제작</td><td>자기평가, 지도교사 평가</td><td>영역별 보육활동 선정</td></tr>
</table>

<table>
<tr><td rowspan="6">보육
활동
운영
실습 Ⅱ</td><td rowspan="2">4주</td><td rowspan="2"></td><td rowspan="2"></td><td rowspan="2">영역별
보육활동 선정</td><td>영역별
보육활동 실습</td><td rowspan="2"></td></tr>
<tr><td>자기평가,
지도교사 평가</td></tr>
<tr><td>5주</td><td></td><td></td><td colspan="2">반일(일일)보육 계획 협의</td><td>반일(일일)보육
계획안 제출</td></tr>
<tr><td rowspan="3">6주</td><td></td><td></td><td>반일(일일) 보육
활동 실시</td><td rowspan="3">최종 어린이집
실습 평가회
(원장, 지도교사
등 참여)</td><td rowspan="3">실습일지 및
기타 실습관련
서류 제출</td></tr>
<tr><td colspan="2" rowspan="2">반일(일일)보육활동 자료 점검</td><td rowspan="2">자기평가,
지도교사 평가</td></tr>
<tr></tr>
</table>

출처:한국보육진흥원(2017). 어린이집에서의 실습지도.

- 관찰은 보육실습 기간 동안 계속적으로 이루어지지만 실습 초기에 영유아 행동 및 놀이에 대한 관찰과 일과 운영에 대한 관찰 시간을 충분히 갖고 관찰 내용에 대해 실습지도교사의 지도를 받는 것이 필요하다.
- 관찰의 주된 내용은 영유아의 연령에 따른 보육실 환경구성의 특성, 하루 일과의 진행, 영유아의 발달 및 놀이 특성, 보육교사의 역할 및 영유아와의 상호작용을 포함한다.
- 보육실습생으로 참여하면서 영유아와 친밀한 관계 형성, 영유아에 대한 이해, 일상생활지도 등 보육교사로서의 업무를 파악한다.
- 보육활동에 대한 실습은 실습담당교사의 지도 아래 보육실습생이 직접 보육활동을 계획하고 실행한다.
- 보육활동에 대한 보육실습은 하루 일과 중의 특정 시간이나 한두 영역의 보육활동 수행에서 시작하여 반일 또는 귀가까지 하루 일과를 보육실습생이 직접 계획하여 수행하는 방식으로 진행한다.

2) 보육실습 대상별 실습내용

보육실습의 과정은 관찰과 참여로 시작하여 실제 보육활동의 계획과 실행 및 평가 순서로 진행되지만, 실습반의 영유아 연령에 따라 보육실습 내용에 차이가 있다. 따라서 영아반(0~2세)과 유아반(3~5세)으로 구분하여 6주간의 보육실습 실시 내용에 대한 예시를 제시하면 <표 3－7>, <표 3－8>과 같다.

영아반은 일상적 양육이 하루 일과에서 중요한 부분을 차지하므로 영아반 보육실습과 유아반 보육실습 내용의 차이를 이해하는 것이 필요하다.

- 0세반의 보육실습 내용에는 수유 및 이유, 기저귀 갈이, 잠재우기, 안아주기 등의 일상적 양육과 사회·정서적인 친밀한 상호작용, 안전이 중요하며, 개별적인 보살핌과 개별적인 놀이 지도가 중심이 되므로 보육실습에 대한 내용이 포함되도록 한다.
- 1, 2세반의 보육내용에도 영아들의 일상적 양육이 중요하므로 이를 포함하여야 하며, 대집단 형태가 아닌 개별적인 영역별 활동 및 놀이 활동을 중심으로 보육실습이 운영되도록 지도한다.
- 보육일과 운영 중 일상생활지도에 대한 보육실습생의 역할(정리정돈/수유, 이유, 점심 및 간식/낮잠/이 닦기 등)에 대해 실습생이 해야 할 부분과 지도교사가 담당할 부분에 대한 내용을 분명하게 구분하여 지도한다.
- 유아반의 보육실습 내용에는 영아반의 기본 내용 이외에 유아 기본생활습관 및 일상생활 지도, 안전 지도에 대한 내용이 포함되도록 한다.
- 유아반은 개별, 소집단, 대집단 활동을 모두 진행하며, 흥미영역의 활동도 고루 경험해 볼 수 있도록 계획한다.

보육활동운영 실습은 동일한 반에서 실시하는 것이 바람직하다. 간혹 여러 연령반을 돌아가면서 보육실습을 하는 경우 다양한 연령반의 보육일과를 경험하고 여러 교사의 지도방법을 경험하는 장점이 있기는 하지만, 실습생이 해당 반의 영유아와 친밀감을 형성할 시간이나 개별 영유아를 파악할 시간이 부족하므로 보육활동을 계획하고 실행하는 데 어려움을 겪을 수 있다. 또한 한 반에서 보내는 시간이 짧으므로 영역별 보육활동에서 시작하여 반일(일일) 보육활동까지 확장하기가 어려운 단점이 있다.

표 3-7 ○○어린이집 영아반(0~2세) 보육실습 내용 예시

주	실습내용
1주	• 관찰 기록 – 보육실 흥미영역 구성, 활동 준비 및 하루 일과의 진행과정 관찰 – 영아와 영아, 영아와 보육교사간 상호작용 및 보육교사의 업무 관찰 • 영아반의 일과 특성 이해하기 (예) 기저귀 갈기, 배변훈련, 수유 및 이유, 급식지도 등 • 영아의 연령별, 개인별 발달 특성 이해하기 (예) 흥미, 수준, 언어표현, 상호작용 등 • 1주차 관찰 및 보육실습에 대한 평가: 지도교사, 보육실습생
2주	• 관찰 기록 – 일과운영, 보육환경, 영아–보육교사 상호작용 등 관찰 • 영아와 친밀감 형성하기 • 3주차 보육활동 계획 및 검토 – 영역별 보육활동 선정 및 계획안 작성: 지도교사의 검토 및 지도 받기 – 계획한 보육활동에 필요한 자료 및 교재교구 준비 • 2주차 관찰 및 보육실습에 대한 평가: 지도교사, 보육실습생
3주	• 관찰 기록 – 일과운영, 보육환경, 영아–보육교사 상호작용 등 관찰 • 영아 개인에 맞는 일상적인 생활지도 방법 익히기 • 영역별 보육활동 실습 – 흥미영역 활동 2회 진행 및 보육활동에 대한 평가: 지도교사, 보육실습생 • 4주차 보육활동 계획 및 검토 – 연계 보육활동에 대한 계획안 작성: 지도교사의 검토 및 지도 받기 – 계획한 보육활동에 필요한 자료 준비 및 제작 • 3주차 보육실습 및 보육활동에 대한 평가: 지도교사, 보육실습생
4주	• 영아와 보육교사 간의 상호작용 관찰 기록 • 보육연계 활동 점검 및 준비 – 보육활동 연계활동 진행 및 보육활동에 대한 평가: 지도교사, 보육실습생 • 5주차 보육활동 계획 및 검토 – 반일(일일) 보육활동 계획 및 계획안 작성: 지도교사의 검토 및 지도 받기 – 계획한 보육활동에 필요한 자료 및 교재교구 준비 • 4주차 보육실습 및 보육활동에 대한 평가: 지도교사, 보육실습생
5주	• 영아와 보육교사 간의 상호작용 관찰 기록 • 반일(일일) 보육활동 점검 및 준비 • 반일(일일) 보육활동 진행 및 보육활동에 대한 평가: 지도교사, 보육실습생 • 5주차 보육실습 및 보육활동에 대한 평가: 지도교사, 보육실습생
6주	• 영아와 보육교사 간의 상호작용 관찰 • 보육실습 최종 평가회: 원장, 지도교사, 보육실습생 • 보육실습 종료(보육실습생 평가표, 보육일지, 출근부 정리)

출처: 한국보육진흥원(2017). 어린이집에서의 실습지도.

표 3-8 ○○어린이집 유아반(3~5세) 보육실습 내용 예시

주	실습내용
1주	• 관찰 기록 – 흥미영역 구성 및 활동 준비, 하루 일과의 진행과정 관찰 – 유아와 유아, 유아와 보육교사간 상호작용 및 보육교사의 업무 관찰 • 유아반의 일과 특성 이해하기 • 유아의 연령별, 개인별 발달 특성 이해하기 • 1주차 관찰 및 보육실습에 대한 평가: 지도교사, 보육실습생
2주	• 유아 놀이 관찰 및 유아와 보육교사, 유아–유아, 유아–교구 간의 상호작용 관찰 기록 • 유아와 친밀감 형성하기 • 3주차 보육활동계획 및 검토 – 영역별 보육활동에 대한 계획안 작성: 지도교사의 검토 및 지도 받기 – 계획한 보육활동에 필요한 자료 및 교재교구 준비·영역별 보육활동 실습 • 2주차 보육실습 및 보육활동에 대한 평가: 지도교사, 보육실습생
3주	• 유아 놀이 관찰 및 유아와 보육교사, 유아–유아, 유아–교구 간의 상호작용 관찰 • 영역별 보육활동 실습 – 흥미영역 활동 2회 진행 및 보육활동에 대한 평가: 지도교사, 보육실습생 • 4주차 보육활동계획 및 검토 – 연계활동 및 대소집단 활동에 대한 계획안 작성: 지도교사의 검토 및 지도 받기 – 계획한 보육활동에 필요한 자료 및 교재교구 준비 • 3주차 보육실습 및 보육활동에 대한 평가: 지도교사, 보육실습생
4주	• 유아 놀이 관찰 및 유아와 보육교사, 유아–유아, 유아–교구 간의 상호작용 관찰 • 연계활동 및 대소집단 활동 준비 및 진행 – 연계 보육활동 1회, 대소집단 보육활동 1회 진행 – 보육활동에 대한 평가: 지도교사, 보육실습생 • 5주차 보육활동계획 및 검토 – 반일 또는 일일보육(흥미영역 활동 2개, 대집단 활동 1개, 실외자유선택 활동 1개 포함)에 대한 보육활동계획안 및 반일(일일)계획안 작성: 지도교사의 지도 받기 – 계획한 보육활동에 필요한 자료 및 교재교구 준비 • 4주차 보육실습 및 보육활동에 대한 평가: 지도교사, 보육실습생
5주	• 유아 놀이 관찰 및 유아와 보육교사, 유아–유아, 유아–교구 간의 상호작용 관찰 • 반일(일일) 보육활동 점검 및 준비 • 반일(일일) 보육활동 진행 및 보육활동에 대한 평가: 지도교사, 보육실습생 • 5주차 보육실습 및 보육활동에 대한 평가: 지도교사, 보육실습생
6주	• 유아 놀이 관찰 및 유아와 보육교사, 유아–유아, 유아–교구 간의 상호작용 관찰 • 반일(일일)보육활동 실습 – 보육활동과 관련된 환경구성 • 보육실습 최종 평가회: 원장, 지도교사, 보육실습생 • 보육실습 종료(보육실습생 평가표, 보육일지, 출근부 정리)

출처: 한국보육진흥원(2017). 어린이집에서의 실습지도.

3. 보육교직원과 실습생의 역할

1) 영아, 유아 교사와 실습생의 역할

(1) 0세 영아의 하루 일과에 따른 교사와 실습생의 역할

0세 영아의 하루 일과는 교육활동보다 일상생활 활동의 비중이 크다. 0세 영아는 영아의 개별 신체 리듬에 따라 일상생활 활동 시간이 다소 차이가 있으나 대체로 <표 3-9>와 같이 이루어진다. 교사와 실습생은 0세 영아의 교육활동뿐만 아니라 일상생활 활동의 교육적 가치를 인식하고 역할을 수행한다.

(2) 1세 영아의 하루 일과에 따른 교사와 실습생의 역할

1세 영아의 하루 일과도 0세 영아와 마찬가지로 교육활동보다 일상생활 활동의 비중이 크나 낮잠 및 수유의 횟수가 0세 영아보다 감소하고 놀이시간이 증가한다. 교사와 실습생은 1세 영아에게 적합한 일상생활 활동의 빈도와 내용을 계획하고 진행하는 동시에 증가된 놀이시간의 활용에 따른 역할 수행을 원활하게 해야 한다. 일반적인 1세 영아의 하루 일과에 따른 교사와 실습생의 직무는 <표 3-10>에 제시된 바와 같다.

(3) 2세 영아 하루 일과에 따른 교사와 실습생의 역할

2세 영아는 0세, 1세와 달리 짧은 시간의 소집단 활동이 가능하고, 대소변 가리기가 원활해지며, 영아 스스로 식사도구를 이용하여 음식을 먹는 시기이다. 그러므로 교사와 실습생은 2세 영아에게 적합한 소집단 활동을 계획하여 실행하며, 영아가 스스로 먹고 화장실 가기를 할 수 있도록 도움의 수준을 조절해 가며 격려하여야 한다. <표 3-11>은 일반적인 2세 영아의 하루 일과에 따른 교사와 실습생의 역할을 구체적으로 제시한 것이다.

(4) 3세 유아의 하루 일과에 따른 교사와 실습생의 역할

3세 유아는 소집단 활동뿐만 아니라 대집단 활동도 가능하며, 자기의 생각과 느낌을 언어로 표현하는 것이 보다 수월해진다. 교사와 실습생은 3세 유아에게 적합한 개별, 대소집단 활동을 계획하고 실행하는 동시에 3세 유아가 자신의 생각과 느낌을 언어로 충분히 표현할 수 있는 시간과 기회를 부여해 주어야 한다. <표 3－12>는 일반적인 3세 유아의 하루 일과에 따른 교사와 실습생의 역할을 구체적으로 제시한 것이다.

(5) 4~5세 유아의 하루 일과에 따른 교사와 실습생의 역할

4~5세 유아는 또래와의 집단 놀이를 선호하며 주제와 연관된 놀이를 즐기고 한 가지 놀이를 오랜 시간 몰입하여 놀이하기도 한다. 또한, 이 시기의 유아는 규칙에 대해 필요에 의해 만들어지기도 하고 수정되기도 한다는 것을 이해하여 규칙 만들기를 즐기며 정해진 규칙을 지키려 노력한다. 교사와 실습생은 하루 일과 중 4~5세 유아가 또래와 충분히 놀이할 수 있는 시간을 안배하고 몰입이 가능한 환경을 구성해야 한다. 또한 교사가 규칙을 정해 주기보다는 유아 스스로 규칙을 만들고 수정할 수 있도록 해야 한다. <표 3－13>은 일반적인 4~5세 유아의 하루 일과에 다른 교사와 실습생의 역할을 구체적으로 제시한 것이다.

표 3-9 0세 하루 일과에 따른 교사와 실습생의 역할

시간	주요일과	교사 직무	실습생 직무		
			참관실습	참가실습	실제 지도실습
07:30 ~ 09:00	등원 및 자유놀이	• 등원 시 부모에게 영아의 건강상태 및 수유한 시간과 배변 등에 대한 정보를 얻는다. • 등원을 힘들어하는 영아에게는 부모와 함께 시간을 보낼 수 있도록 배려한다. 등원할 준비가 된 영아는 흥미 있어 하는 놀잇감을 제시하여 영아가 기분 좋게 부모와 분리될 수 있도록 돕는다. • 영아의 개별 준비물을 확인한다.	• 영아와 부모와의 분리 시 교사의 개입을 관찰한다.	• 보육실 환기, 온도 조절, 습도 조절을 위한 준비를 돕는다. • 영아의 개별 준비물을 확인하고 정해진 위치에 정리해 놓는다. • 영아의 두껍거나 불편한 옷을 벗겨 영아가 간편한 복장으로 지낼 수 있도록 한다.	–
09:00 ~ 09:30	이유식 및 기저귀 갈이	• 영아가 이유식을 먹을 수 있도록 교사가 개별 숟가락을 사용하여 먹여준다. • 이유식에 나온 식재료의 색이나 맛 등을 설명하여 영아가 음식에 대해 흥미를 느낄 수 있도록 상호작용한다. • 처음 이유식을 접하는 어린 영아들은 숟가락과 이유식을 처음 경험하므로 한 숟가락씩 천천히 먹여준다. 먹기 싫어하는 영아는 조금씩 맛을 보면서 먹을 수 있도록 하고 이유식 양을 점차 늘려간다. • 영아가 기분 좋게 안정적으로 기저귀를 갈 수 있도록 노래를 불러주거나 이야기를 나눈다. 또한 영아의 이름을 불러주거나 모빌을 흔들어주면서 눈을 맞추며 상호작용한다.	• 월령별, 개인차별에 따른 교사의 이유식 지도를 관찰한다. • 기저귀 갈이의 방법과 기저귀 갈이 시 교사의 상호작용을 관찰한다.	• 영아의 이유식을 먹인다. • 다 먹인 영아의 얼굴, 손을 씻긴다. • 다 씻은 영아의 얼굴과 손에 로션을 바른다. • 기저귀 물품을 준비하고 정리한다.	–
09:30 ~ 10:30	자유 선택 활동	• 영아의 흥미와 발달에 맞는 교구와 놀이 환경을 제공한 뒤 영아가 자유롭게 놀이할 수 있도록 한다. • 놀이 시 영아에게 위험한 행동은 안 된다는 것을 알려 준다. • 영아 간 갈등 상황이 발행하였을 때는 교사가 중재를 한 뒤 영아의 외상이 없는지 확인한다. • 다친 영아는 바로 응급처치 후 보건교사에게 알려 상해보고서를 작성한다. • 활동 시 교사가 활동의 내용을 설명해주고 영아들이 스스로 할 수 있는 것은 스스로 해볼 수 있도록 배려해 주며 어려워하는 영아에게는 옆에서 도와주어 할 수 있는 기회를 제공한다.	• 교사의 놀이 개입을 관찰한다. • 갈등 상황이 나타나는지 관찰하고 신체 상해를 예측하여 교사에게 알린다. • 놀잇감 정리정돈 방법을 관찰한다.	• 놀이 참여자가 되어 영아의 발달에 적합하게 놀이한다. • 영아가 놀잇감을 제자리에 가져다 놓을 수 있도록 개입한다.	• 자유 선택활동 중 한 가지 이상의 영역 활동을 준비하여 진행할 수 있다.

10:30 ~ 11:00	오전 수유	• 영아 개별 매트에 영아들을 눕히고 편안히 수유할 수 있도록 돕는다. • 우유를 먹고 있는 영아들의 젖병을 잡아주면서 개별적으로 눈을 맞추며 상호작용한다. • 영아들의 배를 매만져주거나 손을 잡아주는 등 자연스러운 스킨십을 통해 영아들이 안정적으로 수유할 수 있도록 한다. • 다 먹은 후 영아들은 등을 두드려 트림을 시킨다.	• 교사의 개별 수유 방법을 관찰한다. • 영아의 수유 시 반응과 행동을 살펴본다.	• 수유할 수 있는 개별 매트를 바닥에 깐다. • 개별 영아의 분량대로 우유를 준비할 수 있도록 물 끓이기, 중탕하기 등 지도 교사를 돕는다. • 1:1로 영아를 안고 젖병을 잡아 주며 수유한다. • 개별 영아를 트림시켜 준다.	• 놀이 활동에서 오전 수유로 넘어가는 단계에 전이 활동(다음이 수유임을 알려주는 여러 가지 방법)을 계획하고 진행할 수 있다.
11:00 ~ 12:00	오전 낮잠	• 커튼을 내리고 불을 꺼서 잠자는 분위기를 조성한다. • 수유를 마친 영아들은 개별 매트에 누워 잠이 들 수 있도록 돕는다. • 부드러운 자장가를 틀어주어 영아들이 편안히 잠들 수 있도록 돕는다. • 교사는 영아의 등을 토닥여 주거나 머리를 쓰다듬어 주면서 잠이 들 수 있도록 도와준다. • 뒤척이거나 쉽게 잠들지 못하는 영아들은 교사에게 안겨 편안한 마음으로 잠들 수 있게 한다. • 낮잠 시간 중간에 깬 영아가 충분히 잘 수 있도록 토닥여 준다. • 낮잠 시간에 자고 싶어하지 않는 영아를 위해 조용한 활동을 제공한다.	• 교사의 낮잠지도 방법을 관찰한다. • 낮잠 중 제시되는 조용한 활동을 관찰한다.	• 낮잠을 잘 수 있도록 영아의 등을 토닥이거나 안아 준다. • 낮잠 시간 중간 깬 영아가 더 자고 싶어하면 토닥여 주고 그만 자고 싶어하는 영아는 조용한 놀이를 함께 해 준다. • 낮잠 후 매트 및 개별 침구를 정리한다.	• 낮잠을 자고 싶어하지 않는 영아를 이한 조용한 활동을 준비하여 진행할 수 있다.
12:00 ~ 13:00	이유식, 점심식사 및 이 닦기	• 식사는 낮잠에서 일어나는 순서대로 제공된다. 늦게 일어나는 영아의 이유식이 식어 있을 경우는 새로 데워 제공한다. • 이유식에 나온 식재료의 색이나 맛 등을 설명하여 영아가 음식에 대해 흥미를 느낄 수 있도록 상호작용한다. • 점심을 먹은 영아들은 교사가 이를 닦아준다. 처음에는 영아가 칫솔을 탐색해 보고 입에 넣어 볼 수 있는 기회를 준다. 영아들이 이 닦기를 즐거운 시간으로 인식할 수 있도록 상호작용한다. • 이 닦기가 끝난 영아와 조용한 놀이를 진행한다.	• 교사의 이유식, 점심식사 진행을 관찰한다. • 교사의 이 닦기 지도를 관찰한다. • 월령별로 다른 이 닦기 도구를 관찰한다.	• 월령에 따라 이유식 또는 점심식사를 준비한다. • 이유식 책상을 소독액으로 닦는다. • 음식이 적당하게 식었는지와 적당한 크기로 잘려져 있는지 확인한다. • 음식 먹기를 돕는다. • 이유식 식탁과 그릇을 정리한다. • 다 먹은 영아는 이를 닦고 세수를 시킨다. • 이 닦기와 세수하기가 끝난 영아와 조용한 놀이를 진행한다.	–

13:00 ~ 14:00	자유 선택활동	• 영아의 흥미와 발달에 맞는 교구와 놀이 환경을 제공한 뒤 영아가 자유롭게 놀이할 수 있도록 한다. • 활동 시 교사는 영아의 흥미와 발달을 고려하여 진행한다. • 오전 활동으로 지친 영아들이 있을 경우에는 책보기와 같은 조용한 영역에서 쉴 수 있도록 도와준다.	• 교사의 자유선택활동 개입을 관찰한다. • 준비된 활동을 관찰한다.	• 놀이참여자로 영아와 함께 놀이한다. • 갈등상황을 관찰하고 상해가 일어남을 예측하여 지도교사에게 알린다. • 지친 영아는 쉴 수 있도록 매트와 쿠션을 준비한다.	• 영역활동을 계획하여 진행할 수 있다.
14:00 ~ 14:30	오후 수유	• 개별적으로 영아의 수유를 돕는다. • 특히, 수유 후에는 토하는 영아가 없는지 주의해서 관찰한다.	• 교사의 개별 수유방법을 관찰한다. • 영아의 수유 시 반응과 행동을 살펴본다.	• 영아를 개별적으로 안아 수유한다. • 영아가 트림할 수 있도록 한다.	• 오후 수유에서 산책 및 실외놀이로 넘어가는 단계에 전이활동을 계획하고 진행할 수 있다.
14:30 ~ 15:30	산책 및 실외놀이	• 유모차를 이용하여 가까운 곳으로 산책을 나간다. • 이동 시에도 유모차에 앉은 영아들의 이름을 불러주고 눈을 맞추어준다. 주변의 자연을 탐색할 수 있는 기회를 많이 제공해 준다. • 실외놀이터에 나가 자연을 느낄 수 있도록 한다.	• 산책과 실외놀이 준비를 관찰한다. • 산책 시 이동방법을 관찰한다. • 산책 및 실외놀이 시간에 진행되는 활동을 관찰한다.	• 유모차 밀기를 돕는다. • 외기욕을 위한 매트를 준비하여 깔아준다. • 안전하게 놀이할 수 있도록 영아의 활동을 돕는다.	• 산책 및 실외놀이 활동을 계획하여 진행할 수 있다.
15:30 ~ 16:30	이유식 기저귀 갈기	• 이유식을 충분히 먹을 수 있도록 돕고 이유식을 탐색할 수 있도록 한다. • 위생지침에 따라서 기저귀 갈이를 진행한다.	• 교사의 이유식 진행을 관찰한다. • 교사의 기저귀 갈이 방법과 1:1 상호작용을 관찰한다.	• 월령이 낮은 영아는 이유식을 먹여 주고 월령이 높은 영아는 스스로 먹고 싶어하는 요구를 수용하며 돕는다. • 다 먹은 영아는 세수를 시킨다. • 기저귀 갈이를 한다. • 기저귀갈이를 하며 1:1 상호작용을 한다.	–
16:30 ~ 17:30	오후 실내 자유놀이	• 영아의 흥미와 발달에 맞는 교구와 놀이 환경을 제공한 뒤 영아가 자유롭게 놀이할 수 있도록 한다. • 오후 활동에서는 지친 영아가 없는지 살펴보고 힘들어하는 영아는 조용한 영역에서 정적인 놀이를 할 수 있도록 돕는다.	• 놀이 계획과 진행을 관찰한다. • 지친 영아에 대한 개입을 관찰한다.	• 영아의 놀이에 적절히 개입하여 상호작용한다. • 지친 영아가 있는지 살펴보고 쉬도록 한다. • 갈등상황을 관찰한다.	• 영역활동을 계획하여 진행할 수 있다.

시간	주요 일과	교사 직무	참관실습	참가실습	실제 지도실습
17:30 ~ 18:30	저녁 수유 및 손, 발 닦기 오후 낮잠	• 교사는 영아가 개별 매트에 누워 편안하게 수유하고 잠들 수 있도록 돕는다. • 손, 발을 닦고 로션을 바를 수 있도록 한다. • 영아의 하루 일과를 정리하고 배변, 급·간식, 놀이활동에 대한 정보를 일일보고서 등에 기록하여 부모와 공유할 수 있도록 한다.	• 오후 낮잠 진행을 관찰한다. • 오후 시간의 영아 반응을 관찰한다.	• 수유와 낮잠을 위한 개별 매트를 바닥에 깐다. • 개별 침구를 준비한다. • 안아서 수유한다. • 손, 발을 닦아 준다. • 낮잠 후 개별 매트 및 침구를 정리한다. • 일일보고서 정리를 돕는다. • 다음날 활동을 위한 수업 준비, 환경 구성을 돕는다.	–
18:30 ~ 19:30	귀가	• 부모가 오는 대로 자유롭게 귀가가 이루어진다. • 일어나지 못하는 영아들은 바로 부모에게 안겨서 하원이 이루어지기도 한다. • 하루 진행된 활동 중에서 영아가 흥미로워했던 활동을 부모에게 간단히 전달한다. • 아팠거나 다친 영아가 있을 경우에는 다친 상황과 아픈 정도를 부모와 자세히 이야기 나눈다. • 보육실 청소를 한다.	• 교사와 부모의 상호작용을 관찰한다.	• 가지고 온 준비물을 챙겨 미리 영아의 가방에 넣어 놓는다. • 지도교사와 함께 보육실 청소를 한다.	–

표 3-10 1세 하루 일과에 따른 교사와 실습생의 역할

시간	주요 일과	교사 직무	실습생 직무		
			참관실습	참가실습	실제 지도실습
07:30 ~ 08:50	등원 및 건강관찰 자유놀이	• 등원 시 문 앞에서 영아를 반갑게 맞이하고 부모와 영아의 건강 상태와 그날 기분에 대해 간단히 이야기 나눈다. • 가정에서 몸에 상처가 난 경우 어떻게 다쳤는지 확인하고 특별히 주의할 부분이나 처치에 대해 이야기 나눈다. • 부모와 헤어지기 힘들어하는 영아들은 부모가 다시 올 것을 이야기해 주며 안아서 달래주거나 영아가 흥미를 보일만한 놀잇감을 제시해 주고 교실 안으로 들어올 수 있도록 유도한다. • 영아들의 흥미에 따라 자유롭게 놀이할 수 있도록 돕는다.	• 등원 시 교사의 부모와의 상호작용을 관찰하다. • 영아와 부모와의 분리를 돕는 교사의 상호작용을 관찰한다.	• 영아의 개별 준비물을 정해진 위치에 정리해 놓는다. • 영아와 함께 놀이한다.	–

08:50 ~ 09:00	정리정돈 및 손 씻기	• 정리시간 5분 전에 놀잇감을 정리할 것임을 알리고 정리노래를 들려주며 놀잇감의 자리를 알려 주거나 유도해 보는 등 스스로 놀잇감을 정리해 볼 수 있도록 돕는다. • 소그룹(2~3명)으로 나누어 손을 씻을 수 있도록 시간차를 두어 이름을 불러주고 교사가 도움을 주어 깨끗하게 손을 씻을 수 있도록 하며, 물과 비누의 느낌 등에 대해 이야기 나누며 즐겁게 씻는 경험을 할 수 있도록 한다.	• 교사의 정리정돈 개입을 관찰한다. • 손 씻기 지도를 할 때 영아가 기다리는 시간을 줄이기 위해 교사가 진행하는 방법을 관찰한다.	• 영아가 스스로 놀잇감을 정리 할 수 있도록 돕는다. • 영아 스스로 정리하기에 힘든 놀잇감을 정리한다. • 손 씻기를 돕는다.	–
09:00 ~ 09:30	오전 간식 (수유) 및 기저귀 갈이 화장실 다녀오기	• 영아들이 간식용 테이블에 앉을 수 있도록 하고 음식을 영아가 먹기 좋은 크기로 잘라서 나누어 준다. • 수유가 필요한 영아는 개별 영아의 수유도구(우유병, 빨대컵)에 우유를 적당량 넣어 나누어 준다. • 스스로 먹기 힘든 영아는 교사가 도움을 주고 영아가 스스로 식사도구를 사용하여 먹어 볼 수 있도록 이야기를 해 준다. • 음식의 맛, 색깔, 모양, 냄새 등에 대해 이야기를 나누며 여러 가지 음식에 대해 관심을 가질 수 있도록 돕는다. • 간식을 먼저 먹은 영아의 순서로 교사의 도움을 받아 개별 수건을 이용하여 세수를 하며, 간식과 영아에 대한 이야기를 나누며 친밀하게 상호작용한다. • 간식시간이 끝나지 않은 경우 미리 세수가 끝난 영아는 조용한 놀이를 할 수 있도록 도우며 교사와 함께 로션 바르기를 한다. • 오전 간식이 모두 끝난 후 기저귀 갈이 시간이 이루어진다. 영아가 기저귀 갈이대 계단을 올라올 수 있도록 도와주고 편안히 눕도록 한다. 영아와 눈을 맞추고 부드럽게 이야기를 해 주며 기저귀를 가는 것에 대해 편안하게 느낄 수 있도록 돕는다. 영아의 젖은 기저귀를 벗기고 물로 깨끗하게 닦아준 후 새 기저귀로 갈아준다.	• 교사의 간식 지도 방법을 관찰한다. • 영아의 식습관을 관찰한다. • 월령과 개인 차에 따른 수유도구를 관찰한다. • 영아의 식도구 사용 정도를 관찰한다. • 교사의 기저귀 갈이 방법을 관찰한다. • 씻기, 기저귀 갈이 중 교사가 영아와 1 : 1 상호작용하는 내용, 방법을 관찰한다.	• 영아가 간식 먹는 자리에 가서 앉을 수 있도록 돕는다. • 1세 영아는 스스로 먹으려고 하나 도움이 필요한 연령임을 인식하고 적절한 범위에서 도움을 준다. • 세수, 손 씻기를 돕는다. • 기저귀 갈이를 돕는다. • 간식, 씻기, 기저귀 갈이 중 조용한 놀이를 할 수 있도록 개입한다.	–

09:30 ~ 11:00	실내 자유선택활동 정리정돈 기저귀갈이 화장실 다녀오기	• 영역별(블록 및 역할, 탐색조작, 책보기, 창의, 신체)로 생활주제와 발달에 적합한 놀잇감을 배치하여 영아들이 각자의 흥미에 따라 자유롭게 선택하여 놀이할 수 있도록 돕는다. • 갈등 상황에 개입하여 영아가 안전하게 놀이할 수 있도록 한다.	• 교사의 전이활동 계획과 진행을 관찰한다. • 교사의 자유선택활동 개입을 관찰한다. • 교사의 갈등 상황 개입을 관찰한다.	• 놀이 참여자로 개입한다. • 갈등상황을 관찰하고 상해를 예측하여 지도교사에게 알린다.	• 자유선택활동 중 1~2개 영역 활동을 계획하여 진행할 수 있다.
11:00 ~ 12:00	실외자유 선택활동 및 산책	• 실외로 나가기 전에 계절과 날씨에 맞는 옷차림을 할 수 있도록 돕는다. (여름철: 선크림 바르기, 모자 쓰기, 겨울철: 외투입기, 목도리 착용하기 등) • 실외놀이터에 갈 경우에는 각별히 안전사고에 유의하고 실내 활동과 연계하여 놀이한다. • 비치된 놀이시설을 안전하게 이용하고 생활주제와 관련된 놀잇감을 준비해 주어 영아가 자유롭게 선택하여 놀이할 수 있도록 돕는다. • 산책을 나갈 경우 영아들에게 이름표를 목에 걸어준다. 교사와 친구의 손을 잡거나 산책 손잡이를 잡고 천천히 걸을 수 있도록 하며, 함께 노래를 불러보거나 이야기를 나누며 보육실습기관 주변 환경과 자연물을 탐색해 본다. • 실외활동 및 산책 후에는 손 씻기와 정리 및 물 마시기 시간을 주고, 영아가 편안히 쉴 수 있도록 한다.	• 교사의 실외활동 진행 방법을 관찰한다. • 실외활동 시 실내활동과 달리 고려되는 준비상황을 관찰한다. • 영아의 공간 이동 방법을 관찰한다.	• 실외에 나가기 위한 옷을 개별 사물함에서 꺼내 놓는다. • 개별 영아의 옷 입기를 돕는다. • 활동자료를 실외에 가져다 놓는다. • 놀이에 참여한다. • 활동 후 손 씻기, 옷 벗고 정리하기, 물 마시기 등을 돕는다.	• 실외활동을 계획하고 진행할 수 있다.
12:00 ~ 12:40	손 씻기, 점심식사 및 이 닦기	• 손 씻기가 끝난 후 식사용 테이블에 앉아 턱받이를 한다. • 식사가 준비되는 동안 함께 노래 부르기, 책보기 등의 조용한 활동이 이루어질 수 있도록 한다. • 식사 전 소독액으로 책상을 닦고 위생장갑을 착용한 후 개별적으로 식판을 나누어 준다. • 영아들이 편안하고 즐겁게 실사를 할 수 있도록 식욕을 돋워 주는 음악을 틀어준다. • 영아들이 바르게 앉아 식사도구를 사용하여 스스로 먹을 수 있도록 도와주고 스스로 먹기 힘든 영아의 경우에는 먹여 주거나 음식을 떠주어 먹어볼 수 있도록 해 준다. • 영아가 음식을 먹기 싫어하거나	• 교사의 손 씻기 지도방법을 관찰한다. • 점심 준비 상황을 관찰한다. • 교사의 급식 지도방법을 관찰한다. • 교사의 이 닦기 지도방법을 관찰한다.	• 손 씻기, 턱받이 하기를 돕는다. • 음식의 식은 정도, 잘린 정도를 확인한다. • 식탁을 소독액으로 닦는다. • 영아가 식사용 테이블에 앉을 수 있도록 한다. • 식판을 배식한다. • 영아가 점심 먹는 것을 적절히 돕는다. • 점심식사 후 식탁 및 식판 정리를 돕는다. • 이 닦기, 세수하기	

		편식을 할 경우 억지로 다 먹이기보다는 한 번씩 맛을 볼 수 있도록 도와 새로운 음식에 대해 경험할 수 있도록 한다. • 식사가 진행되는동안 음식과 바람직한 식습관에 대해 이야기를 나눈다. • 식사가 일찍 끝난 영아의 경우 책보기, 탐색 영역 등에서 조용한 놀이를 할 수 있도록 한다. • 개별적으로 이 닦기를 할 수 있도록 교사가 시간차를 두어 이름을 불러주고 화장실에서 1 : 1로 상호작용을 하며 이 닦기와 세수를 도와준다.		를 돕는다. • 진행되는 조용한 놀이에 참여한다.	
12:40 ~ 13:00	기저귀 갈이 및 화장실 다녀오기	• 이 닦기가 먼저 끝난 영아 순서대로 기저귀를 갈아준다.	• 기저귀 갈이 방법을 관찰한다. • 기저귀 갈이 중 진행되는 영아와의 1 : 1 상호작용을 관찰한다.	• 기저귀 갈이 준비물을 챙기고 정리한다. • 기저귀 갈이를 돕는다.	–
13:00 ~ 15:30	낮잠 및 휴식	• 영아들이 개별 낮잠 매트에 편안히 잠잘 수 있도록 조용한 음악을 틀어주고 이불을 덮어준다. • 혼자 자기 힘든 영아들은 옆에서 토닥여 주며 상호작용해 주어 잠들 수 있도록 도와준다. • 잠을 자지 않는 영아들은 매트에 누워 쉴 수 있도록 하며, 일찍 일어난 영아는 책보기 영역에서 조용한 놀이를 할 수 있도록 돕는다. • 영아의 오전 배변, 급·간식 먹는 정도, 놀이활동을 정리하여 일일보고서 등에 기록한다.	• 낮잠 지도방법을 관찰한다. • 잠을 자지 않는 영아에 대한 활동을 관찰한다.	• 낮잠을 잘 수 있도록 토닥여 준다. • 일찍 일어난 영아를 무릎에 앉혀 책을 읽어준다. • 기저귀 갈이 및 화장실 가기를 돕는다. • 다음날 활동을 위한 자료 준비와 환경 구성을 돕는다. • 일일보고서 기록을 돕는다.	–
15:30 ~ 15:40	잠자리 정리 및 오후 간식 준비 기저귀 갈이 손 씻기	• 일찍 일어난 영아는 기저귀를 갈고 조용한 놀이를 할 수 있도록 하며 일어나지 못하는 영아들은 개별적으로 기분 좋게 깰 수 있도록 토닥여 주거나 안아주어 일어날 수 있도록 돕는다. • 매트가 정리될 동안 영아들이 다치지 않도록 조용한 영역에서 놀이할 수 있도록 하며, 정리가 끝난 후 교사의 도움을 받아 개별적으로 나눠 손을 씻을 수 있도록 한다. • 손을 씻고 온 영아들은 간식 책상	• 영아의 낮잠 깨우기 방법을 관찰한다. • 오후 간식 준비 방법을 관찰한다.	• 낮잠 후 개별 매트 및 침구를 정리한다. • 오후 간식을 준비한다. • 영아 손 씻기와 간식책상에 앉는 것을 돕는다.	

		에 앉아 볼 수 있도록 하며 오전 간식과 같이 오후 간식활동도 이루어지도록 한다.			
15:40 ~ 16:10	오후 간식 및 정리	• 교사와 상호작용 나누며 오후 간식을 먹는다. • 식사도구를 종류별로 놓아주어 교사의 도움을 받아 정리해 보도록 한다.	• 간식 지도방법을 관찰한다. • 영아의 식도구 사용 정도를 살펴본다. • 간식 지도 시 위생관리 방법을 관찰한다.	• 간식책상을 소독액으로 닦는다. • 배식을 돕는다. • 오후 간식먹기를 돕는다. • 간식책상과 식기를 정리한다. • 손 씻기를 돕는다.	–
16:10 ~ 16:30	세안 및 기저귀 갈기 몸 단장하기	• 오후 간식을 다 먹은 영아들 순서대로 개인 수건을 이용하여 교사의 도움을 받아 세수를 한 후 기저귀를 간다. • 로션을 바르고, 머리를 단정하게 정리한다.	• 세수 방법을 관찰한다.	• 로션 바르기, 머리 빗기를 돕는다.	
16:30 ~ 18:30	실내·외 자유선택 활동	• 오전에 진행되었던 실내·외 활동을 반복, 확장하여 진행한다.	• 영아의 놀이 활동을 관찰한다. • 교사의 놀이 활동 개입을 관찰한다.	• 놀이에 참여한다. • 갈등을 관찰하고 상해를 예측하여 지도교사에게 알린다.	• 오전 활동의 확장 활동을 계획하여 진행할 수 있다.
18:30 ~ 19:30	통합보육 귀가 지도	• 통합된 보육실에서 안전하게 놀이할 수 있도록 돕는다. • 부모와 영아의 주요 활동에 대해 이야기 나누며 귀가를 지도한다.	• 귀가 지도를 관찰한다.	• 가져온 개별 준비물을 챙겨 가방에 넣어 놓는다.	–

표 3-11 2세 영아 하루 일과에 따른 교사와 실습생의 역할

시간	주요일과	교사 직무	실습생 직무		
			참관실습	참가실습	실제지도실습
07:30 ~ 09:00	등원 및 자유선택 활동	• 즐겁고 밝은 표정으로 영아와 부모를 맞이한다. • 영아가 교사, 또래들과 반갑게 인사하도록 돕는다. • 등원 시 부모와 떨어지기 어려워하는 영아를 안아주거나 수용적인 태도를 보임으로써 편안하게 부모와 헤어질 수 있도록 돕는다. • 부모가 영아와 헤어질 때 분명하게 다시 돌아온다는 것을 알리고 가도록 한다. • 부모가 떠나는 모습을 지켜보거나 가정에서 사용하였던 물건이나 가족사진을 교실에 놓아두는 것도 좋다.	• 교사의 부모와의 상호작용을 관찰한다. • 영아와 부모의 분리과정에서 교사가 개입하는 방법을 관찰한다. • 교사의 영아 건강 점검을 살펴본다. • 놀이에 참여한다.	• 영아의 개별 준비물을 정해진 자리에 정리한다. • 개별 사물함을 정리한다. • 놀이에 개입한다.	–

		• 부모와 전날의 건강상태, 심적상태, 식사 여부 등에 대해 묻고 부모가 일일보고서에 기입할 수 있도록 한다. • 여러 영역에서 흥미와 요구에 따라 다양한 활동을 자유롭게 선택할 수 있도록 하며, 교사는 등원지도를 하면서 1 : 1로 상호작용해 준다. • 개별 준비물을 확인한다.			
09:00 ~ 09:30	손 씻기 오전 간식 및 정리	• 간식 전 손 씻기, 간식 후 세수하기 등 바른 식습관을 익힐 수 있도록 개별 영아에게 관심을 갖고 도움을 준다. • 교사는 음식의 배식부터 정리하는 것까지 영아에게 즐거운 경험이 되도록 안정되고 수용적인 분위기를 유도한다. • 즐거운 음악을 들으며 차분하게 대화를 나눌 수 있도록 하며 영아의 개별적인 음식 선호와 특성을 인정한다. • 올바른 식사예절을 발달시킬 수 있도록 앉아서 먹도록 지도한다. • 먼저 먹은 영아들은 세수를 하고 로션을 바른 후 조용한 놀이를 하면서 기다리도록 도움을 준다.	• 간식 준비 및 정리 방법을 관찰한다. • 교사의 간식 지도 방법을 관찰한다. • 위생관리방법을 살펴본다. • 기본생활습관 지도 방법을 관찰한다.	• 손 씻기를 돕는다. • 간식책상을 소독액으로 닦는다. • 음식을 배식한다. • 영아가 즐거운 분위기에서 먹을 수 있도록 상호작용한다. • 영아가 식사예절을 지키며 먹을 수 있도록 상호작용한다. • 먹은 후 스스로 정리할 수 있도록 돕는다.	–
09:30 ~ 09:40	함께 모이는 시간	• 함께 모이는 시간을 5~10분 정도 갖는다. • 교사와 또래와 아침인사를 나누고 하루 일과 및 계획되어 있는 활동을 간단하게 영아들에게 소개함으로써 영아들이 일어날 일을 예측할 수 있도록 한다. • 영아가 다른 또래를 힘들게 하는 경우가 아니라면 원하는 자세로 편안히 앉도록 한다.	• 함께 모이는 시간 진행방법을 관찰한다. • 영아의 주의집중 시간을 살펴본다.	• 영아가 제자리에 앉을 수 있도록 돕는다. • 영아가 교사의 상호작용을 주의 깊게 들을 수 있도록 한다.	• 반나절 또는 종일 수업을 하는 경우 함께 모이는 시간을 계획하고 진행할 수 있다.
9:40 ~ 10:40	오전 자유선택 놀이 소집단 활동	• 주제와 관련하여 영아의 발달에 적합한 활동이나 흥미로워하는 활동을 영역별로 준비하여 제시해 준다. • 영아가 주도적이고 적극적으로 참여할 수 있도록 활동을 계획하며 적절한 시기에 놀이에 개입하여 놀이가 확장될 수 있도록 도움을 준다.	• 각 영역별 활동을 관찰한다. • 교사 개입을 관찰한다. • 영아 발달 상황을 관찰한다.	• 놀이에 참여한다. • 갈등 상황을 관찰하고 상해를 예측하여 지도교사에게 알린다. • 놀이 중간에 화장실 지도를 돕는다. • 소집단 활동을 보조한다.	• 영역 활동을 계획하고 진행할 수 있다.
10:40 ~ 10:50	정리 및 놀이평가 전이활동	• 정리하기 5분 전에 미리 예고를 해주며, 정리시간이 되면 정리음악을 틀어서 정리하는 시간임을 알려준다.	• 정리시간 운영을 관찰한다. • 놀이 평가시간을	• 영아가 스스로 정리할 수 있도록 적절한 도움을 준다.	• 전이활동을 계획하고 진행할 수 있다.

		• 사용하지 않는 놀잇감을 정리하고 다른 놀이를 하는 것으로 이야기를 하여 정리할 때 힘들어하지 않도록 도움을 준다. • 정리 후 놀이 평가시간을 갖고 간단하게 놀이할 때 재밌었던 점이나 기분이 좋지 않았던 점을 이야기 나눈다. • 실외놀이 계획을 이야기하고 화장실 다녀오기, 옷 입기를 실시한다. • 실외활동 시 주의사항을 이야기하고 영아의 안전을 위하여 이름표를 준비한다.	관찰한다. • 실외놀이 준비와 주의 사항을 관찰한다.	• 영아가 정해진 자리에 앉을 수 있도록 돕는다. • 실외놀이를 위한 옷을 사물함에서 꺼내 오고 옷입기를 돕는다. • 화장실 가기를 돕는다. • 실외놀이에 사용되는 자료를 실외에 배치한다.	• 반나절 또는 종일 수업 시 놀이 평가시간을 계획할 수 있다.
10:50 ~ 12:00	실외놀이 산책 및 정리정돈	• 주제와 관련이 있는 실외활동을 계획하여 진행한다. • 영아들이 자유롭게 실외활동을 선택하여 놀이할 수 있도록 준비를 하여 실내활동과 연계되어 진행할 수 있도록 한다. • 계절과 시간에 맞는 적절한 상호작용을 하고, 영아가 산책 중에 자연탐색에 몰입하는 경우 충분한 시간을 갖고 탐색하도록 기다려 주는 것도 필요하다. • 전체적으로 영아들이 마음껏 즐길 수 있도록 격려하며 교사도 적극적이며 즐거운 태도를 보인다. • 교사는 영아들이 놀이 장소 이외의 공간으로 이동하지 않도록 시야 확보를 하는 것이 필요하다. • 정리하기 5분 전에 예고를 하고 정리정돈을 한다. • 보육실에 와서 옷 벗기, 옷 정리하기, 손 씻기, 화장실 다녀오기, 물 마시기 등을 지도한다.	• 실외활동 계획과 진행을 관찰한다. • 교사 개입을 관찰한다. • 이동 시 안전을 위한 방법을 살펴본다. • 실외놀이 후 정리 방법을 관찰한다. • 위험한 환경이나 상황이 있는지 관찰한다.	• 놀이에 참여한다. • 영아가 이동시 다른 공간으로 이탈하지 않도록 돕는다. • 손 씻기와 화장실 가기를 돕는다. • 물 마실 컵과 물을 개별로 준비한다. • 영아가 스스로 옷을 벗을 수 있도록 적절한 도움을 준다. • 벗은 옷을 정리한다.	• 실외활동을 계획하고 진행할 수 있다.
12:00 ~ 12:45	점심 식사 이 닦기	• 영아가 스스로 먹어보려는 행동을 허용하고 격려한다. • 영아가 음식을 스스로 잘 먹었을 때는 격려해 준다. • 교사가 바른 식습관(도구 사용하기, 맛있게 먹기, 즐거운 대화 나누기)의 모델을 보여준다. • 모든 음식을 골고루 먹을 수 있도록 지도하되 강제로 다 먹이지 않도록 한다. • 먼저 먹은 영아들은 정리를 한 후 조용한 활동을 하며 개별적으로 이 닦기를 할 수 있도록 한다.	• 점심 배식방법을 관찰한다. • 급식 지도방법을 관찰한다. • 다 먹은 후 영아에게 제시하는 활동을 살펴본다. • 이 닦기 지도를 살펴본다. • 이후 활동을 위한 교실 정리를 관찰한다.	• 점심책상을 소독액으로 닦는다. • 배식을 돕는다. • 바른 식습관으로 먹을 수 있도록 상호작용한다. • 점심책상, 식기, 바닥을 정리한다. • 조용한 놀이에 개입한다. • 이 닦기를 돕는다. • 교실 정리를 돕는다.	–

		• 교사는 바른 이 닦기의 모습을 보여 주며 영아 스스로 해보는 시간을 주고 마무리는 교사가 돕는다. • 점심식사 후 교실을 정리한다.			
12:45 ~ 13:00	화장실 다녀오기 낮잠 준비	• 교사는 화장실을 사용할 때 옷 내리고 입기, 휴지 사용, 물 내리기 등 화장실 사용방법을 알려주고 스스로 해 보도록 격려하고 옷매무새를 정리해 준다. • 소변 및 배변 실수를 했을 때에는 자연스럽게 도움을 주고 정서적 안정감을 갖도록 격려해 준다. 로션을 바르고, 양말을 벗어 서랍장에 정리하도록 한다. • 바닥에 50cm 이상 간격을 두어 매트를 깔고 자기 편하도록 이불을 깔아준다. • 커튼과 조명, 조용한 음악을 준비하여 잘 수 있는 분위기를 조성한다.	• 낮잠 전 화장실 다녀오기 방법을 관찰한다. • 낮잠 매트 까는 방법 및 낮잠 준비방법을 관찰한다.	• 화장실 가기, 손 씻기를 돕는다. • 개별 발달차이에 따라 배변활동을 돕는다. • 낮잠을 위한 개별 매트와 침구를 바닥에 깐다. • 커튼을 치고 조명을 끈다.	–
13:00 ~ 15:30	낮잠 및 정리 화장실 다녀오기	• 개별적인 수면습관을 고려하여 잘 수 있도록 도움을 주며 집에서 잠들 때 도움이 되는 물건을 가져와 사용할 수 있도록 한다. • 영아가 자는 동안에는 교사 1인은 반드시 보육실에서 영아가 편히 잠들 수 있도록 관찰하고 도움을 준다. • 일찍 일어나거나 자지 않는 영아는 조용히 쉴 수 있도록 한다. • 자고 일어난 영아에게는 안아주는 등 개별적으로 따뜻한 관심을 보여준다. • 교사는 개별적으로 영아의 하루 일과 및 수면, 간식·점심의 양, 배변상태 등에 대해 자세하게 기록하여 부모에게 알리도록 한다. • 일어나서 화장실 다녀온 후 조용한 영역에서 잠시 쉬도록 한다. • 이불과 매트를 정리하도록 한다.	• 낮잠 준비를 관찰한다. • 낮잠 시간 동안의 교사 역할을 관찰한다. • 자지 않는 영아에 대한 활동 제공을 살펴본다.	• 개별 매트와 침구를 정리한다. • 일찍 일어난 영아는 조용한 놀이를 함께 해 준다. • 다음날 활동을 위한 자료 준비, 환경 구성을 돕는다. • 일일보고서 기록을 돕는다.	–
15:30 ~ 16:00	간식 및 정리정돈	• 개별적으로 손을 씻고 간식을 먹는다. • 오후 간식을 먹고 난 후 스스로 식사도구를 정리할 수 있도록 도움을 준다.	• 간식 준비방법을 살펴본다. • 간식 지도방법을 관찰한다.	• 화장실 가기를 돕는다. • 손 씻기를 돕는다. • 간식책상을 소독액으로 닦는다. • 간식을 배식한다. • 간식 후 책상, 식기, 바닥을 정리한다.	–

16:00 ~ 18:30	몸단장 및 오후 실내·외 자유 선택활동	• 교사는 세수하기, 로션 바르기, 머리 빗기, 양말 신기, 옷 갈아입히기 등을 지도한다. • 개별적으로 몸단장을 지도하며 이야기를 나눈다. • 오전에 흥미를 보였던 활동 및 오후에 계획된 활동을 진행하며 영아의 놀이에 함께 참여한다.	• 몸단장 방법과 몸단장 시 상호작용을 관찰한다. • 오후 활동의 계획과 진행을 관찰한다.	• 세수하기, 로션 바르기, 머리 빗기를 돕는다. • 오후 활동에 참여한다.	• 오전과 연계하여 오후 영역 활동을 계획하고 진행할 수 있다.
18:30 ~ 19:30	오후 통합보육 및 귀가	• 귀가 시 유아들이 흥미를 보였던 활동이나 특별한 상황에 대해 부모에게 전달하는 것이 필요하며, 다음 날의 행사나 준비물이 있으면 알려준다. • 이때 부모의 입장과 감정을 고려하여 신중한 태도로 이야기를 하는 것이 필요하다. • 영아에게 다음날 계획된 일을 미리 이야기하여 다음날을 기대하고 집에 돌아갈 수 있도록 하는 것도 좋다. 남아 있는 친구들과 교사에게 다정하게 인사를 나눌 수 있도록 한다.	• 귀가 시 부모와의 상호작용을 관찰한다. • 놀이 개입을 관찰한다. • 통합 보육 상황을 관찰한다.	• 안전하게 놀이할 수 있도록 돕는다. • 교실 청소를 돕는다.	–

표 3-12 3세 하루 일과에 따른 교사 및 실습생의 역할

시간	주요일과	교사 직무	실습생 직무		
			참관실습	참가실습	실제지도실습
07:30 ~ 09:00	등원 및 인사 자유놀이	• 등원하는 영유아를 밝은 모습으로 반갑게 맞이하며 아침 인사를 나눈다. • 영유아의 건강이나 심리적 상태를 부모로부터 확인한다. • 등원한 영유아의 손을 잡아주거나 안아주는 등 수용적인 모습을 보이며 자연스럽게 들어올 수 있도록 도와준다. • 들어오기 힘들어하는 영유아는 보무의 도움을 받아 이야기를 나누고 난 후에 들어오도록 한다. • 등원한 영유아가 자신이 원하는 영역으로 가서 놀이를 할 수 있도록 옆에서 도와준다.	• 교사의 등원지도를 관찰한다. • 등원하기 힘들어하는 영유아를 도와주는 방법을 관찰한다.	• 개별 준비물을 수거한다. • 개별 사물함을 정리한다. • 놀이에 참여한다.	–
09:00 ~ 09:30	손 씻기 오전간식 및 정리	• 오전 간식을 먹으러 가기 전 영유아들이 손을 깨끗이 씻을 수 있도록 손 씻는 방법에 대해 상호작용해 준다.	• 손 씻기 지도 방법을 관찰한다. • 간식 지도방법을 관찰한다.	• 간식 책상을 소독액으로 닦는다. • 간식을 배식한다. • 바른 식습관을 갖	–

		• 손 씻은 후 물기를 닦을 수 있도록 유도한다. • 간식을 먹으면서 어떠한 간식인지 맛은 어떠한지 등 간식에 대하여 상호작용한다. • 바른 식습관을 익힐 수 있도록 영유아들이 먹는 것에 관심을 갖고 개별적으로 도움을 준다.	• 간식 지도 시 교사의 상호작용을 관찰한다.	도록 상호작용한다. • 간식 책상, 식기, 바닥 정리를 돕는다.	
09:40 ~ 09:50	함께 모이는 시간	• 10~15분 정도 함께 모이는 시간을 갖고 오늘 함께 할 활동들을 소개해 주며 유아들이 선택하여 놀이해 볼 수 있도록 계획하는 시간을 준다. • 유아 스스로 영역을 선택한 후 놀이할 수 있도록 한다.	• 함께 모이는 시간 지도방법을 관찰한다. • 유아의 영역 선택 방법을 관찰한다.	• 유아가 정해진 장소에 앉을 수 있도록 돕는다. • 교사와 또래의 이야기를 들을 수 있도록 유도한다. • 유아가 놀이계획을 할 수 있도록 영역의 계획된 활동에 대한 유아의 질문에 답변한다.	• 반나절 또는 종일수업 시 함께 모이는 시간을 계획하고 진행할 수 있다.
09:50 ~ 10:50	오전 자유선택 활동 소그룹 활동	• 유아의 자유선택활동을 관찰하여 적절한 시기에 개입한다. • 놀이 시 유아들 간의 갈등이 있을 때에는 상황을 각 유아에게 들어보며 중재자의 입장에서 영유아들이 갈등을 해결해 갈 수 있도록 돕는 역할을 한다. • 소그룹 활동을 계획하여 진행한다.	• 계획된 자유선택 활동을 관찰한다. • 계획되지 않았지만 영유아가 스스로 참여하는 놀이를 관찰한다. • 교사의 놀이와 갈등 상황에 대한 개입을 관찰한다. • 소그룹활동을 관찰한다.	• 놀이에 참여한다. • 갈등을 예측하고 중재자 역할을 한다. • 영역별 자료를 보충한다. • 소그룹 활동을 돕는다.	• 자유선택활동 영역을 선택하여 계획하고 진행한다. • 소그룹 활동을 계획하고 진행한다.
10:50 ~ 11:10	정리 및 놀이평가	• 정리시간 5분 전에 미리 예고를 한다. • 유아가 가지고 놀았던 놀잇감을 정리할 수 있도록 상호작용한다. • 정리 후 놀이 평가 시간을 갖는다.	• 정리를 위한 교사의 상호작용을 관찰한다. • 평가시간 운영을 관찰한다. • 유아의 평가를 관찰하고 이후 활동에 어떻게 반영되는지 살펴본다.	• 유아가 스스로 정리할 수 있도록 돕는다. • 정해진 장소에 앉을 수 있도록 돕는다. • 교사와 도래의 이야기를 들을 수 있도록 돕는다.	• 반나절 또는 종일수업 시 놀이 평가 시간을 계획하고 진행할 수 있다.
11:10 ~ 12:10	실외 자유 선택활동 또는 산책	• 주제와 관련된 실외 활동을 준비하도록 한다. • 실내활동과 연계될 수 있도록 한다. • 실외활동을 하기 전 유아와 실외에서 지켜야 하는 안전규칙에 대하여 이야기 나누며, 규칙을 지키도록 노력한다.	• 실외놀이 활동규칙을 살펴본다. • 실외놀이 활동계획을 살펴본다. • 실외놀이 시 준비물을 살펴본다. • 실외놀이 시 상호	• 실외놀이와 산책에 필요한 교수 자료와 준비물을 들고 간다. • 영유아가 안전규칙에 적합하게 놀이하고 이동하도	• 실외놀이 활동을 계획하고 진행할 수 있다.

		• 실외놀이터 산책 시 마음껏 그 시간을 즐기며 놀이할 수 있도록 도움을 준다.	작용을 관찰한다. • 영유아의 반응을 관찰한다.	록 돕는다. • 놀이에 참여한다.	
12:10 ~ 13:00	손 씻기 점심식사 이 닦기	• 다양한 음식을 먹어 보도록 상호작용해 준다. • 선호하지 않는 음식도 권해 본다. • 유아에게 바람직한 이 닦기 모델이 되도록 하며, 유아가 깨끗이 이를 닦을 수 있도록 도움을 준다.	• 점심 지도방법을 살펴본다. • 점심 지도를 위한 교사의 상호작용을 살펴본다. • 이 닦기 지도 방법을 관찰한다. • 이 닦기 지도시 상호작용을 관찰한다. • 개별 영유아의 스스로 할 수 있는 정도를 관찰한다.	• 바른 손 씻기를 할 수 있도록 상호작용한다. • 수건을 교체해 준다. • 점심책상을 소독액으로 닦는다. • 배식을 돕는다. • 바른 식습관을 갖을 수 있도록 상호작용한다. • 식사 후 책상, 식기, 바닥을 정리한다. • 칫솔과 치약을 준비한다. • 영유아가 치약 짜고 이 닦기가 끝난 후 칫솔과 양치 컵을 깨끗이 씻도록 돕는다.	–
13:00 ~ 13:30	화장실 다녀오기 낮잠준비	• 화장실을 다녀온 후에 옷을 단정히 입을 수 있도록 도움을 준다. • 적당한 간격을 유지하여 낮잠 매트를 준비하여 준다. • 커튼 내리기, 조용한 음악 틀기 등으로 낮잠 분위기를 조성한다.	• 화장실 지도방법을 관찰한다. • 낮잠 준비방법을 관찰한다.	• 화장실 뒤처리를 돕는다. • 화장실 다녀온 후 옷차림을 점검한다. • 낮잠 자기에 간편한 옷차림을 하도록 돕는다.	–
13:30 ~ 15:20	낮잠	• 잠이 들기 전까지 교사가 토닥여 주며 상호작용해 주기도 하고, 누워 쉴 수 있도록 도움을 준다. • 일찍 일어난 영유아들에게는 조금 더 쉬거나 화장실을 다녀온 후 조용한 놀이를 할 수 있도록 한다.	• 낮잠 지도방법을 관찰한다. • 일찍 일어난 영유아에 대한 조용한 활동을 관찰한다.	• 잠을 잘 수 있도록 토닥인다. • 일찍 일어난 영유아가 조용히 쉴 수 있도록 유도한다. • 수업 자료를 준비한다.	–
15:20 ~ 15:40	이불 정리 세수하기 화장실 다녀오기	• 유아 스스로 자신의 이불을 정리할 수 있도록 돕는다. • 손과 얼굴을 깨끗이 씻을 수 있도록 상호작용한다. • 로션을 바른 후 머리를 빗을 수 있도록 돕는다. • 화장실을 다녀올 수 있도록 하며 화장실 뒤처리와 옷매무새 점검을 돕는다.	• 몸단장 방법을 돕는다.	• 개별 매트와 침구를 정리한다. • 머리 빗기를 돕는다. • 화장실 뒤처리와 옷매무새 점검을 돕는다.	–

15:40 ~ 16:00	오후 간식 및 간식정리	• 오후 간식 재료는 무엇인지 맛은 어떠한지 등 간식을 먹으며 유아와 상호작용한다. • 다 먹은 후 정리할 수 있도록 도움을 준다.	• 간식 지도방법을 관찰한다. • 정리방법을 관찰한다.	• 간식 테이블을 소독액으로 닦는다. • 바른 식습관으로 먹을 수 있도록 상호작용한다. • 책상, 식기, 바닥 정리를 돕는다.	–
16:00 ~ 17:00	소그룹 활동또는 특별활동	• 오후 소그룹 활동을 계획하고 진행한다.	• 오후 소그룹 활동 또는 특별 활동 진행방법을 관찰한다.	• 활동자료를 보충한다. • 유아의 요구를 파악하여 적절히 도움을 준다.	• 오후 소그룹 활동을 계획하여 진행할 수 있다.
17:00 ~ 18:30	오후 실내·외 자유선택 활동	• 실내·외 자유선택활동을 유아가 원하는 영역에서 놀이할 수 있도록 상호작용해 주며 무엇을 해야 할지 몰라 가만히 서 있거나 앉아 있는 유아는 놀이에 참여할 수 있도록 도움을 주며 상호작용해 준다.	• 오후 자유선택 활동 내용을 관찰한다.	• 놀이에 참여한다. • 갈등을 중재한다.	• 오후 자유 선택활동을 계획하고 진행할 수 있다.
18:30 ~ 19:30	오후 통합활동 및 귀가	• 귀가 시 개인별 유아들의 일들에 대하여 부모에게 전달하도록 한다. • 유아에게 다음날 계획된 일을 미리 이야기하여 다음날을 기대하고 집에 돌아갈 수 있도록 하는 것도 좋다. • 유아가 남아 있는 또래들에게 다정하게 인사를 나눌 수 있도록 한다.	• 귀가 지도를 관찰한다.	• 안전하게 놀이할 수 있도록 돕는다.	–

표 3-13 4~5세 하루 일과에 따른 교사 및 실습생의 역할

시간	주요일과	교사 직무	실습생 직무		
			참관실습	참가실습	실제 지도실습
07:30 ~ 08:40	등원 및 인사 실내 자유놀이	• 아픈 영유아는 어디가 아픈지, 왜 아픈지에 대해 물어보고 쉬고 싶은지 아니면 활동에 참여할 수 있는지 묻고 결정할 수 있게 한다. 만약 쉬고 싶어 할 때는 쉬는 영역 도는 책보기 영역에서 조용히 앉아 있거나 누워 있게 해 준다. • 등원을 힘들어하는 유아는 부모와 충분한 이야기와 스킨십을 나눌 수 있도록 한다. • 부모에게 특별한 일이나 전달사항이 있는지 묻고 인사를 한다. • 유아가 개별 준비물을 정리할 수 있도록 돕는다.	• 등원 지도방법을 관찰한다.	• 개별 준비물을 수거한다. • 개별 사물함을 정리한다.	–

08:40 ~ 08:50	정리 및 손 씻기	• 5분 전 정리시간을 알리고 정리를 함께한 뒤 화장실로 이동한다. • 3~5명의 유아들이 함께 손을 씻고 물기를 닦을 수 있도록 한다. • 유아가 개별 준비물을 정리할 수 있도록 돕는다.	• 손 씻기 지도를 관찰한다.	• 차례차례 손 씻기를 할 수 있도록 한다. • 전이활동 진행을 돕는다.	• 전이활동을 계획하고 진행한다.
08:50 ~ 09:10	오전 간식 및 정리	• 유아 스스로 간식을 먹을 수 있도록 지도한다. • 유아 스스로 간식을 먹은 후 정리할 수 있도록 지도한다.	• 간식 지도방법을 관찰한다.	• 간식책상을 소독액으로 닦는다. • 배식을 돕는다. • 바른 식습관을 위한 상호작용을 한다. • 스스로 정리할 수 있도록 돕는다.	–
09:10 ~ 09:30	화장실 다녀오기 및 전이활동	• 화장실을 가기 원하는 유아를 지도한다. • 화장실을 가지 않는 유아를 위한 전이활동을 진행한다.	• 화장실 지도방법을 관찰한다. • 전이활동을 관찰한다.	• 차례로 화장실을 사용하도록 돕는다. • 화장실 뒤처리를 돕는다. • 화장실 뒤처리 후 옷매무새를 정리한다.	• 전이활동을 계획하여 진행할 수 있다.
09:30 ~ 09:40	하루 일과 소개 및 놀이 계획하기	• 함께 아침인사를 나눈 뒤 하루 일과 및 계획되어 있는 활동을 소개함으로써 유아들이 하루 일과를 예측할 수 있도록 한다. • 놀이 계획 및 평가표를 사용할 수 있다.	• 놀이 계획 시간진행을 살펴본다. • 놀이 계획 및 평가표를 관찰한다.	• 함께 모이는 자리에 앉을 수 있도록 한다. • 유아가 교사와 또래의 이야기에 주의를 집중할 수 있도록 한다. • 놀이 계획 및 평가표 사용을 돕는다.	• 반나절 또는 종일 수업 시 놀이 계획시간을 진행할 수 있다.
09:40 ~ 11:20	오전 실내 자유선택 활동 및 소그룹 활동	• 영역별 활동 중에는 교사가 놀이 참여자가 되어 함께 놀이를 하며 놀이 확장이 일어날 수 있도록 한다. • 갈등 상황이 생겼을 때는 두 명의 유아에게 각자의 입장을 말하게 하고 상대방이 어떻게 했으면 속상하지 않겠는지 묻고 갈등의 원인을 찾아 유아 스스로 해결할 수 있도록 중재한다. • 주제와 연관된 소그룹 활동을 진행한다.	• 계획된 활동을 관찰한다. • 유아의 반응을 관찰한다. • 교사의 개입방법을 관찰한다. • 소그룹 활동 내용을 관찰한다.	• 놀이에 참여하고 놀이를 확장시킨다. • 갈등을 중재한다. • 유아의 흥미를 파악한다. • 소그룹 활동에 유아가 참여하도록 돕는다.	• 영역활동과 소그룹 활동을 계획하고 진행할 수 있다.
11:20 ~ 11:40	정리 및 놀이 평가	• 5분 전 정리시간을 알리고 유아들이 놀이를 마무리하는 데 힘들지 않게 도움을 주며 특별히 활동이 지체되는 유아들에게 도움을 준다. • 놀이 평가를 통해 학급 내에 필요한 규칙을 만들고 수정하도록 도움을 준다.	• 정리방법과 정리를 격려하는 교사의 상호작용을 관찰한다. • 놀이 평가방법을 관찰한다. • 규칙 만들기 과정	• 스스로 정리할 수 있도록 돕는다. • 정해진 자리에 앉아 놀이 평가를 할 수 있도록 돕는다.	• 반나절 또는 종일수업 시 놀이 평가 시간을 진행할 수 있다. • 반나절 또는 종일 수업 시 규칙 만들기

			을 관찰한다.		또는 규칙 수 정하기를 진행할 수 있다.
11:40 ~ 12:20	오전 실외 자유선택 활동 및 산책	• 옷 입기와 신발 신기에서 많은 유아가 한꺼번에 움직여 사고가 나지 않도록 일정 수의 영유아가 이동하도록 한다. • 옷 입기와 신발 신기 중 기다리는 유아를 위한 전이활동을 진행한다. • 신발을 신는 데 도움이 필요한 유아는 교사가 개별적으로 상호작용하여 돕는다. • 주제와 연관된 실외활동을 영역별로 준비하고 진행한다. • 실외 활동을 마친 후에는 현관에 들어오기 전 유아들과 '통통통'체조나 친구들을 머리부터 발끝까지 쓰다듬기, 점프하기 등의 활동을 하며 옷과 신발에 묻은 흙을 턴다. • 준비가 된 유아들부터 이름을 불러 일정 수 만큼씩 이동해 신발을 벗도록 유도한다.	• 실외활동 계획과 진행을 관찰한다. • 유아의 안전한 이동을 위한 방법을 관찰한다.	• 실외놀이를 위한 옷 입기를 돕는다. • 실외활동 자료를 실외에 가져다 놓는다. • 줄 서고 안전하게 이동하기를 돕는다. • 놀이에 참여한다. • 옷 벗기와 정리하기를 돕는다.	• 실외활동을 계획하여 진행할 수 있다.
12:20 ~ 13:20	손 씻기 및 점심식사	• 준비된 메뉴가 무엇인지 함께 이야기 나눠보고 음식에 흥미를 가질 수 있게 한다.	• 식습관 지도방법을 살펴본다. • 식습관 지도를 위한 교사의 상호작용 방법을 관찰한다. • 식도구 정리방법을 관찰한다.	• 점심 테이블을 소독액으로 닦는다. • 배식을 돕는다. • 바른 식습관을 형성할 수 있도록 상호작용한다. • 스스로 정리할 수 있도록 돕는다.	–
13:20 ~ 14:00	낮잠 준비 및 전이활동	• 낮잠 매트 간 간격이 50cm가 되도록 깔고 이불을 준비한다. • 낮잠 음악이나 동화를 틀고 창문을 다 닫은 후 영유아들이 스스로 자리를 찾아 눕도록 한다.	• 낮잠 준비 내용을 관찰한다.	• 조용한 놀이를 함께 한다. • 개별 매트와 침구를 바닥에 깐다. • 커튼을 친다. • 조용한 음악이나 듣기 동화를 틀어놓는다.	–
14:00 ~ 15:00	낮잠 및 휴식	• 유아들의 이불을 덮어주고, 등을 토닥여 주며 낮잠을 잔 후의 일과에 대해 이야기하고 잠을 청할 수 있도록 상호작용한다. • 잠자기를 원하지 않는 유아는 충분히 휴식하거나 조용한 놀이를 하도록 돕는다.	• 낮잠 지도방법을 관찰한다.	• 낮잠을 잘 수 있도록 토닥여 준다. • 조용한 놀이를 함께 한다.	–

15:00 ~ 15:30	정리 및 조용한 놀이	• 낮잠을 깨우는 음악을 정하여 음악을 틀고 커튼을 열어 유아들이 스스로 일어나서 이불을 정리할 수 있도록 한다. • 이불을 정리한 유아들은 친구들의 이불 정리를 도와주도록 한다. • 유아의 매트를 정리한다. • 유아가 화장실에 가서 세수를 한 후 로션을 바를 수 있도록 한다. • 준비가 다 된 유아들은 교실에 들어와 조용한 놀이를 시작한다. • 조용한 놀이 중 1 : 1로 몸단장을 돕는다. • 창을 열고 환기를 시킨다.	• 낮잠 시간 정리를 관찰한다.	• 창을 연다. • 개별 매트와 침구를 정리한다. • 차례대로 세수하기를 할 수 있도록 돕는다.	–
15:30 ~ 16:00	손 씻기 및 오후간식	• 차례대로 손 씻기를 할 수 있도록 한다. • 충분히 간식을 섭취하도록 돕는다.	• 손 씻기 지도를 관찰한다. • 오후 간식 지도방법을 관찰한다.	• 손 씻기 지도를 돕는다. • 귀가하기 전까지 배고픔을 느끼지 않도록 충분히 간식을 먹도록 유도한다. • 간식 후 책상, 식기, 바닥을 스스로 정리할 수 있도록 유도한다.	–
16:00 ~ 17:30	오후 실외 자유선택 활동 및 산책	• 오전 실외활동와 변화를 주어 주제와 관련된 활동 또는 그 시기에 유아들에게 필요한 놀이나 흥미를 보이는 놀이를 준비하여 함께 상호작용한다.	• 실외놀이 활동을 관찰한다.	• 실외놀이를 위한 옷 입기를 적절히 돕는다. • 놀이에 참여한다.	• 오후 실외놀이 활동을 계획하고 진행할 수 있다.
17:30 ~ 18:30	오후 소그룹 활동 또는 특별활동	• 오전 활동을 확장한 소그룹 활동이나 특별 활동을 준비한다.	• 오후 소그룹 활동과 특별 활동 진행과 내용을 관찰한다.	• 놀이에 참여한다. • 갈등을 중재한다. • 쉬고 싶어하는 영유아를 파악한다.	• 오후 소그룹 활동을 계획하여 진행할 수 있다.
18:30 ~ 19:30	통합보육 및 귀가	• 부모와 반갑게 인사를 나눈 뒤 유아를 데리고 교실 밖으로 나와 유아의 옷과 물건을 챙겨 준다(만약, 유아의 놀이가 정리되지 않았거나 활동의 마무리를 위해 시간이 필요하다면 우선 부모에게 조금만 기다려 주시길 바란다고 양해를 구한 뒤 유아에게 도움을 주며 조속히 마무리한다). • 오늘 하루 유아에게 있었던 상황에 대해 부모와 이야기 나눈다. • 유아와 귀가 인사를 나눈다.	• 귀가 지도 방법을 관찰한다.	• 안전하게 놀이하도록 돕는다.	–

2) 하루 일과에 대한 실습생의 역할 사례

보편적인 실습생의 직무는 앞서 언급한 바와 같으나 실습생의 역할은 보육실습기관에 따라 다양하다. 상이한 보육실습기관의 영아반과 유아반에서 6주간의 보육실습을 마친 두 실습생의 역할 사례를 주별로 제시하면 다음과 같다.

(1) 영아반 실습생의 사례

0세반은 해당년도 3월 기준으로 12개월 이하 영아(3월에 입소하여 10개월 이상이 지났으므로 월령이 15~22개월이 됨)

① 첫째 주

- 실습 학급명: 0세 병아리반
- 실습 학급 영유아 월령: 15~22개월
- 실습 학급 영유아 수: 총 9명(남아 5명, 여아 4명)
- 실습 학급 담당교사 수: 3명
- 해당 주: 1주(1월 9일~1월 13일)

시간	월	화	수	목	금
등원 08:30~09:00	• 영아와 반갑게 인사하고, 영아가 낯설어 하지 않도록 주변에서 영아에게 웃어주며 다가가기 • 개별활동 시 영아와 친밀해지기위해 상호작용하기	• 등원하는 영아 맞이 및 영아의 겉옷 벗겨서 서랍장에 정리하고 영아의 가방에 들어 있는 소지품을 가지런히 정리하기 • 개별활동 시 영아와 놀이하기	• 식당에 들러 물병을 챙겨온 후 물 끓여 놓기 • 세척해 놓은 영아 앞가리개를 걷어 갠 후 서랍장에 채워 넣기 • 개별 활동 시 영아와 블록놀이, 그림책 읽어주기 등 놀이하기	• 식당에 들러 물병 챙겨온 후 물 끓여 놓기 • 세척해 놓은 영아 앞가리개 걷어 갠 후 서랍장에 채워 넣기 • 등원하는 영아 맞이 및 영아의 겉옷 벗겨 서랍장에 정리하고 영아의 가방에 들어 있는 소지품 가지런히 정리하기 • 개별활동 시 영아와 놀이하기	• 식당에 들러 물병 챙겨온 후 물 끓여 놓기 • 세척해 놓은 앞가리개 걷어 갠 후 서랍장에 채워 넣기 • 등원하는 영아 맞이 및 영아의 겉옷 벗겨 서랍장에 정리하고 영아의 가방에 들어 있는 소지품 가지런히 정리하기 • 개별활동 시 영아와 놀이하기

<table>
<tr><td>오전 간식
09:00~09:40</td><td>• 이유식을 먹으려고 기다리는 영아와 전이활동하기
• 교사가 이유식 먹이는 모습을 관찰하기</td><td colspan="4">• 영아에게 앞가리개를 입힌 후 손을 씻기고 개별 이유식 테이블에 앉혀 영아와 언어적 상호작용을 하며 이유식 먹이기</td></tr>
<tr><td>기저귀 갈이
09:40~09:50</td><td>• 개별적으로 소변 기저귀 갈기</td><td>• 대변기저귀 갈아보기</td><td colspan="3">• 개별적으로 기저귀 갈기</td></tr>
<tr><td>실내 자유놀이
09:50~11:00</td><td>• 실내 자유놀이 시간에 음악에 맞추어 신체 표현하기
• 공놀이하기 등 영아와 함께하면서 교사와 영아의 상호작용 관찰하기</td><td>• 영아가 가져온 그림책을 읽어주기
• 블록놀이하기
• 엄마 아빠 놀이하기
• 여러 가지 소리 듣기</td><td>• 어제 했던 소리와 관련된 활동에서 조금 더 발전시켜 북, 장구, 탬버린뿐만 아니라 소리상자를 가지고 활동을 연계하기</td><td>• 배변훈련과 관련된 언어 '쉬, 응가'등을 사용해 보게 하고 '공주머니'로 신체활동하기</td><td>• 동물카드를 보며 '동물의 이름을 말해 보아요'라는 활동하기</td></tr>
<tr><td>전이활동
11:00~11:10</td><td colspan="5">• 3명의 영아를 담당하여 짧은 노래하기</td></tr>
<tr><td>점심식사
11:10~12:10</td><td colspan="5">• 영아에게 앞가리개를 해 주고 손 씻기 돕기
• 점심식사 먹이기
• 점심을 다 먹이고 난 후 손과 얼굴을 씻기고 로션 바르기</td></tr>
<tr><td>낮잠
12:10~15:00</td><td>• 점심을 먹은 후 자고 있는 영아들 옆에서 깨려는 영아 토닥여주기</td><td colspan="2">• 옷장에서 영아의 개별 매트를 꺼내서 교실에 깔기
• 영아의 등을 토닥여 주며 낮잠 재우기</td><td colspan="2">• 일찍 일어난 영아와 조용한 놀이하기</td></tr>
<tr><td>조용한 놀이 및 간식
15:00~16:00</td><td>• 잠에서 깨어난 영아와 조용한 놀이하기</td><td colspan="2">• 식당에서 가식을 가져와 간식 준비를 하고 영아에게 간식 먹이기</td><td colspan="2" rowspan="2">• 지도교사가 부탁한 교구 만들기</td></tr>
<tr><td>실내 자유놀이
16:10~16:50</td><td>• 지하 유희실에서 자유놀이(노래에 맞추어 리본을 가지고 둥글게 돌려보기도 하고, 흔들어보기), 블록 놀이하기</td><td>• 3층 유원장에 가서 자유놀이하기(비디오시청, 공굴리기, 복합시설물 이용하는 영아들 도와주기)</td><td>• 지하 유희실에서 까꿍터널과 웨스코 블록을 통과하며 신체 활동하는 여아와 함께 놀아주기
• 음악에 맞추어 자유롭게 뛰어다니기</td></tr>
<tr><td>저녁식사
17:10~17:30</td><td>• 영아의 손을 씻긴 후 저녁식사 먹이기
• 식사가 끝난 후 얼굴 씻기고 로션 바르기</td><td colspan="2">• 식당에서 저녁식사를 가지고 올라와서 영아의 손을 씻긴 후 저녁먹이기
• 식사가 끝난 후 얼굴 씻기고 로션 바르기</td><td></td><td></td></tr>
</table>

실내자유놀이 17:30~18:30	• 통합보육실로 이동하여 개별적으로 책을 읽거나 끼적거리기, 블록 쌓기 놀이하기	• 통합보육실로 이동하여 그림책 읽기 • 바람개비 놀이, 블록 쌓기 놀이하기	• 통합보육실로 옮겨 자유놀이하기('예~'대답놀이, 그림책보며 '예, 네' 대답하는 소리 들어보고 말해 보기 등)	• 통합 보육실에서 잡기놀이 하기, 바람개비놀이하기 • 블록놀이, 그림책 읽어주기 등	• 통합 보육실에서 잡기놀이와, 그림책 읽기 • 끼적거리기, 블록놀이 하는 영아와 함께 놀이하기
개별활동 및 귀가준비 18:30~19:00	• 조용한 놀이(책보기, 끼적거리기, 한 조각 퍼즐)하기, 머리빗기기, 옷 갈아입히기				
야간보육 19:00~19:30	• 나비반으로 옮겨 오후 통합을 하여 나비반 영아들과 병아리반 영아들이 함께 놀이하기				
기타 사항	–	• 등원하기 힘들어하는 영아와 개별적인 시간 갖기	–	• 식사 속도가 늦은 영아 돕기	
교사 평가 또는 자기 평가	첫날이라 많이 긴장되고 너무 어린 영아라서 걱정도 많이 되었지만 몇몇 영아가 낯을 가리지 않고 따라주어 수월했던 것 같다. 하지만 한꺼번에 많은 영아와 함께 놀아주는 것은 부담이 되기도 하고 많이 힘들기도 하였다.	처음부터 낯을 가리지 않던 영아와는 계속 상호작용을 할 수 있었지만 낯을 심하게 가리는 영아가 내려가면 놀다가도 울려고 하고 피하려고 해서 지도교사가 영아랑 놀아주라고 할 때 너무 힘들고 어떻게 해야 할지 몰라 많이 당황했었다.	영아들이 조금씩 익숙해 하고 있지만 그래도 여전히 낯을 가리는 영아들은 내가 가면 피한다. 그래도 옆에 다가가면 울지 않고 나를 탐색하는 모습에 조금은 나를 익숙하게 여기는 것 같아서 조금은 괜찮았다.	여러 선생님들과 함께 있을 때 영아들을 보는 것은 이제 힘들지 않지만 나 혼자 3~4명의 영아를 돌보는 것은 통제가 제대로 이루어지지 않아 언제 사고가 일어날지 몰라서 힘들었다. 낯을 심하게 가리던 한 영아가 나에게 안겨 우유도 먹고 웃기도 하였다. 조금은 친해진 것 같아서 너무 기뻤다.	하루 일과가 조금씩 익숙해져서 불안한 마음이 줄어들고 있다. 다음 상황을 예측하고 내가 다음에 무엇을 해야 하는지 점점 알아간다.

(2) 유아반 실습생의 사례

① 첫째 주

- 실습 학급명: 3세반 하늘반
- 실습 학급 영유아 수: 총 15명(남아 6명, 여아 9명)
- 실습 학급 담당교사 수: 1명
- 해당 주: 1주(1월 9일~1월 13일)

시간	월	화	수	목	금
등원 07:30~09:00	• 개별 영유아를 따뜻하게 안아주고 아침밥은 먹고 왔는지, 기분은 어떤지 물어보기 • 부모와 기분 좋게 인사하고 보육실로 들어오도록 하기 • 겉옷을 옷걸이에 걸고 개인물품과 가방을 스스로 정리하도록 격려하기				
오전 간식 09:00~09:30	• 아침을 먹고 온 영유아와 아침을 먹고 오지 않는 영유아를 구분하여 오전 간식의 양을 조절하여 배식하기 • 먹고 난 후 영유아 스스로 입을 닦을 수 있도록 돕기				
자유선택활동 및 대소집단 활동 09:30~11:00	• 자유선택활동 각 영역에 놀이 참여하기	• 조작놀이 영역의 '칠교놀이' 함께 하기(영유아가 뒤집기, 회전을 하면서 모양을 만들어 가도록 격려하기)	• 놀이 소개 시간에 주의집중이 어려운 특정 영아의 곁에서 함께 하기	• 조형 영역의 모양 찍기 소집단 활동 돕기 • 한 집단이 끝나면 다음 집단을 위해 자료 보충하기 • 정리정돈하기	
실외자유 선택활동 11:00~12:00	• 영유아의 신발신고 벗기 돕기 • 영유아가 모래를 털고 들어오도록 돕기	• 미끄럼틀에서 영유아가 차례로 오르고 내리도록 지도하기	• 실외놀이 시작 전 미리 나가서 실외놀이터 평상에 신체 표현에 필요한 리본막대와 오디오 준비하기	• 실외놀이 시간 후 영유아의 손 씻기 돕기 • 차례 지켜 씻기 • 물이 필요 없을 때 수도꼭지 잠그기 • 물비누 적당량 쓰기 • 손등과 바닥 문지르기	
점심 및 낮잠 준비 12:00~13:30	• 영유아가 차례로 앉고 싶은 곳에 앉을 수 있도록 돕기 • 영유아의 식판에 국그릇 놓아주기 • 영유아의 식판에 과일 놓아주기 • 개별 낮잠과 매트 깔기 • 개별 이불과 베개 놓기				
점심 및 낮잠준비 12:00~13:30	• 영아에게 앞가리개를 해 주고 손 씻기 돕기 • 점심식사 먹이기 • 점심을 다 먹이고 난 후 손과 얼굴을 씻기고 로션 바르기				
낮잠 13:30~15:30	• 지도교사와 실습 일정 협의하기	• 지도교사 수업준비돕기: 이름표 만들기	• 지도교사 수업준비돕기: 동시활동 교구 만들기	• 지도교사 수업준비돕기: 조형 영역에 비치할 모양 종이 오리기	• 서류 편철 돕기
낮잠,정리하기, 머리빗기 15:30~16:00	• 낮잠 매트 옷장에 넣기 • 화장실 가기 돕기 • 머리 빗겨주기				
오후간식 16:00~16:30	• 오후 간식 배식하기 • 영유아에게 오후 간식 이름 이야기해 주기 • 영유아와 개별적 상호작용하기				
오후 실재 자유선택활동 16:30~17:30	• 언어영역에서 1:1로 그림책 읽어주기	• 조형영역: 복주머니 모빌만들기 돕기	• 신체표현: 리본막대 놀이하기	• 오전실내 자유선택활동 시간에 모양 찍기 활동을 충분히 하지 못한 영유아들과 모양 찍기 놀이하기	

대집단으로 동화 듣기 17:30~18:00	• 영유아가 집중할 수 있도록 곁에서 함께 듣기				
귀가준비 18:00~18:30	• 영유아의 개인 소지품 챙기기 • 대소변 실수를 하고 말하지 않는 영유아가 있는지 살펴보기				
기타 사항	–	–	–	–	–
교사 평가 또는 자기 평가	첫날이라 긴장을 많이 했다. 영유아의 이름을 미처 외우지 못해 상호작용이 원활하지 않았다. 영유아의 이름을 모두 외우도록 노력해야겠다.	놀이 참여의 어려움을 느낀다. 놀이를 하고 있는 영유아에게 다가가 함께 하려고 하면 영유아가 다른 영역으로 이동해 버린다. 개입시기를 잘못 선택한 것은 아닌지 생각해 봐야겠다.	대집단 활동 시 교사의 교수방법을 관찰하였다. 도입-전개-마무리를 눈여겨 보았다. 부분 수업계획에 반영해야겠다.	몇몇 영유아는 나와의 1 : 1 상호작용을 많이 원한다. 일과 흐름을 방해하지 않으면서 영유아들의 요구를 들어 줄 수 있도록 해야겠다.	

4. 실습생이 알아야 할 윤리규정

보육실습생은 보육실습을 통하여 예비영유아교사로서 전문성을 높여 나가야 하고 영유아의 바람직한 인성 형성을 돕기 위하여 높은 윤리와 도덕적 규범을 갖추어야 한다. 이에 보육실습생이 지켜야 할 보육인 윤리선언, 어린이집 원장 및 보육교사 윤리강령을 살펴보고, 보육실습 기간 동안 보육실습생이 지켜야 할 윤리규정을 제시해 본다(육아정책연구소, 2010).

1) 보육인의 윤리선언

나는 영유아의 건강한 성장과 발달을 지원하는 보육교사(어린이집 원장)로서, 직무상의 윤리적 책임을 다하여 다음 사항들을 지킬 것을 다짐합니다.

1. 나는 내가 영유아에게 지대한 영향을 미치는 존재임을 잊지 않으며, 항상 스스로의 말과 행동에 신중을 기한다.
2. 나는 영유아의 인격과 권리를 존중하며, 어떠한 경우에도 영유아에게 해가 되는 일을 하지 않는다.
3. 나는 영유아 가정의 다양성을 이해하고 존중하며, 상호 신뢰하는 동반자적 관계를 유지한다.
4. 나는 동료를 존중하고 지지하며, 서로 협력하여 최상의 보육서비스를 제공하기 위해 노력한다.
5. 나는 보육의 사회적 책임과 역할을 인식하고, 영유아의 권익과 복지를 위한 활동에 앞장선다.
6. 나는 〈어린이집 원장, 교사 윤리 강령〉을 직무수행의 도덕적 규준으로 삼아 진심을 다하여 충실히 이행한다.

2) 어린이집 원장 및 보육교사 윤리강령

보육은 영유아를 건강하게 양육하고, 안전하게 보호하며, 발달 특성에 적합한 교육을 제공하는 복지서비스이며 보육인은 사랑과 존중과 전문지식을 바탕으로 영유아의 전인적 성장에 영향을 미치는 전문직업인이다. 그러므로 보육인은 윤리적 의식과 태도를 가지고 사회적 본분에 임해야 한다.

이에 어린이집 원장과 보육교사는 스스로 책무성을 발현하여 윤리강령을 제정함을 밝힌다. 본 강령을 직무수행의 규준으로 삼아, 보육현장에서 발생하는 윤리적 갈등을 해결하고 생존권, 보호권, 발달권, 참여권 등 영유아의 권리를 보장함으로써 직무상의 윤리적 책임을 다하여 전문직업인으로서의 위상을 공고히 하고자 한다.

더불어 영유아와 그 가정, 동료와 사회의 존엄성을 존중하는 보육의 실천으로 다각적인 신뢰를 구축하고 영유아의 잠재력을 최대한 발휘시킴으로써 영유아가 긍정적인 자아개념을 형성하고 유능한 사회인으로 성장할 수 있도록 도와, 궁극적으로는 영유아와 그 가정, 동료와 사회의 통합적·이상적 복지실현에 기여하고자 한다(김미영, 2001; 김희진, 2005; 육아정책연구소, 2011; 류진희, 2014).

(1) 영유아에 대한 윤리

1. 영유아에게 고른 영양과 충분한 휴식을 제공하여, 몸과 마음이 건강한 사람으로 자라도록 돕는다.
2. 성별, 지역, 종교, 인종, 장애 등 어떤 이유에서도 영유아를 차별하지 않고, 공평한 기회를 제공한다.
3. 영유아는 다치기 쉬운 존재임을 인식하여 항상 안전하게 보호한다.
4. 영유아에 대한 정서적, 언어적, 신체적 학대를 행하지 않는다.
5. 어린이집 내외에서의 영유아 학대나 방임을 민감하게 관찰하며, 필요한 경우 관련 기관 ("아동보호전문기관" 등)에 보고하고 조치를 취한다.
6. 영유아의 인격을 존중하고, 개인의 잠재력과 개성을 인정한다.
7. 개별적 상호작용 속에서 영유아의 요구를 수용하기 위해 노력한다.
8. 영유아의 사회·정서·인지·신체 발달을 통합적으로 지원하는 보육 프로그램을 실시한다.
9. 특별한 도움을 필요로 하는 경우, 전문가와 협력하여 영유아의 입장에서 최선의 대안을 찾는다.
10. 보육활동을 계획, 실행, 평가하는 모든 과정에 영유아의 흥미와 의사를 반영한다.
11. 영유아의 개인적 기록과 정보에 대해 비밀을 보장한다.

(2) 가정에 대한 윤리

1. 상호 신뢰를 바탕으로 영유아의 가정과 동반자적인 관계를 유지한다.
2. 각 가정의 양육가치와 의사결정을 존중한다.
3. 경제적 수준, 가족형태, 지역, 문화, 관습, 종교, 언어 등 어떤 것에 의해서도 영유아의 가정을 차별 대우하지 않는다.
4. 보육활동 및 발달 상황에 관한 정보를 정확하게 제공하여 영유아에 대한 가정의 이해를 돕는다. 다문화, 심신장애 등으로 의사소통에 도움이 필요한 경우 문제를 해결할 최선의 방법을 도모한다.
5. 어린이집 운영 전반에 관한 정보를 공개하여 영유아 가정의 알 권리에 응한다.
6. 보육프로그램과 주요 의사결정에 영유아의 가정이 참여하도록 안내한다.
7. 필요한 사회적 지원, 전문서비스 등 관련 정보를 제공하여 영유아 가정의 복리 증진을 돕는다.
8. 영유아 가정의 사생활을 보호하고 익명성을 보장한다.

(3) 동료에 대한 윤리

[어린이집 원장]

1. 최상의 보육서비스 제공에 필요한 인적, 물적 환경의 조성 및 유지를 위해 노력한다.
2. 보육교사를 신뢰하고 존중하며 전문성과 자율성을 인정한다.
3. 성별, 학연, 지연, 인종, 종교 등에 따라 보육교사를 차별하지 않는다.
4. 업무 관련 의사결정이 필요한 경우, 보육교사의 의견 개진 기회를 보장한다.
5. 보육교사에게 지속적 재교육 등 전문적 역량 제고의 기회를 부여한다.
6. 보육교사에게 적정 수준의 보상(보험, 급여 등)을 안정적으로 제공하며, 복지증진에 힘쓴다.
7. 보육교사 개인의 기록과 정보에 대한 비밀을 보장한다.

[보육교사]

1. 존중과 신뢰를 바탕으로 협력하며, 서로의 전문성과 자율성을 인정한다.
2. 상호간 역량계발과 복지증진에 부합하는 근무환경이 되도록 힘쓴다.
3. 어린이집 원장 및 동료와 영유아 보육에 대한 신념을 공유한다.
4. 보육교사로서의 전문성 향상을 위해 스스로 노력한다.
5. 어린이집 내에서 영유아 및 보육교사의 인권과 복지를 위협하는 비윤리적 사태가 발생한 경우, 법률규정이나 윤리기준("한국보육시설연합회 윤리강령위원회" 참조)에 따라 조치를 취한다.

(4) 사회에 대한 윤리

1. 공보육에 대한 책임을 인식하고, 항상 질 좋은 보육서비스를 제공한다.
2. 영유아의 안전을 위협하는 환경이나 정책이 발견될 시, 관계기관과 협의하여 개선한다.
3. 공적 책임이 있는 어린이집으로서 재정의 투명성을 유지하고, 부정한 방법으로 사적 이익을 취하지 않는다.
4. 영유아의 권익보호를 위해 관련 정책 결정 및 법률 제정에 적극참여하며, 사회적으로 이를 널리 알리는 데 앞장선다 .
5. 지역사회 실정에 맞는 어린이집의 책임과 역할을 인지하고, 실천하고자 노력한다.

3) 보육실습생이 지켜야 할 윤리규정

위의 내용을 참고하여 보육실습생은 다음과 같은 윤리규정을 준수하기 위해 노력해야 한다.

1. 신체적, 정신적, 사회적으로 건강해야 한다.
2. 영유아를 존중하고 편견이나 차별 없이 그대로 수용해야 한다.
3. 영유아를 돌보고 지도하는 것을 즐거워하며 인내심이 있어야 한다.
4. 보육실습 지도교사 및 보육교직원에게 예의를 지키고 존중한다.
5. 보육실습생 상호간에 존중하고 예의를 지킨다.
6. 특정 영유아를 편애하거나 언어적, 신체적 처벌 및 상벌을 하지 않는다.
7. 실습지도교사가 지시하기 전에 보육실습생으로서 자신이 해야 할 일들을 미리 솔선수범하여야 한다.
8. 보육실습 기간 중에 부여된 일에 대하여 책임 있게 수행한다.
9. 항상 긍정적이고 밝은 모습을 갖도록 노력한다.
10. 학부모를 존중하고 예의를 지키되 학부모와 개인적인 관계를 갖지 않는다.
11. 영유아의 신상에 관련된 사항(주민등록번호, 가정사, 질병 등)을 외부로 유출하지 않는다.
12. 실습기관의 내부정보를 외부로 유출하지 않는다.
13. 실습기관의 물품을 함부로 다루지 않으며, 개인적 용도로 사용하지 않는다.
14. 실습기관의 영유아 사진이나 이름, 보육실습기관명 등을 실습생의 개인홈페이지, SNS, 트위터 등에 올리지 않는다.

5. 실습생이 알아야 할 보육교사의 인성역량

1) 보육교사 인성의 필요성

인성이란 사람의 성품을 말하여 심리학에서는 성격으로, 정신의학에서는 인격으로, 교육학에서는 인성이라고 번역하여 사용하고 있다(김영옥, 2007). 영유아들이 부모와 가정을 떠나 최초로 만나게 되는 공적인 환경은 유아교육기관이다. 유아교육기관에서는 보호적인 기능과 교육적인 기능을 통하여 영유아들의 전인적 발달을 돕는 대표적인 환경이다.

보육교사는 부모와 더불어 영유아들에게 직접적인 영향을 미치는 존재들이다. 왜냐하면 유아교육현장에서 보육교사가 펼치는 역량에 따라 영유아의 삶의 질이 달라지기 때문이다. 영유아에게 영향을 주는 교육환경으로 좋은 교육시설이나 프로그램과 같은 물리적 환경도 중요하지만 영유아들에게 보육을 직접 실행하는 보육교사의 인성이나 역량과 같은 심리적 환경이 무엇보다 중요하다.

최근 여성의 사회적 진출로 인하여 영아기부터 보육실습기관에 다니는 영유아들이 많아지고 있다. 이에 따라 가정의 양육 역할은 약화되고 상대적으로 보육교사의 양육과 교육에 대한 보육의 역할 중요성은 커지고 있다. 보육교사 역할의 중요성이 커짐에 따라 보육교사의 전문직으로서의 교사 처우나 교직에 대한 위상 등을 높이는 외적 지원과 교사 개인이나 어린이집 구성원 간의 교류 등을 높이는 내적 지원을 통한 변화가 절실히 필요할 수 있으며 보육교사의 유능감과 행복감은 교사의 자아실현과 행복감 그리고 교사의 인성과 밀접한 연관이 있다. 이러한 이유로 보육교사의 전문성과 인성 향상을 위한 역량 강화는 필요하다.

2) 보육교사의 개인적 자질

보육교사의 역량은 교사의 자질과 밀접하며 교사의 자질은 인성과 건강 등과 같은 개인적 자질과 지식, 교수기술, 교육관 등과 같은 전문적 자질 등으로 구분된다(이은화 외, 1995). 교사의 개인적 자질은 교사 개인의 성향과 특성 인성 등과 관련한 내용들이 많이 포함되어 있다. 부산광역시 육아종합지원센터(2015)에서 제시한 일반적으로 보육교사로서 갖추어야 하는 개인적 자질 요소들을 살펴보면 다음과 같다.

- 교사가 되려면 일반교양과 전공훈련을 받아야 한다.
- 유아 및 부모, 지역 사회인들과의 의사소통 기술을 갖추어야 한다.
- 인간의 성장발달에 깊은 이해를 갖고 있어야 한다.
- 학습의 원리, 즉 어떻게 배우며 어떻게 가르쳐야 하는가에 대한 이해를

가져야 한다.

- 급격한 사회변화에 대한 관심을 갖고 이를 교육에 반영할 수 있는 통찰력을 가져야 한다.
- 현장에 부딪혀서 교육경험을 선택하고, 조직하고, 제시하고, 평가하고, 수정 보완해가는 연구하는 태도를 가져야 한다.

04
CHAPTER

보육실습의 내용

학습내용

실습기관에서의 6주간 보육실습은 일반적으로 참관실습, 참가실습, 실제지도실습의 세 가지 유형으로 구성된다. 참관실습은 실습 첫날 실습생과 영유아와의 첫 만남에서 시작하여 영유아, 하루 일과, 교사 역할, 물리적 환경에 대한 관찰로 이루어진다. 참가실습은 실습생이 실제지도를 제외한 모든 보육업무를 경험하는 것으로 전반적인 보육활동을 준비하고 진행하며 운영관리를 돕는 활동을 포함한다. 실제 지도실습은 실습생이 교구를 직접 제작하고 다양한 종류의 수업을 진행해 보는 것이다. 본 장에서는 보육실습의 내용을 참관실습, 참가실습, 실제지도실습으로 구분하여 구체적으로 살펴보고자 한다.

1. 참관실습

참관실습은 실습 첫 날, 영유아와의 첫 만남에서부터 시작된다. 실습생은 지도교사의 도움을 받아 영유아에게 자신을 소개한다. 아침 인사시간에 지도교사는 영유아에게 "6주 동안 함께 지낼 선생님이 오셨고, 학교에서 영유아와 함께 지내는 방법을 공부하는 선생님이며 앞으로 영유아를 많이 사랑해 주시고 도와주실 분"이라는 긍정적인 소개를 하여 영유아가 실습생에게 호감을 가질 수 있도록 한다.

참관실습은 실습 첫 주에 주로 진행되며, 관찰과 관찰내용 기록을 통해 이루어진다. 관찰의 대상은 <표 4 – 1>에 제시된 바와 같이 영유아, 하루 일과, 교사 역할, 물리적 환경으로 구분된다. 영유아관찰은 개별 영유아의 발달, 영유아 문화적 배경, 기질, 또래 관계, 흥미, 요구, 놀이 활동, 일상생활 활동, 교사 주도 활동의 참여 등을 살펴보는 것이다. 이는 영유아관찰을 통해 영유아의 언어, 인지, 사회, 정서, 신체 발달을 이해하고 다음 단계 활동에 반영하기 위한 것이다. 영유아관찰은 모든 일과 시간에 걸쳐 관찰할 수 있는데, 그 중 놀이 활동은 실내·외 자유선택활동 시간을 통해 관찰할 수 있고 일상생활 활동은 급·간식 시간, 세수 및 손 씻기 시간, 화장실 가는 시간, 낮잠 시간 등을 통해 관찰할 수 있다.

표 4-1 관찰대상 및 내용

관찰 대상	관찰 내용
영유아	• 영유아 발달 • 영유아 문화적 배경 • 영유아 기질 • 또래 관계 • 영유아 흥미, 요구 • 놀이활동, 일상생활활동, 교사 주도 활동의 참여
하루 일과	• 하루 일과의 요소 • 하루 일과의 조직
교사의 역할	• 등·하원 지도 • 하루 일과 계획 • 실내·외 활동 계획 • 교수활동의 수행 • 교수 활동의 평가 • 영유아의 관찰 및 평가 • 부모 상담 • 간식 및 급식지도 • 기본 생활습관 지도 • 보육실 위생, 안전, 청결 유지 • 교구·교재 및 자료 준비와 계획 • 비품 관리 • 학급운영 • 지역사회 연계 • 자유선택활동 및 대·소집단 활동 계획 • 영유아의 상호작용 방법 및 내용
물리적 환경	• 영역 배치 • 영역 간 분리 및 연계 • 영유아 발달에 적합한 교구·교재 배치 및 활용 • 주제와 통합된 교구·교재 배치 및 활용 • 위생, 안전, 건강을 위한 환경 구성

교사 주도 활동은 대소집단으로 이루어지는 놀이 계획 및 평가 시간, 이야기 나누기 시간, 새노래를 배우거나 게임을 하는 시간을 통해 관찰할 수 있다. 영유아를 관찰하는 방법은 사례기록, 사건기록, 포트폴리오, 체크리스트, 시간 및 사건 표집법 등 다양한 방법이 있으며(최석란·홍순정, 2010), 보육실습기관 또는 보육교사 양성 교육기관에서 요구하는 방법을 정확히 인지하고 기록하여야 한다. 도한 관찰한 내용을 분석하기 위해서는 영유아 발달에 대한 지식도 갖추어야 한다.

하루 일과와 교사 역할, 물리적 환경에 대한 관찰은 연령별로 적합하게 이루어지는 하루 일과 구성을 이해하고 교사의 역할을 살펴보며 교사의 교수방법을 모델링을 위한 것임과 동시에 영유아 발달에 적합한 물리적 환경을 이해하기 위함이다. 하루 일과, 교사 역할, 물리적 환경에 대한 관찰은 실습일지에 기록한다.

2. 참가실습

참가실습에서는 실습생은 실제 지도를 제외한 모든 활동영역에 참여하게 된다. 이러한 참가실습의 구성요소는 <표 4-2>에 제시된 바와 같다.

표 4-2 참가 실습의 내용

<table>
<tr><th>구분</th><th colspan="2">참가실습 내용</th></tr>
<tr><td>전반적 보육활동 준비</td><td colspan="2">• 보육환경 준비
• 교재 및 교구 자료 준비, 점검 및 보충
• 영유아 흥미 및 요구도 파악</td></tr>
<tr><td>보육활동 진행</td><td colspan="2">• 지도교사의 보육활동 보조
• 실내·외 자유선택활동 진행을 위한 놀이 개입
• 대조집단 활동을 위한 분위기 조성</td></tr>
<tr><td>보육활동 평가</td><td colspan="2">• 영유아활동이나 활동 결과물 평가
• 보육활동 평가의 의미 파악
• 분석 및 평가 기준으로 영유아 발달 사용</td></tr>
<tr><td>일상생활 돕기</td><td>• 등원 및 귀가 지도
• 개인 물건 정리 돕기
• 이동 돕기
• 배변 돕기</td><td>• 머리 빗기와 옷 입고 벗기 돕기
• 세수 및 손 씻기 돕기
• 급·간식의 배식 돕기
• 낮잠 돕기</td></tr>
<tr><td>기본 생활습관 지도</td><td>• 급·간식 지도
• 낮잠 지도</td><td>• 배변 훈련 및 지도
• 영유아 생활습관 지도</td></tr>
<tr><td>운영관리</td><td>• 학급운영 보조
• 보육실 환경 구성
• 교구·교재 정리
• 공문서 편철하기</td><td>• 보육실 정리정돈
• 사무처리 보조
• 비품정리
• 차량 보조</td></tr>
<tr><td>행사 진행</td><td>• 부모교육 행사 보조
• 소풍, 운동회 보조</td><td>• 특별한 날 행사 보조</td></tr>
<tr><td>지역사회 연계</td><td>• 산책활동 보조</td><td>• 지역사회기관 방문 보조</td></tr>
</table>

1) 전반적 보육활동 준비

(1) 보육환경 준비

실습생은 영유아가 등원하기 전 지도교사를 도와 보육실을 정리하여 영유아가 보육실에 들어와 정상적으로 일과를 시작할 수 있도록 돕는다. 창문을 열어 보육실을 환기시키고 냉·난방기를 조절하여 온도를 맞춘 후 습도를 조절한다. 물에 적셔 꼭 짜낸 걸레로 교구장, 의자를 닦는다. 영아반의 경우 전날 씻어 건조시킨 놀잇감의 건조 상태를 재확인하고 각 영역의 제자리에 놓는다. 살균된 컵을 정리대에 놓고 식수를 준비한다. 영유아가 사용할 화장실에 수건, 물비누, 휴지 등 물품이 비치되어 있는지도 점검한다.

(2) 교구·교재 자료 준비, 점검 및 보충

흥미 영역을 돌아보고 교구가 알맞은 영역에 분실 없이 놓여 있는지 살펴본다. 교구가 정해진 영역과 위치에 있지 않으면 본래 위치에 가져다 놓는다. 퍼즐, 구슬 끼우기와 같이 여러 조각으로 구성되어 있는 교구는 모든 조각이 있는지를 점검하고 없어진 조각을 찾아 넣는다. 조각이 분실된 경우에는 지도교사와 의논하여 고무판, 우드락 등으로 만들어 대체한다.

적당한 수의 활동자료가 구비되어 있는지 점검한다. 조형 영역은 종이, 채색도구, 자르기 도구, 폐품 등이 부족함이 없는지 살펴보고, 언어영역에는 필기구를, 활동지가 비치되어 있는 곳은 원하는 영유아가 충분히 사용할 수 있을 만큼의 수량인지 살펴본다. 부족분은 지도교사와 의논하여 자료실에서 가져다 보충하여 놓는다.

교구·교재의 파손 사항도 파악한다. 특히 파손된 교구는 안전사고를 유발할 수 있으므로 지도교사에게 보고하고 파손 교구를 영유아의 손이 닿지 않는 안전한 장소에 보관한다.

(3) 영유아 흥미 및 요구도 파악

전날의 자유선택활동, 대·소집단 활동에 참여한 영유아의 흥미와 요구도를 파악하여 다음날의 활동에 즉시 반영함으로써 다양한 놀이가 진행되거나 놀이가 확장되게끔 한다. 동일한 활동을 제시한다 하더라도 영유아의 개인 흥미와 요구도의 차이에 따라 반응과 진행방향이 다를 수 있다. 예를 들어, 2세 영아 영아에게 '가위로 자르기' 활동을 제시했을 때 어떤 영아는 가위로 밀가루 점토나 빨대 등 입체적인 물건을 자르는 것이 흥미롭고 편안할 수 있으며, 다른 영아는 종이나 우유팩 가장자리 자르기에 흥미를 보일 수 있다. 그러므로 동일한 활동일지라도 영유아 개인의 흥미와 요구도의 차이를 반영하여 다양한 자료를 제시한다.

2) 보육활동 진행

(1) 지도교사의 보육활동 보조

실습생은 지도교사가 진행하는 보육활동의 보조자로서 보육활동이 수월하게 진행되도록 한다. 실습생은 자유선택활동 시간에는 개입이 필요한 영역의 놀이에 참여하며, 대소집단 활동시간에는 영유아가 활동에 집중할 수 있도록 분위기를 조성하고, 실외놀이를 나갈 때에는 실외놀이 자료를 미리 실외에 준비해 놓는 등 다양한 보육활동 보조자의 역할을 한다.

(2) 실내 자유선택활동 진행을 위한 놀이 개입

실내 자유선택활동은 영유아가 주도적으로 놀이를 선택하고 놀이를 통해 여러 영역 발달을 이루는 중요한 시간이다. 실습생은 영유아의 영역 선택방법, 영역 이동방법, 정리방법 등 지도교사와 영유아가 합의한 규칙과 약속을 자세히 관찰하여 익혀야 한다.

영유아가 자유선택활동을 할 때, 실습생은 놀이 개입을 해야 한다. 놀이 개입은 영유아가 놀이에 전혀 참여하지 못하는 경우, 학습을 위한 결정적 순간일 때나 영유아가 다정하고 따뜻한 접촉을 원할 때에 시도해야 한다(Trawick-Smith, 1994/2001). 놀이에 개입할 때는 놀이 에피소드 외부에서 개입하는 방법과 내부에서 개입하는 방법이 있다(Trawick-Smith, 1994/2001). 즉, 영유아가 성인에게 의존하는 경향이 있을 때, 문제해결이나 놀이 결정에 있어서 거리를 유지할 필요가 있을 때는 외부 개입을 사용하며 외부 개입은 질문하는 방법으로 진행한다. 내부 개입은 놀이 참여자로서 개입하는 것인데, 영유아의 옆에 앉아 병행놀이를 하거나 협동놀이를 하고, 또래와 거의 놀지 않는 소외된 영유아에게는 직접적이고 지시적인 놀이 교수방법을 사용한다.

자유선택활동 시간에는 영유아 간의 갈등상황도 빈번하게 일어나 실습생이 갈등 상황에 대한 중재를 해야 하는 경우가 발생한다. 실습생은 영유아가 놀잇감 때문에 갈등이 일어난 경우에는 동일한 놀잇감을 제공하거나 영유아가 선호할 만한 다른 놀잇감을 제안하여 관심을 전환시켜 준다. 놀잇감이 아닌 규칙에 대한 합의가 이루어지지 않아 갈등이 발생하는 경우는 영유아 모두의 의견을 듣고 합의하도록 중재한다. 중재과정에서 실습생은 반드시 일관성 있는 태도를 보여야 한다. 실습생은 일지 및 관찰 기록을 위해 자유선택활동 시간에 기록을 하게 되는데, 이때 기록에 집중하느라 영유아 관찰과 놀이 참여를 소홀히 해서는 안 된다.

자유선택활동의 각 영역별 개입을 살펴보면 다음과 같다.

① 신체 영역

영아는 신체 발달이 급격한 시기이고 신체 발달을 통해 얻어진 능력을 시험해 보고 싶어 하는 시기이므로 언제나 원하는 때에 신체활동을 할 수 있도록 보육실 내에 신체활동 영역이 배치된다. 어린이집에서는 영아가 자신의 신체 능력을 발현시키고 도전해 볼 수 있도록 하는 동시에 안전에 문제가 없도록 보육 환경 및 개입이 이루어져야 한다. 실습생은 보육교사가 안전하게 배치해 놓은 신체 영역에서 영아가 사고 없이 적극적으로 놀이할 수 있도록 영아에게 개입한다. 즉, 영아가 시도해 보고자 하는 신체활동에 대해 영아가 독립적으로 할 수 있는 부분과 도움이 필요한 부분을 관찰하여 도움이 필요한 때에 적절히 개입한다. 또한, 낮은 미끄럼틀, 스펀지 기어오름대 등 여러 명의 영아가 동시에 한 가지 놀잇감을 사용할 때는 사고와 갈등이 나타나지 않도록 오르고 내리는 방향을 정확히 제시해 준다.

② 역할 및 쌓기 영역

12개월 이상이 되면 반복된 경험을 가작화하는 행동이 나타나게 된다. 영아는 자신의 생활과 밀접하게 연결되어 있는 가정과 관련된 가작이 이루어지며 만 4~5세가 되면 생활과 연관된 경험뿐만 아니라 다양한 매체(TV, 비디오, 그림 등)를 통한 경험도 가작화할 수 있다. 어린이집에서는 각 연령에 적합한 가작화 활동을 제시하게 되는데 자유선택활동 영역 중 역할 영역에서 가작화 활동이 가장 빈번하게 나타난다. 실습생은 영유아가 나타내는 가작활동을 관찰하고 놀이를 확장하기 위한 적절한 질문을 하는 방법과 영유아의 놀이에 참여자로서 개입하는 방법을 사용할 수 있다. 예를 들어, 유아가 가게 놀이를 하고 있다면, "이곳에 영수증은 없나요?"라며 질문하고 참여하거나 손님 또는 요리사의 역할을 하면서 놀이에 참여하는 것이다.

가작화 놀이를 활성화시키는 방법으로 역할놀이 영역에 인접하여 쌓기 놀이 영역을 배치한다. 실습생은 영유아가 쌓기 놀이 영역에서 가작화 놀이에 필요한 도구를 구성할 수 있도록 격려하고 놀이에 활용하도록 개입한다.

③ 언어 영역

언어 영역은 말하기, 듣기, 읽기, 쓰기 활동이 통합적으로 진행되도록 환경 구성과 활동이 제시되어야 한다. 말하기, 듣기를 위해서는 손인형, 막대인형, 융판 자료, 오디오와 오디오 CD 등이 준비된다. 그리고 읽기 쓰기 활동을 위해서는 필기도구, 그룹게임, 다양한 종류의 책과 읽기 자료가 준비된다. 실습생은 말하기, 듣기를 위해 영유아의 손인형, 막대인형, 융판자료, 오디오 CD 등을 이용한 활동 중에 비언어적 표현을 관찰하고 완성된 단문장으로 명료화시켜 주며, 영유아의 언어적 표현에 귀 기울여 듣기의 바른 모델을 보여 주어야 한다. 읽기를 위해서는 영유아와 함께 그림책을 보며 영유아가 그림책 내용을 이해할 수 있도록 읽어준다. 영아의 경우 무릎에 앉혀 읽어주면 애착 형성에도 도움이 된다. 글자를 읽을 수 있는 영유아도 글자를 파악하는 데 집중하다 보면 그림책이 내용을 파악하기 어려운 경우가 많으므로 함께 읽어 보는 것이 필요하다. 쓰기를 위해서는 개별 영유아의 쓰기 능력 정도를 파악하여 적절한 도움을 주도록 한다. 예를 들어, 아직 글자에 대한 인식과 흥미가 없는 영유아는 그림으로 자신의 생각과 느낌을 표현하도록 도와주며, 글자에 대한 흥미를 가지고 있으나 쓰기가 어려운 영유아는 실습생이 쓴 단어를 보고 써 보도록 한다. 실습생은 각 영유아의 쓰기 수준을 수용해 주고 지적이나 비난을 하지 않고 격려해 주어야 한다.

④ 탐색 및 수조작·과학 영역

영유아는 여러 가지 물체의 속성을 오감각으로 경험할 수 있는 탐색 영역이 배치되며 유아는 탐색활동으로 습득한 지식을 활용하여 논리적인 문제 해결력과 탐구력을 확장시키는 수조작·과학 영역이 배치된다. 탐색 영역에서 실습생은 영아가 다양한 물체를 만져보고, 냄새 맡고, 맛보고, 소리 내 보고, 눈으로 보면서 물체의 속성을 이해할 수 있도록 도와주어야 한다. 영아의 탐색방법을 수용하고 인정해 주며 물체의 속성을 표현할 수 있는 여러 가지 언어를 제시해 준다. 수조작·과학 영역에서는 유아가 기계적인 암기식 지식보다 논리 수학적 탐구력을 갖출 수 있도록 1 : 1 대응, 수 세기, 분류하기, 유목화하기 등의 활동을 각 개별 발달에 적합하게 진행할 수 있도록 돕는다. 또한 실습생은 유아가 가설을 설정하고 검증하는 가운데 오류를 경험할 수 있도록 수용한다.

⑤ 음률 영역

음률 영역에서 영유아는 박자, 음정, 악기 다루기 등을 경험하도록 새노래를 접하고, 물체를 이용해 소리 내어 보고, 리듬 악기 및 가락 악기를 경험하며 신체로 생각과 느낌을 표현하도록 한다. 실습생은 발달에 적합한 새 노래를 함께 부르고 영유아가 다양한 방법으로 악기를 소리 내도록 유도하며 신체 표현을 격려해 준다.

⑥ 조형 영역

조형 영역에서 재활용품, 미술재료를 이용하여 영유아가 원하는 구성물을 그리거나 만들 수 있도록 도와준다. 실습생은 다 완성된 결과물을 칭찬하기보다는 영유아가 진행하는 과정에 개입하여 격려한다.

⑦ 놀잇감 정리

실내·외 자유선택활동이 끝나면 놀잇감을 정리하여야 한다. 실습생은 놀잇감 정리 시간에 영유아가 놀이활동을 진행할 때와 마찬가지로 즐겁게 정리할 수 있도록 돕는다. 즉, 놀잇감을 서로서로 전달하여 제자리에 놓는다거나 위치 찾아주기 놀이처럼 진행할 수 있다. 실습생이 직접 정리해 주기보다 영유아가 스스로 정리할 수 있도록 돕는다.

(3) 실외 자유선택활동 진행을 위한 놀이 개입

실외 자유선택활동도 실내 자유선택활동과 마찬가지로 여러 영역 활동을 영유아가 스스로 선택하여 진행하는 시간이다. 실외놀이터에 고정되어 있는 고정 시설물을 이용한 신체활동, 물과 모래를 이용한 활동, 자전거 및 승용 놀잇감을 이용한 놀이, 실내에서 하기 부담스러운 조형활동, 음률활동, 책보기 등이 이루어진다.

실습생은 실내 자유선택활동과 마찬가지로 영유아가 스스로 선택한 활동에 대해 적절한 시기에 외부 개입 또는 내부 개입을 하여 놀이가 진행될 수 있도록 하며 갈등을 중재하여야 한다. 또한 실외 자유선택활동은 실내 자유선택활동에 비해 안전사고의 위험이 더 크므로 영유아가 규칙에 따라 놀이를 진행하는지 살펴보고 안전에 문제가 되는 행동을 하지 않는지 관찰하여야 한다.

(4) 대·소집단 활동을 위한 분위기 조성

① 자유선택활동 계획

교사가 자유선택활동에 제공될 계획된 놀이를 소개하고 영유아 스스로가 여러 영역 놀이 중 자발적으로 하고 싶은 놀이를 선택하는 시간이 놀이 계획 시간이다. 이 시간에는 교사의 소개를 영유아가 자세히 듣고 질문하며 이후 활동을 계획하여야 하므로 듣기와 말하기 활동이 주를 이룬다. 실습생은 자유선택활동 계획 시간을 위한 공간과 대형을 관찰하여 영유아가 정해진 규칙에 따라 제시된 공간에 정해진 대형으로 앉을 수 있도록 돕는다. 또한 주의집중을 하지 못하고 산만한 영유아에게 개별적으로 도움을 주어 활동에 잘 참여할 수 있도록 돕는다.

② 대집단 및 소집단 활동

여러 영유아의 생각을 공유해야 하거나 협동하여 활동을 진행해야 하는 경우 대집단 또는 소집단 활동을 진행한다. 대집단 및 소집단 활동도 자유선택 활동과 마찬가지로 조형, 음률, 언어 등 여러 영역의 활동이 다양하게 진행된다. 실습생은 영유아가 진행되는 대·소집단 활동을 무리 없이 참여할 수 있도록 개인차와 요구에 따라 도움을 주어야 한다.

3) 보육활동 평가

(1) 영유아활동이나 활동 결과물 평가

영유아활동이나 활동 결과물 평가는 영유아에 의한 평가와 교사에 의한 평가가 진행될 수 있다. 영유아에 의하 평가는 자유선택활동 평가시간에 주로 이루어지는데, 자유선택활동 평가시간은 영유아가 실내·외 자유선택활동을 끝내고 스스로의 놀이에 대해 반성적 사고를 할 수 있는 시간이다. 놀이할 때 불편했던 점이나 보완해야 할 점, 더 필요한 도구나 교구에 대해 이야기 나누어 보고 진행된 놀이과정을 통해 무엇을 알아볼 수 있었는지 이야기 나눈다. 또한 스스로 만든 결과물에 대해서도 만족스러운 점과 보완해야 될 점을 이야기 나누고 다음 활동에 반영할 수 있다. 실습생은 지도교사의 자유선택활동 평가 진행과정을 관찰하고 영유아가 놀이 평가 시에 적극적으로 참여할 수 있도록 주의집중을 돕는다.

교사에 의한 평가는 하루 일과 중에 관찰한 영유아의 사례 기록, 발달체크리스트 등 관찰기록에 의한 평가와 영유아가 조형·쌓기·역할 영역 등에서 나타낸 영유아의 활동 결과물에 대한 평가가 있다. 실습생은 동일 영유아에 대한 지도교사의 평가와 자신의 평가를 비교, 분석해 볼 수 있어야 한다.

(2) 분석 및 평가 규준으로 영유아 발달 사용

영유아활동이나 활동 결과물로 영유아를 평가할 때는 평가 규준이 필요하며 평가 규준은 영유아의 언어, 인지, 사회, 정서, 신체의 연령별 발달에 근거가 된다. 그러므로 실습생은 각 연령의 다섯 개 영역 발달에 대해 정확히 인지하여야 한다.

4) 일상 및 기본생활습관 돕기

(1) 등원 지도

지도교사의 영유아 등원 지도방법과 등원 시 부모와의 상호작용을 자세히 관찰하여 이를 반영할 수 있도록 한다. 영유아가 부모와 인사를 하고 헤어질 수 있도록 유도하고 부모와 헤어지기 힘들어하는 경우에 부모가 시간이 된다면 잠깐 함께 놀이할 수 있도록 돕는다. 부모가 시간이 되지 않는 경우, 실습생은 영유아의 기분을 수용해 주고 선호하는 놀잇감을 제공한다. 교사와 부모와의 인사를 영유아가 모방할 수 있으므로 예의 바르게 부모와 인사를 나눈다.

(2) 귀가 지도

귀가 시에는 영유아가 집으로 돌아갈 때 보육실습기관 일과 중 갈아입은 옷, 개별 수건 등 교체해 주어야 하는 물건을 가지고 돌아갈 수 있도록 영유아의 개별 물건을 넣은 가방을 정리하여 부모에게 전달하고 하루 일과 중 영유아의 건강과 관련된 내용이나 특별한 일과에 대해 부모와 이야기 나눈다. 실습생은 지도교사를 도와 영유아가 개별 물건을 찾아 돌아갈 수 있도록 개별 물건을 정리한다.

(3) 머리 빗기 및 옷 입고 벗기 돕기

급·간식 후 낮잠을 자고 일어나서 또는 귀가 준비 시 영유아의 머리 및 옷매무새를 가다듬는다. 실습생은 영유아의 개별 빗을 이용하여 머리를 단정하게 빗겨주고 영유아가 더러워진 옷을 갈아입도록 돕는다. 영유아가 대소변 처리 시 실수하고도 교사에게 이야기하지 않는 경우도 있으므로 속옷도 점검하여 더러운 경우 갈아입도록 돕는다.

(4) 개인물건 정리 돕기

영유아는 개인 사물함에 가정에서 가지고 온 개인 물품을 가지고 있다. 옷이 젖거나 더러워졌을 때 갈아입을 여벌 옷, 실내놀이 시 사용할 모자, 배변훈련을 시작하지 않은 영아의 기저귀, 가방 등이다. 실습생은 스스로 정리가 가능한 2세 이상의 영유아는 스스로 정리하는 데 적절한 도움을 주고 스스로 정리가 힘든 2세 미만의 영유아는 정리 일체를 도와준다.

(5) 세수, 손 씻기 및 이 닦기 돕기

영유아의 청결과 위생의 유지를 위하여 급·간식 전후 손 씻기, 세수하기, 이 닦기와 낮잠 후 세수하기, 실외놀이와 산책 후 손 씻기 등이 진행된다. 실습생은 연령에 따라 적절한 도구를 제공하고 도움을 주며 영유아가 세수와 손 씻기를 할 수 있도록 돕는다. 즉, 0세 영아는 실습생이 모든 도움을 주며 실리콘 칫솔로 이 닦기, 영아 전용세제로 세수, 손 씻기를 도우며 연령이 높아질수록 실습생의 도움의 정도를 줄여가며 어린이 칫솔, 어린이 전용세제를 사용한다.

(6) 이동 돕기

영유아가 실내에서 실외로 나가거나 보육실에서 다른 실내 공간으로 갈 때 등, 보육실습기관에서 하루 일과 중에 복도, 계단을 거쳐 공간을 이동할 경우가 생긴다. 영유아의 안전사고는 이동 시에 많이 발생하므로 실습생은 영유아가 걸어서 가기, 난간 잡고 가기, 계단 한 칸씩 오르내리기 등 이동 규칙을 지킬 수 있도록 긍정적인 상호작용을 한다.

(7) 급·간식의 배식 돕기

대부분의 종일제 어린이집에서는 오전 간식, 점심, 오후 간식이 제공된다. 또한 월령이 낮은 영아의 경우 이유식이 제공된다.

급·간식 지도 전에는 위생관리를 위하여 반드시 교사, 실습생과 영유아 모두 손을 씻도록 한다. 실습생은 지도교사를 도와 모든 영유아가 올바른 방법으로 손 씻기를 진행할 수 있도록 돕는다.

어린이집에 따라 조리 인력이 배식과 관련된 업무를 모두 진행하는 경우도 있으나 대부분의 어린이집에서는 교사가 배식에 참여한다. 그러므로 실습생은 교사를 도와 배식이 빠른 시간 내에 진행되도록 돕는다. 급·간식을 배식할 때는 이물질이 음식물에 들어가지 않도록 위생장갑, 집게 등 배식 도구를 사용한다.

급·간식 시간은 또래와 친교할 수 있는 시간이므로 즐겁게 이루어질 수 있도록 또래 간 상호작용을 허용하되 음식을 삼키고 이야기하고 제자리에 앉아서 먹는 등 영유아가 식습관 예절을 습득할 수 있도록 돕는다. 편식하지 않고 골고루 먹도록 유도를 해야 하지만 지나치게 음식을 다 먹도록 강요해서는 안 된다. 영유아가 먹기 싫어하는 음식은 음식의 맛 때문이기보다 음식의 색, 냄새 등에 대한 편견 때문에 나타날 수 있다. 그러므로 실습생은 영유아에게 각 음식의 중요성을 설명하고 한 번씩 맛볼 수 있도록 상호작용하며 먹는 과정에 대해 격려를 아끼지 않는다.

(8) 배변 돕기

영아의 기저귀 갈이와 유아의 화장실 가기에 실습생의 도움이 필요하다. 기저귀 갈이와 화장실 가기에는 청결과 위생, 영유아와의 1 : 1 상호작용이 중요한 요소이다. 실습생은 기저귀 갈이 전후에 손을 씻고 반드시 기저귀 갈이대에서 기저귀를 간다. 청결한 기저귀 갈이를 위하여 영아를 깨끗이 물로 씻기고 새 기저귀를 갈며 배변한 기저귀는 2차 전염을 막기 위해 봉지에 넣어 밀봉 후 버린다.

유아의 발달 정도에 따라 화장실 가기의 실습생 도움 정도가 다르다. 옷 입고 벗기에도 도움이 필요한 유아가 있는가 하면 뒤처리에만 도움이 필요한 유아가 있다. 유아가 요구하는 도움 정도에 따라 적절한 도움을 주어야 하며 유아와 실습생 모두 반드시 손을 씻는다.

실습생은 기저귀 갈이와 화장실 가기 시간 모두 영유아와 1 : 1 상호작용을 할 수 있는 중요한 시간임을 인식하고 눈 마주침, 웃기, 이야기 나누기 등을 진행한다.

영아는 개인차가 있지만 보통 괄약근 조절이 가능하며 배변 의사를 표현할 수 있는 20~24개월 전후에 배변 훈련을 한다. 대부분은 대변부터 시작해서 소변으로 훈련이 마무리된다. 배변 훈련은 화장실에 익숙해지는 활동부터 접근해야 하며 배변실수에 대한 훈육은 영아의 이후 사회정서 발달에 부정적인 결과를 가져올 수 있다. 그러므로 실습생은 영아의 배변 실수를 수용하고 배변활동을 격려해 주어야 한다.

(9) 낮잠 돕기

어린이집은 대부분 종일반 원아가 대부분이므로 하루 일과 중 휴식을 위한 낮잠 시간이 배려되어야 한다. 낮잠 시간은 영유아가 안정적인 분위기에서 충분히 쉴 수 있도록 자장가를 들려주고 수용적인 분위기에서 잠을 잘 수 있도록 돕는다.

실습생은 지도교사를 도와 영유아의 개별 낮잠 매트를 정당한 거리(5~10발자국 간격)를 유지하여 바닥에 깔아두고 겉옷을 벗을 수 있도록 하며 여아의 경우 머리끈, 머리핀 등을 빼서 편안한 상태로 잠을 잘 수 있도록 돕는다. 또한 실습생은 개인별 유아가 낮잠이 들기 전까지 토닥여 준다.

낮잠 자기를 거부하는 영유아나 다른 또래보다 일찍 일어난 영유아는 책보기, 조작놀이 등 조용한 놀이를 함께하며 지낼 수 있도록 돕는다.

(10) 영유아 생활습관 지도

영유아가 심신이 건강하며 다른 또래와 더불어 살아나가는 방법을 이해하는 친사회적 성향으로 자라나기 위해서는 영유아기에 바른 생활습관을 형성해야 한다. 어린이집의 영유아는 가정에서 머무는 시간보다 어린이집에서 머무는 시간이 많고 일상생활에 관련된 활동도 대부분 어린이집에서 겪게 된다. 그러므로 가정에서보다 어린이집에서 생활습관과 관련된 활동이 더 많이 진행된다. 생활습관 지도의 내용은 예절, 안전, 청결, 절약, 질서 중 영유아의 연령별 발달에 적합한 실제에 관련된 내용이다. 실습생은 영유아의 연령별 특징에 따른 생활습관 지도를 인지하고 영유아와 상호작용해야 한다. 예를 들어, 3세 이상의 유아는 음식을 손으로 만지는 것이 허용되지 않으나 0세 영아는 이유식도 탐색할 수 있는 하나의 대상이므로 손으로 만져보는 것이 허용된다.

5) 운영 관리

(1) 학급운영 보조

어린이집 전체의 목표와 보육철학에 적합하게 학급이 운영되기 위해서는 여러 가지 학급운영 규칙이 있다. 일과 진행의 시간 및 구성, 출결사항 정리, 수업 진행, 일상생활 지도, 행정 지도 등에 관련된 규칙이다. 실습생은 학급 운영 전반에 관련된 운영 규칙을 숙지하여 성공적으로 학급이 운영되기 위한 보조를 해야 한다.

(2) 보육실 정리정돈

대부분의 어린이집은 청소인력이 부족하여 교사가 보육실을 청소하여 청결하게 관리한다. 그러므로 실습생은 보육실 청결 유지도 보육교사의 역할임을 인식하고 교사를 도와 보육실 청소를 진행하여야 한다. 놀잇감 세척, 교구장 닦기, 창틀 및 창문 닦기, 보육실 바닥 쓸고 닦기 등을 할 수 있다.

(3) 보육실 환경 구성

보육실에서 진행되는 주제에 따라 영역 구성, 영역 배치, 영역 크기, 게시물 등의 보육실 환경 구성이 변화한다. 또한 동일한 주제의 진행과정 중에서도 영유아의 흥미, 요구도에 따라 보육실 환경 구성이 수정되기도 한다. 실습생은 지도교사가 계획한 환경 구성 내용을 바탕으로 지도교사와 협의하며 환경 구성을 수정, 보완할 수 있도록 한다. 예를 들어, 극놀이가 주가 되는 주제가 진행 중이라면 쌓기·역할 영역이 확장될 수 있고 자연물 관찰이 주가 되는 주제를 진행한다면 과학 영역이 확장될 수 있다. 또한 요리활동이 주가 되는 주제라면 과학 영역에서 요리 영역을 분리시켜 별도의 영역으로 구성할 수 있다.

(4) 사무 처리 보조

실습생은 학급 운영과 관련된 사무 업무 보조를 한다. 예를 들어, 출석부 정리, 보육실 및 기타 공간 안전점검 체크리스트 작성, 부모 공지 사항 게시, 교구·교재 대장 정리, 수입 및 지출 결의서 정리 등이다. 이를 통해 실습생은 교사의 사무 업무에 대해서도 인식하게 되며 사무 업무를 실제로 경험할 수 있다.

(5) 교구·교재 정리

영유아 발달과 진행되는 주제에 따라 정기적·비정기적으로 교구·교재를 교체해 주어야 한다. 실습생은 지도교사를 도와 교체할 교구·교재가 있는지 교구·교재 대장을 통해 확인한 후에 교체 내용을 교구·교재 대장에 기입하고 보육실에 배치한다.

실습생은 정기적인 교구·교재 대장 점검에 참여한다. 교구·교재 대장에 있는 물품의 반납과 대여가 정확히 이루어지고 있는지와 현재 보관되고 있는 위치를 파악한다. 실습생은 교구나 교재를 꺼내기 쉽고 파악하기 쉽게 교구장을 정리한다.

(6) 비품 정리

보육실습기관에는 교구·교재뿐만 아니라 영유아를 위한 가구, 사무용 가구 및 기물, 급·간식 조리와 배식을 위한 가구 및 기물, 청소 도구, 영유아의 건강관리를 위한 기구 등 다양한 비품이 비치되어 있다. 실습생은 지도교사를 도와 비품의 상태를 점검하고 수리가 필요한 것과 교체가 필요한 것을 파악하여 비품 대장을 정리한다. 또한 비품 대장에 기록되어 있는 비품이 보육실습기관에 정해진 위치에 있는지 파악하며 사용하지 않는 비품의 수납상태도 점검한다.

(7) 공문서 편철하기

실습생은 지도교사를 도와 보육실습기관과 연계되어 있는 각종 기관에서 발송한 문서, 영유아 관련 문서 등의 각종 공문서를 항목별, 시기별로 편철하는 작업을 한다.

(8) 등·하원 차량지도 보조

어린이집에서 영유아의 등·하원을 위한 차량을 운행하는 경우, 실습생이 영유아의 차량 탑승과 하차는 돕기 위한 보조교사의 역할을 할 수 있다. 실습생은 영유아가 안전하게 탑승하고 하차할 수 있도록 특별히 주의를 기울여야 한다.

6) 행사 진행

실습과정 중 국경일, 명절 등에 따른 행사와 주제 관련 마무리 행사, 현장학습, 부모 교육 관련 행사가 진행될 수 있다. 실습생은 계획된 행사의 내용을 파악하고 행사가 원활하고 목표에 합당하게 진행될 수 있도록 도와야 한다. 특히, 행사 시 분담되는 역할뿐만 아니라 행사의 전체 내용을 이해하는 것이 필요하다.

그중 현장 학습은 영유아가 어린이집 이외의 외부 공간에서 활동하게 되므로 무엇보다도 영유아의 안전이 가장 중요하다. 보육실습생은 영유아 명단을 파악하여 모든 영유아가 무사히 어린이집으로 돌아올 수 있도록 돕는다. 또한 새로운 공간을 두려워하는 영유아를 수용하고 점심 먹기, 화장실 가기 등 일상생활의 활동이 원활히 진행되도록 동선을 파악하고 돕는다.

부모 교육 관련 행사 시에는 부모가 실습생임을 확인할 수 있도록 실습생임을 나타내는 이름표를 달고 부모에게 친절한 태도로 임한다.

7) 지역사회 연계

어린이집에서는 보육계획에 따라 영유아가 우체국, 소방서, 경찰서, 시장 등 여러 지역사회 기관을 방문할 수 있고, 자연환경과 거리 환경의 변화를 살펴보기 위하여 산책을 하는 등 다양한 지역사회 연계 프로그램이 진행된다. 실습생은 이러한 프로그램이 안전하게 진행되도록 도와야 한다. 이를 위해 실습생은 활동 내용을 숙지하고, 영유아가 이동 관련 규칙을 잘 지킬 수 있도록 지도한다.

3. 실제지도실습

실제 지도실습은 실습생이 담당 학급의 영아 또는 유아를 대상으로 적합한 보육활동을 직접 계획하여 실시해 보고 평가해 보는 과정이다. 실제지도실습은 다음과 같이 교구 제작, 부분수업, 연계수업, 전이활동, 반나절 또는 종일 수업으로 구분된다.

1) 교구제작

실습생은 담당학급 영유아의 발달과 놀이 특성 및 놀이 영역, 진행되고 있는 생활 주제를 고려하여 교구를 제작한다. 교구를 제작할 때는 모든 연령에 해당되는 보편적 주의점과 연령에 따른 주의점을 파악하여 제작하여야 한다. 보편적 주의점에는 영유아가 반복해서 놀이해도 교구의 파손이 없도록 견고해야 하며 영유아가 손으로 만지거나, 던져도 상처가 나지 않도록 모서리가 둥글게 처리되어 있고, 영유아가 입에 넣고 삼키지 않을 크기여야 한다는 안전성이 포함된다. 또한, 그림 자료가 삽입되는 경우 사실과 비슷하여 영유아가 그림을 보고 식별할 수 있도록 하여야 하며 동일 연령 안에서도 개인차가 있음을 인식하고 수준별로 놀이할 수 있도록 교구를 제작하여야 한다. 교구를 제작할 때는 교구의 수납도 생각하여 교구의 크기를 결정하고 수납할 수 있는 상자도 함께 제작한다.

연령에 따른 주의점으로는 영아의 경우 모든 사물을 입에 넣어 탐색하기 때문에 입에 넣어도 중독되지 않는 무독성 재료를 사용하여 교구를 제작하며 영아에게 안정감을 주고 안전에 문제가 되지 않도록 주로 헝겊을 이용하여 제작한다. 유아를 위한 그룹 게임판을 제작할 경우에는 교구의 사용방법을 유아 간에 합의하여 조정할 수 있도록 꼭 필요한 규칙만을 제시하고 세부적인 규칙을 논의할 수 있도록 한다.

2) 부분수업

실습생은 부분수업으로 자유선택활동 중 한 가지 영역의 활동을 준비하거나 대·소집단 활동 중 한 가지를 준비하게 된다. 보육실에서 진행되는 생활주제 및 하위 주제를 파악하여 그와 통합될 수 있는 수업을 준비해야 한다. 또한 활동 목표와 연령에 적합한 수업을 준비해야 한다.

자유선택활동 중 한 가지 영역의 활동을 준비할 때는 교사가 많이 도와주지 않아도 영유아 스스로 할 수 있는 활동으로 준비하되 개별차를 고려하여 동일한 활동 내에서 다양한 수준활동을 진행할 수 있도록 한다. 예를 들어, 유아에게 분류활동을 제시할 때 한 가지 분류 기준으로 나누어 볼 수 있는 활동, 두 가지 분류 기준을 고려해야 하는 활동, 스스로 분류 기준을 만들어서 할 수 있는 활동을 준비한다. 또한 영유아가 나타낼 수 있는 반응을 유추해 낼 수 있는 한 모두 유추하여 그에 따른 상호작용방법을 계획해야 한다.

대집단 및 소집단 활동을 준비할 때는 학급 영유아의 80% 이상이 흥미를 가지고 쉽게 접근할 수 있는 활동을 선택하여 도입-전개-마무리로 계획한다. 도입 시에는 손유희, 손인형 등을 이용한 주의 집중활동을 계획하고, 전개에는 본 활동 진행을 계획하여야 한다. 마무리 활동에는 활동의 마무리뿐만 아니라 다른 영역과의 연계 또는 확장도 고려해야 한다.

자유선택활동 중 한 가지 영역활동이나 대·소집단 활동 중 한 가지 활동을 준비 할 때는 활동을 효율적으로 진행하기 위해 필요한 교구 또는 교수자료가 필요하며, 이때는 영유아의 반응을 다양하게 예측하여 교구 및 교수자료를 준비해야 한다.

3) 연계수업

실습생은 연계 수업으로서 자유선택활동의 두 가지 영역활동을 연계해서 준비하거나 연속되는 대집단 활동과 소집단 활동, 대·소집단 활동과 개별 활동으로 준비하게 된다. 연계 수업은 부분수업에서 고려해야 할 내용을 모두 살펴보아야 하는 것뿐만 아니라 두 가지 활동의 연계를 고려해서 활동을 준비해야 한다.

자유선택활동 두 가지 영역의 활동을 연계 수업으로 준비할 때는 자유선택활동을 하면서 영역 간에 서로 연계하여 놀이할 수 있는 활동을 계획한다. 예를 들어, 소풍놀이를 계획한다면 역할 영역에서는 소풍 도시락을 준비하고 쌓기 영역에서 이동교통수단을 만들어 타고 가는 놀이를 진행하여 서로의 연계로 놀이가 확장되도록 한다.

대집단 활동과 소집단 활동, 대·소집단 활동과 개별 활동으로 연계 수업을 계획할 때는 동적인 활동과 정적인 활동의 균형을 고려하여 한 가지 활동이 동적인 활동이라면 나머지 활동은 정적인 활동으로 계획한다. 또한 활동과 활동 사이의 전이활동도 고려하여 준비한다.

4) 전이활동

전이활동은 활동과 활동 사이의 마무리와 연결, 교육활동과 일상생활 활동의 마무리와 연결, 일상생활 활동 중 기다리는 시간에 활용된다. 활동과 활동 사이의 마무리와 연결은 실내활동에서 실외활동으로의 연결, 부분수업과 부분수업의 연계, 개별활동에서 대·소집단 활동과의 연계 등 활동을 마무리하고 다음 활동으로 연계될 때 사용한다. 교육활동과 일상생활 활동의 마무리와 연결은 개별, 대·소집단 활동 후 화장실 가기, 손 씻기, 세수하기, 옷 갈아입기 등을 진행할 때 앞의 활동을 마무리하고 일상생활을 안내할 때 사용된다. 일상생활 활동의 기다리는 시간에도 사용되는데, 함께 손을 씻거나 화장실을 가게 되거나 배식을 받게 될 때 여러 명의 영유아가 동시에 진행하기 때문에 기다리는 시간이 생기게 된다. 이때 기다리는 시간이 지루하지 않고 교육적으로 활용되도록 다양한 활동이 진행되는데, 이를 전이활동이라고 한다. 전이활동으로 사용되는 활동은 주제와 상관없이 어느 시기에나 사용될 수 있는 손유희, 동시 외우기, 노래 부르기 등이 활용된다. 또한 진행되고 있는 주제와 관련되어 선행되었던 활동 중에 간단히 사용할 수 있는 활동을 응용하여 전이활동으로 활용하기도 한다.

5) 반일 또는 종일수업

실습생이 어린이집의 반일 또는 종일 수업에서 하루 일과는 자유선택활동, 대·소집단 활동, 전이활동뿐만 아니라 인사, 손 씻기, 급·간식, 낮잠 및 휴식, 기저귀 갈이 및 화장실 가기 등 일상생활 활동까지도 모두 계획되어야 한다. 실습생이 처음으로 반일 또는 종일 수업을 진행하는 것이므로 정확하고 구체적인 일과표를 구성하여 시간 분배에 문제가 발생되지 않도록 계획한다. 또한 교육 활동과 일상생활 활동, 대·소집단 활동과 개별 활동, 정적 활동과 동적 활동, 실내 활동과 실외 활동이 균형 있게 진행되어야 한다.

4. 실습생의 일상 업무

이상 위의 실습내용에서 살펴보았듯이 실습기간 중 실습생이 담당해야 할 업무는 보육실습기관에서 진행되는 모든 업무를 포함한다. 실습생의 일상 업무를 유형에 따라 종합해 보면 <표 4-3>과 같다.

표 4-3 실습생 일상 업무

구분	내용
수업계획 및 진행, 평가	• 부분수업, 연계수업, 반나절 또는 종일수업 계획 및 계획서 작성 • 수업 진행 • 수업 평가 및 다음 활동에 반영
영유아 관찰 및 평가	• 영유아 관찰 및 관찰 기록 • 관찰 기록을 바탕으로 영유아 평가
하루 일과 및 교사 역할 관찰	• 하루 일과 및 교사 역할을 관찰하고 보육실습일지 작성
지도교사의 계획된 수업 돕기	• 수업 자료 준비 돕기 • 수업 진행 시 영유아에게 적절한 개입하기
영유아의 일상생활 활동 돕기	• 영유아의 손 씻기, 이 닦기, 옷 갈아입기, 배변활동, 급·간식 활동 돕기
보육환경 정리	• 하루 일과 시작 전 보육실 환기, 온습도 조절, 놀잇감 청결 상태 및 안전 상태 점검, 화장실 점검 • 하루 일과 후 보육실 및 화장실 청소
행사 돕기	• 부모 교육 관련, 특별한 날 관련 행사 준비 • 행사 진행 • 행사 정리
교구·교재 정리	• 영유아 놀잇감 정리 • 영유아 시청각 자료 정리 • 영유아 도서 정리
등·하원 지도	• 등·하원 시 준비물 챙기기 • 등·하원 인사
등·하원 차량지도 보조	• 등·하원 차량 지도보조교사로 탑승 • 영유아의 탑승과 하차 돕기

5. 실습 마무리

1) 지도교사와 잘 헤어지기

6주 동안 실습과정 전체를 책임지고 지도한 지도교사와 실습을 마무리 짓는 과정에서 그동안 지도에 대한 감사를 전하여 실습 전 과정을 긍정적으로 마무리한다. 지도교사에게 감사의 마음을 표현한 짧은 카드, 편지 등을 전하는 것도 좋다.

2) 영유아와 잘 헤어지기

실습생에게는 실습기간 동안 애착을 형성한 영유아와 잘 헤어지는 것도 중요한 업무 중 하나이다. 실습생은 영유아가 큰 충격을 받지 않고 즐거운 분위기에서 헤어질 수 있도록 노력해야 한다. 영유아와 잘 헤어지기 위한 방법으로 실습생이 선택할 수 있는 방법은 <표 4-4>와 같다.

표 4-4 영유아와 잘 헤어지기 위한 방법

방법	내용
• 실습 종료 일주일 전부터 영유아에게 작별 예고하기	• 영유아에게 미리 예고하여 작별을 예측할 수 있도록 돕는다.
• 영유아에게 작별 카드 보내기	• 영유아에게 작별 내용과 작별을 추억할 수 있는 카드를 보내어 작별을 즐겁게 기억할 수 있도록 한다.
• 영유아와 선물 나누기	• 실습생이 선물을 준비하여 영유아에게 제공하고 즐거운 분위기에서 작별식을 진행한다.

05

CHAPTER

보육실습의 운영내용

학습내용

보육프로그램의 계획은 보육의 기본원칙에 기초하여 교육, 영양, 건강, 안전, 부모에 대한 서비스, 지역사회와의 교류를 포함해야 한다. 보육프로그램의 계획은 전체적인 계획과 구체적인 계획, 장기적인 계획과 단기적인 계획으로 나누어 작성해야 하며, 구체적인 내용은 다음과 같다.

1. 보육프로그램 계획

1) 전체적인 계획

전체적인 보육계획은 어린이집의 교육철학, 설립목적이 포함되어야 하며 어린이집에 입소한 모든 원아와 부모, 지역사회의 실정을 고려하여 작성해야 한다.

또한, 연령별 보육 목표와 보육내용을 일관성 있게 구성해야 하며 언어, 인지, 사회, 정서, 신체발달을 포함하는 포괄적인 프로그램을 구성하되 각 영역별 목표와 보육내용은 서로 연관성이 있어야 한다.

2) 구체적인 계획

구체적인 보육계획은 원아의 연령별(1세 미만, 2세, 3세, 4~5세 등), 발달영역별(언어, 인지, 사회, 정서, 신체), 생활영역별(언어, 탐구, 표현, 사회, 건강), 활동 주제별(나, 우리 가족, 친구, 이웃, 지역사회, 봄, 여름, 가을, 겨울, 특별한 날, 전통놀이 등)로 나누어 실제로 적용할 수 있는 세부적인 계획을 작성해야 한다.

3) 장기적인 계획

장기적인 보육계획은 어린이집에서 1년 동안 실시한 연간 보육 프로그램을 말한다. 장기적인 보육계획은 어린이집에서 지향하는 전체적인 보육계획을 포함해야 하며 구체적인 계획도 고려해야 한다. 장기적인 보육계획에는 월간 보육계획과 연간 보육계획이 있으며 월간 보육계획이 모여서 연간 보육계획을 구성하게 되므로 계절과 환경을 고려하여 서로 연계성 있게 계획하는 것이 중요하다.

4) 단기적인 계획

단기적인 계획은 주간 보육계획과 일일 보육계획 프로그램을 작성하는 것을 말한다. 단기적인 보육계획은 실현 가능한 것으로 구체적인 내용이 포함되어야 한다. 일일 보육계획이 한 주 동안 구성되며 주간 보육계획안이 되므로 일일 보육계획을 구성할 때에는 하루의 활동 시간과 내용, 세부목표 등이 그 주의 주제와 연계성 있게 계획되어야 하며 매우 구체적인 활동까지도 포함되어야 한다.

2. 보육프로그램 계획 시 고려해야 할 내용

보육프로그램 계획 시 어린이집의 장은 영유아의 연령에 맞는 일간, 주간, 월간, 연간 보육계획을 수립하며 영유아를 보육하며 보육계획 내용에는 다음의 내용이 포함되어야 한다.

① 인지, 정서, 사회, 신체, 언어적 발달을 위하여 계획된 활동 5개 영역이 골고루 발달할 수 있도록 연령별 보육계획에 포함되어야 한다.

② **개별활동, 소그룹·대그룹활동**: 영유아들의 개별성을 고려하여 개별활동 또는 소그룹활동을 포함하고 이야기 나누기, 신체표현, 동화듣기, 음률활동, 게임활동, 바깥놀이 등 대그룹 활동을 포함한다.

③ **동적 활동, 정적 활동**: 음률활동, 신체활동, 바깥놀이, 게임활동 등이 포함된 동적 활동 보육프로그램과 휴식하기, 조용한 음악듣기, 동화듣기, 낮잠 자기 등 정적 활동이 포함되어야 한다.

④ 수유, 배변 등의 생리적 욕구에 대한 배려와 휴식시간 등이 고려된 활동: 영유아는 생리적인 조절이 마음대로 되지 않기 때문에 보육프로그램을 구성할 때 활동이 끝날 때마다 화장실 다녀오기, 손 씻기, 휴식 등의 시간이 주어져야 한다.

또한 보육프로그램 계획 시 다음의 사항을 고려하여 구성한다.

① 영유아의 연령과 발달수준을 고려한 프로그램

영아반의 경우에는 이유식, 수유, 기저귀 갈기, 대소변 가리기 등 발달적인 특징을 고려한 기본적인 생활의 배려가 포함되어야 한다.

유아반(3세)의 경우에는 옷 입고, 벗기, 이 닦기 등 기본생활습관을 길러주는 프로그램이 포함되어져야 하며 유치반(4~5세)의 경우에는 발달에 적합한 프로그램 유아들의 흥미를 고려한 프로그램 주변생활과 익숙한 프로그램으로 구성하는 것이 좋으며, 5세 반의 경우에는 초등학교 취학을 위한 연계성 있는 프로그램을 구성하는 것도 필요하다.

② 가정환경과 부모의 요구를 반영한 프로그램

영유아의 가정환경과 부모의 요구를 반영하여 개인차를 고려한 프로그램을 구성하는 것이 필요하다.

예를 들어, 아침 일찍 등원해야 하는 원아, 저녁 늦게 하원해야 하는 원아, 아침식사를 하지 못하고 등원하는 원아, 몸이 아파도 병원에 데려갈 사람이 없는 원아 등 개인적인 사정을 고려하여 해결방안으로 제시할 수 있는 프로그램을 짜는 것이 중요하다.

③ 지역사회의 실정을 포함하는 프로그램

그 지역사회가 상업지역인지, 주택가인지, 공업단지인지, 어촌인지를 고려하여 보육프로그램을 구성한다.

예를 들어, 상업지역에 거주하는 유아의 경우 부모님의 손길이 유아에게 제대로 못 미칠 경우에 어린이집에서 교사가 학습의 기초를 지도할 수 있으며, 농촌의 경우에 농번기에는 보육활동시간을 더 늘려 보육을 할 수 있다. 그 외 연간 보육일수와 하루 동안의 보육시간, 학급당 원아의 수, 어린이집의 실내, 실외환경, 계절, 날씨 등을 고려하여 보육프로그램을 계획할 수 있다.

3. 보육 운영계획

2018년도 ○○어린이집 보육 운영계획서 예시

어린이집의 보육운영 계획서의 예를 들면 다음과 같다.

Ⅰ. 보육계획의 기초
1. 보육사업의 기본방향
2. ○○어린이집의 설립배경 및 지역적 특성
3. ○○어린이집 운영의 기본방향, 방침 및 중점과제
4. 원장의 보육, 경영관

Ⅱ. 어린이집 현황
1. 연혁
2. 학급편성
3. 종사자 현황
4. 원아 현황(보육정원 및 현원, 입·퇴소 현황, 대기자 현황)
5. 보호자 현황
6. 입학금 및 월 보육료
7. 시설·설비 및 교재·교구 현황
8. 전년도 운영결과 분석

Ⅲ. 어린이집 보육방향
1. 키우고자 하는 어린이상

2. 보육목표 및 내용
3. 보육방침 및 보육방법
4. 운영방침
5. 연간 보육일수 및 일일 보육시간
6. 본 어린이집 특성

Ⅳ. 보육실천 계획

1. 연령별 보육프로그램계획(연간, 월간, 주간, 일일 보육계획안 포함)
    가. 영아 보육프로그램
    나. 유아 보육프로그램
2. 주제별 보육프로그램계획(연간, 월간, 주간, 일일 보육계획안 포함)
    가. 초기적응 프로그램
    나. 산책 프로그램
    다. 텃밭가꾸기 프로그램
    라. 노인·아동상호작용 프로그램
    마. 환경교육 프로그램
    바. 과학교육 프로그램
    사. 전통놀이 프로그램
3. 건강 및 안전 프로그램 계획
4. 영양 프로그램 계획
5. 부모교육 및 지역사회 교류 프로그램
    가. 연간 부모교육 참여활동 계획
    나. 연간 지역사회와의 교류 계획
6. 행사 프로그램 계획(연간, 월간 각종 행사계획)
7. 실내·외 환경구성 계획
8. 어린이집 보육운영 평가 계획

Ⅴ. 주요 관리 계획

1. 재정운영 및 사무관리

2. 운영 종사자 관리: 복무, 연수 및 업무 분담
3. 시설·설비 및 안전관리(화재보험, 상해보험 등)
4. 비품 및 교재·교구 확충 계획

4. 보육프로그램 실제

1) 연간 교육 계획안

(1) 연간계획안 작성방법

연간 교육계획은 영유아의 연령, 발달수준, 계절적인 특성, 지역사회의 실정, 어린이집의 특수성 등을 고려하여 1년 동안 보육의 방향, 보육목표, 보육의 내용, 시기적인 적절성 등 전체적인 균형을 한눈에 볼 수 있도록 계획을 수립한다.

영유아들은 연령에 따른 발달적 차이가 크게 나타나므로 연령별 발달적 특성을 고려하여 연령에 따라 0~1세반, 2세반, 3세반, 4~5세반 등으로 나누어 어린이집에서 보육하고 있는 영유아들 대상으로 연간 교육계획안을 수립한다. 연간 교육계획안은 영유아들의 발달수준, 주변환경을 고려하여 융통성 있게 계획하며 말 그대로 '계획안'이므로 영유아들의 발달에 맞추어 수정, 변경할 수 있다. 어린이집에서 영유아를 위한 교육계획을 수립할 때 고려해야 할 사항은 다음과 같다.

첫째, 보육계획은 영유아 보육프로그램의 이념, 철학, 목적 등을 효율적으로 실현할 수 있어야 한다.

둘째, 보육계획은 어린이집의 유형(국·공립 어린이집, 민간어린이집, 직장어린이집, 가정어린이집)에 맞도록 연간 보육일수와 일일 보육시간을 고려하여 계획한다. 원칙은, 공휴일을 제외하고 연중계획 운영할 수 있도록 하며 지역 및 시설의 여건에 따라 보호자와 시설자의 협의에 의하여 공휴일에도 운영 가능할 수 있게 한다. 또한 종일제 보육을 원칙으로 하고, 보호자의 통상적인 근로시간(09:00~18:00)을 고려하여 가능한 한 07:30~19:30까지 운영하도록 한다.

셋째, 보육계획은 연간 또는 월간 보육계획, 주간 보육계획, 일일 보육계획의 순으로 계열성과 연계성이 유지되도록 작성한다. 연간 및 월간의 장기적 보육계획은 융통성 있게 수립하고 주간 및 일일의 단기적 보육계획은 구체적으로 수립하여 장기적 계획과 단기적 계획은 서로 연계성이 있도록 한다.

넷째, 기본생활 습관지도, 교육, 영양관리, 건강관리, 부모교육 및 지역사회 교류 등의 모든 영역을 포함하여 종합적으로 수립한다. 특히 교육계획은 유아의 연령 및 발달단계, 흥미, 요구, 각 유아의 능력에 맞고 모든 발달영역, 즉 신체적, 인지적, 정서적, 사회적, 언어적 발달을 도모할 수 있는 활동에 기초한다.

다섯째, 영유아들의 집단적응이나 개별적응의 시기와 기간을 고려하여, 초기적응지도와 쉽고 올바른 적응을 위한 생활습관지도 계획도 함께 수립한다.

여섯째, 보육계획은 영유아의 적응기간, 계절, 구체적 경험을 위해 우리나라 전통명절과 그 지역의 문화행사 및 기념일에 맞추어 계획한다.

일곱째, 특히 영아보육(6~35개월)은 연령에 따라 발달적 능력이 크게 다르게 나타나므로, 영아의 월령과 발달적 차이를 고려하여 보다 세분화된, 개별화된 보육계획을 수립한다.

여덟째, 보육계획은 어린이집의 상황과 지역사회의 실천을 고려하여 실행 가능하며, 융통성 있게 수립한다. 어린이집의 규모나 시설여건과 지역사회의 여러 가지 실정, 즉 농·어촌인가 혹은 도시인가, 산책할 만한 곳이 있는가, 공터와 동네 놀이터가 있는가 등을 고려하여 보육계획을 수립한다. 발달적 특징 및 목표에 따른 보육교사의 지도제안은 <표 5-1>, <표 5-2>, <표 5-3>, <표 5-4>와 같다.

표 5-1 월령에 적합한 보육교사 지도제안(수유기·이유기)

보육 목표	보건과 안전에 유의하고 개인차를 고려해서 이유의 완성과 보행 개시 및 언어 발달을 도와준다.			
	탄생~3개월	4~6개월	7~9개월	10개월~1세
발달적 특징 및 목표	• 보건에 충분히 주의하며 수유, 수면, 배변을 규칙적으로 수행한다. • 깨어 있을 때는 말을 걸든지, 피부접촉 그리고 청각적 자극을 주어 전반적인 발달을 촉진시킨다.	• 앉거나 배밀기를 한다. • 움직이는 장난감에 시선을 보내며, 혼자놀이를 할 수 있다. • 이유식을 시작한다. • 쾌감, 불쾌감, 웃음소리, 울음소리를 내며, 몸을 마음대로 움직일 수 있다.	• 혼자 앉거나 손잡고 일어선다. • 혼자서 장난감을 가지고 놀며 소리를 지르기도 한다. • 숟가락을 자기 입으로 가져가는 등 적극적인 동작을 시도한다.	• 보행운동을 충분히 시켜 걸음을 돕는다. • 손잡고 걷게 하고 주위의 여러 가지 물건을 만져보게 하는 경험을 시킨다. • 영아가 하고자 하는 동작을 도와주어 적극성을 키운다. • 이유식을 완성한다.
어린이의 활동	• 충분히 자고 잘 먹음으로써 생활 리듬이 안정되어 간다. • 기저귀가 젖으면 울음으로 알린다. • 움직이는 장난감 쪽으로 시선을 옮기며, 장난감을 쥐기도 한다. • 얼르면 소리 내어 웃는다. • 상대방의 얼굴을 자세히 보거나, 큰 소리에 깜짝 놀라는 반응을 보인다.	• 얼러주면 소리를 내어 웃거나 손발을 움직이며 표정을 짓는다. • 우유병을 손으로 잡고 먹기도 한다. • 과자를 혼자서 손에 쥐고 먹는다. • 낯익은 사람이 옆에 오면 안아 달라고 손발을 움직인다. • 주사를 놓으면 맞은 후에 울음으로 반응한다.	• 혼자서 일어서고, 앉고 한다. • 이름을 기억한다. • 손이 닿지 않은 곳에 있는 장난감을 잡으려고 노력한다. • 자주 안아주는 사람을 보면 안아달라는 시늉을 한다. • 주위의 상황에 민감하고 위치가 다른 곳에 데려가면 주위를 살피며 관심을 표시한다.	• 다른 아이들이 가지고 있는 장난감을 잡으려고 하거나 1, 2세 아이들이 노는 데 가려고 한다. • 큰 어린이들이 노는 틈에 가서 잘 논다. • 싫은것을 피하려고 한다(얼굴을 닦을 때). • "잘 먹겠습니다"라는 인사를 동작으로 표현한다. • 그림책을 자세히 보거나 자기가 좋아하는 것을 다시 읽어달라고 시늉한다. • 지금까지 가지고 놀던 장난감에는 흥미가 없어지고 서서히 손잡고 걷는 보행과 여러 가지 물건을 만져보려고 한다.
지도상의 유의점	• 교사 자신이 안정감을 가지고 충분한 시간으로 여유 있게 수유를 한다. • 이 시기에는 반드시 안고서 우유를 먹인다. • 특히 이물에 의한 질식 사고나 또는 우유를 토하는 것에 의한 사고를 세심한 주의를 해야 한다. • 기저귀 교환 시 항문 주위가 빨간지의 여부에 주의하여야 하며, 항상 상냥하고 미소 띤 모습	• 자주 얼러주고, 유쾌한 감정을 보여 주어야 한다. • 교사의 즐거운 표정을 보면 같이 즐거워한다. • 우유를 먹을 때 손으로 우유병을 잡고 먹게 한다. • 소리를 내면서 장난감을 가지고 잘 놀 때는 될 수 있는 한 충분히 놀게 한다. • 소리가 나는 장난감을 흔들어 보이면서 어린이들의 반응을 살핀다.	• 무릎 또는 어디서든지 어린이의 다리를 리드미컬하게 폈다. 오므렸다 하는 운동을 시킨다(무리하지 않도록 주의). • 이름을 불러준다. • 안아주던지, 말을 걸면서 어린이들과의 개별 접촉을 자주하여 만족감을 주도록 한다. • 교사가 '바이바이' '아빠' 등의 간단한 동작을 해 보이면서 따라서 해	• 급할 때는 무릎으로 기어서 빨리 갈려고 한다. • 몸으로 반응하기도 하고, 요구하기도 하며, 소리를 지르기도 한다. • 보행기를 타고 1,2세 아이들이 노는 속에 들어가서 자유롭게 놀 수 있도록 시도한다(깨무는 아이들 주의). • 큰 아이들의 리듬 놀이하는 모습을 보여준다. • 그림책을 보면서 '멍멍',

	으로 어린이와 눈 맞춤을 한다. • 날씨가 좋은 날에는 바깥바람을 자주 쐬는 것이 좋다.		보게 한다. • 교사가 어린이의 손을 잡고 양손으로 하는 동작을 경험시킨다(짝짜꿍 등). • 큰 아이들의 놀이나 작은 동물을 보여주면서 외부와의 접촉을 시도한다. • 손에 잘 잡히지 않는 장난감을 교사의 도움으로 잡을 수 있게 하는 경험을 준다.	'붕붕'이라고 말을 할 때 많은 칭찬과 격려를 해 준다. • '잔다', '잘 먹겠습니다', '잘 먹었습니다'라는 간단한 말을 늘 반복해서 들려준다.

표 5-2 월령에 적합한 보육교사 지도제안(0~1세(6~14개월 이유기)

주요 보육 내용	• 보고 듣고 만지는 감각적인 경험을 충분히 경험하도록 한다. • 기본적인 생활습관의 기초를 형성하도록 한다. • 교사에게 의존하고 싶은 욕구를 충족시키고 안정된 인간관계의 기초를 형성한다. • 여러 가지 산책운동을 활발히 하도록 한다.		
	전기(약 6~8개월)	중기(약 9~11개월)	후기(약 12~14개월)
	• 이유식을 진전시키고 여러 가지 음식에 익숙해지도록 한다. • 또래와 교사에게 익숙해지도록 한다. • 시각·청각·촉각을 충분하도록 한다.	• 활동하기 쉬운 환경에서 아동을 활발히 하도록 유도한다. • 정서적인 표현에 민감하게 반응해 준다. • 주변의 색과 음에 대한 흥미를 유도한다.	• 또래놀이를 유도하여 정서적 기쁨을 느끼게 한다. • 청결에 대한 감각을 키운다. • 언어에 민감해지도록 하며 간단한 말을 따라 행동하도록 도와준다.
건강 관리	• 개별 영아의 예방접종 시기를 파악한다. • 모체로부터 면역이 상실되는 시기이므로 건강에 각별히 유의한다. • 장난감 등의 청결상태에 유의한다. • 유치가 형성되는 시기이므로 구강건강을 위한 음식조절에 유의한다.	• 성장발달을 점검한다. • 청력장애의 조기발견을 위한 사정이 필요하다. • 장기간 격리되지 않도록 배려한다. • 갑작스런 고열 후의 발진에 유의한다.	• 충분한 영양의 섭취와 구강위생에 유의한다. • 감염 가능성이 많아지므로 식기 및 장난감의 청결을 유지하고 병이 난 원아와는 격리시키도록 한다.
영양 관리	• 이유식의 초기와 중기의 해당되는 시기로 영아의 건강상태에 따라 양과 종류를 조절하여 이유한다. • 이유식의 비중이 차차 증가하는 시기이므로 이유식의 영양에 대해 고려하여야 한다.	• 이유식의 중기와 후기에 해당되며 이유식 횟수를 3회로 늘리고 모유에서 우유로 이동시킨다. • 소화가 쉬운 형태로 요리하여 다양한 음식을 접하게 하여 편식을 예방하고 스스로 먹을 수 있는 기회를 준다.	• 이유식의 완료기에 해당되며 성인 식사와 마찬가지로 3회식에 익숙해지도록 한다. • 열량이 많이 소모되는 시기로 식사중간에 우유, 과일 등의 가벼운 간식을 제공해 주어야 한다.

안전 관리	• 위험지역(목조, 부엌)에 대한 주의가 필요하다. • 잘 깨지지 않고 무독성의 장난감을 준비한다. • 낙상, 화상, 질식 등에 유의한다.	• 영아의 이동범위가 확대되는 시기이므로 주위환경의 안전점검이 중요하다.	• 영아의 이동범위가 실외로 확대되는 시기이므로 실외 놀이시 각별히 유의한다. • 시설물들의 안전점검을 수시로 한다.
놀이 활동	• 영아의 신체발달이 급격히 발달하는 시기로 신체 협응력이 요구되는 놀이 활동을 중심으로 계획한다. • 성인과의 신체접촉이 많은 일대일 상호작용의 놀이 활동을 계획하여 심적 안정감을 도모한다. • 여유를 가지고 스스로 충분히 탐색할 수 있는 기회를 마련해 준다.	• 대인관계의 기초가 되는 일상생활습관을 포함하는 놀이 활동을 마련한다. • 자기 자신에 대한 인식을 수반하는 놀이 활동을 마련한다. • 주변 환경에서 흔히 볼 수 있는 사물에 대해 지각하도록 한다.	• 중요한 발달과업이 걷기로 밀거나 당기면서 걸어 다니는 것을 선호한다. 걷기, 오르기 등의 신체운동을 수반하는 놀이활동을 중심으로 계획하며, 실외산책 등을 통해 주변환경에 대한 탐색이 가능하도록 유도한다. • 그림책을 천천히 읽어 주거나 반복적인 말놀이를 통해 언어에 민감해지도록 한다.
실내·외 놀잇감 구성	• 사물을 부딪치는 것, 조작하는 것, 꺼냈다 넣었다 하는 것, 쌓아 올리는 것, 포개는 것, 스펀지 숟가락 모양에 변화가 생기는 장난감 등을 준비해 준다. • 입에 넣거나 치고 두드릴 경우에도 안전한 놀잇감, 부드러운 공	• 기어 올라갈 수 있는 낮은 가구, 거울, 그림카드, 손인형, 크레용, 만질 수 있는 옷감들, 붙잡고 일어설 수 있는 단단한 기구, 잡을 수 있는 공, 쌓아올릴 수 있는 물건, 포개어 끼울 수 있는 물건, 상자에 넣을 수 있는 물건 등을 준비해 둔다.	• 영아들의 대근육 발달을 도와줄 수 있는 것, 탈 것들, 성인 및 또래와의 상호작용을 촉진시키는 것, 작은 사물들을 결합시키는 장난감을 준비해둔다.

표 5-3 월령에 적합한 보육교사 지도제안(1~2세(15~23개월 걸음마기)

주요 보육 내용	• 영아가 스스로 해보고자 하는 의욕을 가지도록 기회를 주고 격려한다. • 기본적인 생활습관을 습득하도록 도와준다. • 기본적인 운동능력을 발달시키기 위해 자유로운 활동의 기회를 자주 갖는다. • 주위의 사물에 대해 관심을 가지게 하고 자신의 감정을 여러 가지 방법으로 표현해 보도록 한다. • 기초적인 의사소통이 가능하도록 대화를 많이 나눈다. • 또래와의 교류기회를 증진시켜 친숙해지도록 한다.	
	전기(약 15~18개월)	**후기(약 19~23개월)**
	• 점차적으로 배변훈련을 실시한다. • 스스로 식사할 수 있도록 지도한다. • 주위환경에 대한 충분한 탐색의 기회를 준다.	• 언어사용을 격려하고 촉진시킨다. • 배변자립에 익숙해지도록 한다. • 사물의 소유에 대해 인식시킨다. • 편식하지 않도록 유의한다.
건강 관리	• 예방접종을 한다. • 구내염의 발병이 흔한 시기이므로 주의 깊게 관찰한다. • 분노발작이 나타날 경우에 대비해야 한다. • 불필요한 신체적인 억압을 삼간다.	• 헤르페스 구내염의 호발연령으로 주의 깊은 관찰이 필요하다. • 20개의 유치가 나며 치아관리가 필요하다.
영양 관리	• 혼자서 식사하는 것을 경험시키고, 서서히 숟가락 사용을 익숙하게 한다.	• 음식물을 적극적으로 원하는 시기로, 음식에 대한 기호가 생기는 시기이므로 편식에 유의한다.

	• 양손을 이용하여 그릇을 들고 물을 마실 수 있도록 지도한다. • 여러 가지 음식의 맛을 경험하게 한다.	• 식욕이 저하되는 경우에 대비하여 다양한 조리법을 이용하여 급식을 준비한다.
안전 관리	• 낙상 및 자상을 예방한다 – 위험지역의 단속 및 안전관리 철저·화상 및 전기쇼크를 예방한다 – 부엌, 화장실 등 점검 철저 • 독극물로부터의 영아보호가 절실하다.	• 행동반경이 넓어지는 시기이므로 실내뿐만 아니라 실외에서의 안전에 특히 유의한다. • 놀잇감의 안전상태 및 유해성에 대해 철저히 관리한다.
놀이 활동	• 이 시기에는 한 사물을 다른 사물로 표현하기 위해 상징을 이용하는 형태의 놀이가 나타나 감각운동놀이 중심에서 점차 상징 및 가상놀이로 전환한다. • 비변별적 행동과 탐색적 행동은 줄어들고 적합한 행동이 증가되는 시기로서 영아들의 놀이는 점차 자원이 풍부해지고 복잡해지고 잘 조직된다. • 주로 신체의 기초적인 운동기능 및 감각을 발달시키고 자아에 대한 인식, 그리고 간단한 감정 및 의사표현을 익히는 데 초점을 두고 놀이활동을 계획한다. • 자연물을 통한 지각 및 감각발달에 초점을 두고 놀이활동을 구성한다. • 인공적인 사물을 통한 지각 및 감각발달, 각종 사물의 조작을 통한 대소근육의 발달을 주로 하는 활동에 초점을 두고 놀이활동을 계획한다.	• 이 시기에는 먹는 것, 마시는 것, 자는 것 같은 일상적인 경험에서 익숙한 것을 표현하는 것부터 무생물을 가상놀이에 포함시키고 자신이 아닌 다른 사물을 향한 가상적인 행동을 한다. • 자아에 대한 인식 그리고 감정 및 의사표현방법을 통한 주변인물과의 정서적 유대감의 형성에 초점을 두고 놀이 활동을 계획한다. • 자연현상(바람, 눈 등)을 대상으로 감상하고 표현하는 활동, 자연물(진흙, 모래 등)을 이용하여 자아에 대해 인식하고 자연물과 언어적인 교감을 주로 하는 데 중점을 두고 구성한다. • 인공적인 사물을 탐색하는 활동을 통한 개념의 형성을 주로 하는 활동에 초점을 두고 구성한다.
실내·외 놀잇감 구성	• 공, 끌고 다니는 장난감, 큰 조각으로 된 퍼즐, 음악놀잇감, 헝겊인형, 선명한 그림이 있는 책 영아의 대근육 발달을 돕는 것, 작은 사물을 결합시키는 것, 부모와 영아의 상호작용을 촉진시키는 것	• 모래놀이(삽, 체, 국자 등) 및 놀이용품, 숟가락, 그릇, 물통, 스펀지, 호스, 이야기책, 다양한 크기와 용도의 블록들, 인형, 동물모형, 축소된 여러 모형들, 봉제인형, 크레용과 종이, 다양한 공, 밀가루 점토, 조각그림 맞추기(3~6조각), 자동차, 간단한 그림책, 다소 복잡한 그림책, 소꿉놀이, 동물 인형 등

표 5-4 월령에 적합한 보육교사 지도제안(2세아(24~35개월) 자립기)

주요 보육 내용	• 바람직한 일상생활습관이 형성되도록 지도한다. • 다양한 놀잇감을 통해 탐색과 발견의 기회를 자주 가질 수 있도록 한다. • 언어적인 상호작용 풍부하게 경험하도록 한다. • 실외에서의 다양한 활동을 통해 신체발달을 도모하고 놀이활동시 안전에 유의한다.	
	전기(약 24~30개월)	후기(약 31~35개월)
	• 배변훈련의 완성단계 수면, 간식 등의 전·후에 배변지도를 하고 옷입고 벗기, 손 씻기, 정리하기 등의 일상생활습관을 형성하도록 한다. • 자신의 느낌을 다양하게 표현하고 타인에 대해 인식하도록 돕는다. • 급속도로 언어가 발달하는 시기이므로 풍부한 언어적 자극을 주도록 한다.	• 일상생활을 독립적으로 수행할 수 있도록 지도한다. • 자립적인 성취와 발견의 기쁨을 느끼도록 환경을 제공한다. • 사물의 개념을 확장시켜줄 수 있도록 언어적인 상호작용을 많이 한다.

건강 관리	• 추가 예방접종시기를 파악해 두고 부모와 의논해서 접종을 정하도록 한다. • 체질 및 체격검사를 정기적으로 실시하여 영아의 발달상태를 파악한다.	• 각종 영아기 질병에 대비하여 환경을 위생적으로 마련하고 등원 및 하원 시 영아의 건강상태를 주의깊게 관찰한다. • 건강정보를 가정으로 보내어 가정과의 긴밀한 연계하에 영아의 건강을 점검하도록 한다.
영양 관리	• 편식, 과식, 식욕부진 등의 식습관 문제에 대비하여 유아의 기호도를 파악하고 적절한 식사를 제공한다. • 바른 자세로 앉아 즐겁게 식사하는 분위기를 마련하도록 한다.	• 양질의 영양섭취와 올바른 식생활 습관이 형성되도록 배려한다. • 영양필요량이 높으므로 식사와 식사 사이에 간식을 규칙적으로 제공한다.
안전 관리	• 대근육운동이 활발한 시기로서 실외놀이 시 놀이기구로 인한 안전사고에 유의한다. • 또래에 대한 유해행동에 대비하여 항상 관찰하도록 하고 그러한 행동이 나타나면 적절히 중재해야 한다.	• 기초적인 소방교육 및 교통안전교육의 기초적인 내용을 지도하도록 한다.
놀이 활동	• 이 시기 영아들은 타는 장난감을 좋아하므로 오르고 뛰어내릴 수 있는 안전한 놀잇감을 많이 활용한다. • 물건을 쥐고 놓은 거뿐만 아니라 시각과의 협응활동이 가능한 구슬을 꿰거나 그림 그리기 활동을 자주 경험하도록 한다. • 상징놀이를 통해 즐기며 책에서 자신이 좋아하는 것의 의미를 파악할 수도 있다.	• 이때 영아는 완성한 학습자로 새로 습득한 기술을 연습하고 또 새로운 것을 개발할 수 있는 기회를 많이 제공해 주도록 한다. • 대근육 활동을 좋아하고 사물을 조작하는 소근육 조절력도 정교해지므로 실외놀이를 자주 경험하도록 한다. • 상상놀이를 즐기고 자신과 주변에 대한 이해, 상상과 언어를 놀이에 결합시킨다.
실내·외 놀잇감 구성	• 각종 물놀이(스펀지를 짜고 담아보기, 옮기기)도구, 장난감용 자동차, 기어 드나들 수 있는 작은 공간, 각종 탈것, 큰 블록, 인형과 봉제완구, 간단한 조가 그림 맞추기, 다양한 적목, 녹음기, 수채화물감, 옷을 입힐 수 있는 인형, 점토, 리듬악기	• 철봉, 사다리, 단순한 색이나 기본형태(동그라미, 세모, 네모) 그림책, 모양을 맞추는 수수께끼판, 조각 놀이감(맞는 모양 찾아 끼우기, 구멍 막대나 실끼우기, 크고 작은 그릇들을 포개고 쌓기)

(2) 연간 교육 계획안 작성의 실제

연령별 연간 교육계획안 작성의 사례를 들어보면 다음과 같다.

① 1세반 연간 교육계획안(예시)

월	생활 주제	주제	월	생활 주제	주제
3	새로운 것이 낯설어요	• 어린이집에 왔어요 1 • 어린이집에 왔어요 2 • 만나고 친해져요 1 • 만나고 친해져요 2	9	나는 할 수 있어요	• 즐겁게 할 수 있어요 1 • 즐겁게 할 수 있어요 2 • 말할 수 있어요 1 • 말할 수 있어요 2 • 찾을 수 있어요 1(추석)

4	새로운 것이 낯설어요 / 느낄 수 있어요	• 우리반에 무엇이있을까요? 1 • 우리반에 무엇이있을까요? 2 • 우리반에 무엇이있을까요? 3 • 밖으로 나가 보아요 • 봄을 살펴보아요 / 만져보아요 1	10	나는 할 수 있어요 / 움직이는 것이 재미있어요	• 찾을 수 있어요 2 / 선선한 가을이에요 • 바깥놀이는 재미있어요 1 • 바깥놀이는 재미있어요 2 • 몸을 움직여요 1
5	느낄 수 있어요	• 만져보아요 2 • 살펴보아요 1 • 살펴보아요 2 • 들어보아요 1	11	움직이는 것이 재미있어요	• 몸을 움직여요 2 • 몸을 움직여요 3 • 움직이게 할 수 있어요 1 • 움직이게 할 수 있어요 2
6	느낄 수 있어요	• 들어보아요 2 • 맡아보아요 1 • 맡아보아요 2 • 맛보아요	12	좋아하는 놀이가 있어요	• 그림책으로 놀아요 1 • 그림책으로 놀아요 2 • 겨울놀이해요 / 춤추고 놀이해요 1 • 춤추고 놀이해요 2 • 흉내 내요 1
7	느낄 수 있어요 / 놀이할 수 있어요	• 온몸으로 느껴보아요 • 놀잇감은 재미있어요 1 • 놀잇감은 재미있어요 2 • 놀잇감은 재미있어요 3 • 놀잇감은 재미있어요 4	1	좋아하는 놀이가 있어요	• 흉내 내요 2 • 흉내 내요 3 • 쉬, 응가 놀이가 좋아요 1 • 쉬, 응가 놀이가 좋아요 2
8	놀이할 수 있어요	• 더운 여름이에요 / 물놀이는 재미있어요 1 • 물놀이는 재미있어요 2 • 까꿍놀이는 재미있어요 1 • 까꿍놀이는 재미있어요 2	2	새로운 것도 좋아요	• 함께 놀아요 1 • 함께 놀아요 2(설날) • 선생님이 좋아요 1 • 선생님이 좋아요 2

② 2세반 연간 교육계획안(예시)

월	생활 주제	주제	행사 및 현장학습
3	어린이집 적응하기	• 나는 다정반이에요 • 내 물건 • 내정리장 • 놀잇감이 재미있어요 • 장난감을 제자리에 정리해요	• 어린이집 돌아보기 • 생일 축하 • 신체 검사(1차)
4	나와 친구	• 내 몸을 살펴보아요 • 내가 좋아하는 것이 있어요 • 친구와 나는 다른 점이 있어요 • 친구와 사이좋게 지내요	• 생일 축하 • 봄 나들이
5	가족	• 엄마, 아빠가 좋아요 • 엄마, 아빠를 흉내내요 1 • 엄마, 아빠를 흉내내요 2 • 할아버지, 할머니도 계세요	• 어린이날 행사 • 소풍 • 생일 축하

6	동물	• 내가 아는 동물 • 여러 가지 동물이 있어요 • 동물원에 살아요 • 엄마동물, 아기동물이 있어요 • 동물을 사랑해요	• 발달 체크리스트 점검 • 어린이 동물원 견학 • 생일 축하 • 신체 검사(2차)
7	재미있는 물·모래 놀이	• 더워요 • 물과 모래 • 씻기 • 목욕탕 물놀이	• 학부모 그룹 면담 • 생일 축하
8	신나는 여름	• 신나는 여름 1 • 신나는 여름 2 • 여름벌레는 무엇이 있을까? • 엄마·아빠랑 다녀왔어요	• 생일 축하
9	탈것	• 여러 가지 탈것이 있어요 • 자동차 놀이를 해요 • 여러 가지 탈것 놀이를 해요 • 찻길에서 조심해요	• 신체 검사(3차) • 철도 박물관 견학·생일 축하·교통 공원 나들이
10	음식	• 내가 좋아하는 음식이 있어요 • 여러 가지 과일과 야채가 있어요 • 골고루 먹어요	• 가족 행사 • 생일 축하
11	우리동네	• 우리 동네에는 무엇이 있을까? • 시장놀이 • 병원놀이 • 미용실 놀이 • 옷차림이 달라요	• 우리동네 돌아보기 • 시장 돌아보기(물건 사기) • 생일 축하, 병원견학 • 미용실 견학
12	신나는 겨울	• 추워요 • 추울 때 하는 놀이가 있어요 • 산타 할아버지가 오신대요 • 감기에 걸렸어요	• 연극 관람 • 신체 검사(4차) • 생일 축하 • 크리스마스 행사
1	색과모양	• 다섯 살이 되었어요 • 색깔놀이 • 모양놀이 • 즐거운 설날	• 수료 사진 촬영, 색의 날 • 생일 축하 • 학부모 그룹 면담
2	형·언니	• 혼자서도 잘해요1 • 혼자서도 잘해요2 • 튼튼반이 되어요	• 튼튼반 교실 참관 • 생일 축하

③ 3세반 연간 교육계획안(예시)

월	생활주제	주	주제	교육 목표	기본생활습관	행사 견학
3	어린이집 생활	1	나는 개나리반입니다	• 우리 반을 알고 선생님과 친구들에게 관심을 가질 수 있다.	예쁘게 인사하기	
		2	어린이집은 재미있어요	• 어린이집에서 지켜야 할 약속을 알고 지킬 수 있다.	차례대로 줄서서 타기	
		3	어린이집은 재미있어요	• 놀이영역의 흥미를 갖고 놀이 후 정리정돈을 할 수 있다.	정리정돈하기	
		4	약속을 지켜 안전하게 놀아요	• 어린이집 안과 밖에서의 약속을 지켜서 안전한 생활을 할 수 있다.	실내 실외에서의 바른 행동	
4	봄	1	봄의 날씨를 느껴봐요	• 봄의 날씨 변화에 관심을 갖고 씨앗을 심어본다.	위험한 장난하지 않기	
		2	봄의 변화를 느껴봐요	• 어린이집 주변 환경의 변화된 점을 살펴보면서 봄을 느낀다.	바르게 식사하기	
		3	꽃들이 아름다워요	• 봄의 식물에 대해 관심을 가질 수 있다.	꽃을 꺾지 않는 마음 가지기	
		4	봄에 볼 수 있어요	• 주변의 동·식물, 곤충에 대해 관심을 가질 수 있다.	동물을 사랑하기	
		5	자연과 더불어 사는 우리에요	• 자연을 소중하게 생각하고, 아낄줄 아는 마음을 가질 수 있다.	자연을 사랑하기	
5	나와 가족	1	어린이날/어버이날	• 어린이날을 즐겁게 보내고, 어버이날 부모님께 감사한 마음을 갖는다.	부모님 은혜에 감사하기	
		2	내 몸을 살펴봐요	• 나의 몸에 관심을 갖고 소중함을 안다.	양치질을 잘해요	
		3	내가 좋아하는 것이 있어요	• 내가 좋아하는 여러 가지 것들에 대해 알아본다.	남을 생각하는 마음 갖기	
		4	나는 가족을 사랑해요	• 우리 가족의 소중함을 알고 고마운 마음을 갖는다.	어른께 두 손으로 물건 드리기	
6	동물	1	내가 좋아하는 동물이 있어요	• 여러 가지 동물들의 종류와 특징을 알아본다.	동물원에서 동물에게 함부로 먹이 주지 않기	
		2	움직임과 소리가 달라요	• 여러 가지 동물들의 움직임과 소리의 특징을 알아본다.	바르고 고운 말 쓰기	
		3	사는 곳이 달라요	• 야생동물에 관심을 갖고 보호할 수 있는 방법을 찾아본다.	장난감 빌려주기	
		4	동물원에는 여러 동물이 있어요	• 지금은 살아 있지 않은 공룡에 대해 관심을 갖고 종류를 알아본다.	필요한 책 보고 난 뒤 제자리에 갖다놓기	

7	여름 / 건강한 생활	1	우리가 먹는 음식입니다	• 여름철 과일의 종류와 곤충에 대해 알아보고 관심을 가질 수 있다.	음식 골고루 먹기	
		2	즐겁게 운동해요	• 적절한 운동과 휴식으로 건강한 생활을 한다.	햇빛에서 오래 놀지 않기	
		3	날씨가 더워졌어요	• 여름날씨의 변화를 알고, 건강한 생활을 할 수 있다.	찬 음식 많이 먹지 않기	
		4	여름꽃	• 여름꽃의 종류에 대해 알아보고 관심을 가질 수 있다.	꽃을 사랑하기	
		5	안전한 여름철 놀이와 생활	• 시원하고 즐거운 여름철 놀이를 알아보고 안전하게 놀이한다.	수영장에서 뛰지 않기	
8	여름환경 보호	1	여름철 건강한 음식과 영양	• 여름철 건강한 음식과 영양에 대해 알아보고 건강한 생활을 한다.	골고루 음식 먹기	
		2	여름휴가를 다녀 왔어요	• 여름휴가를 보내며 경험했던 여러 가지 일들을 표현할 수 있다.	상대방의 감정 이해하기	
		3	여름철 위생	• 바른 식생활, 청결의 중요성을 알고 실천한다.	물 아껴 쓰기	
		4	환경보호	• 주변 환경을 깨끗이 하고 자연을 사랑하고 보호하는 마음을 갖는다.	쓰레기 버리지 않기	
9	탈것	1	여러 가지 탈것이 있어요	• 탈것의 종류를 알아보고 특징을 안다.	차가 완전하게 멈추었을 때 내리고 타기	
		2	여러 가지 탈것이 있어요	• 교통기관의 기능과 생활이 편리함을 이해할 수 있다.	교통신호 지키기	
		3	탈것의 모양을 알아 봐요	• 탈것의 모양을 알아보고 관심을 갖는다.	차를 탔을 때 지켜야 할 자세	
		4	지켜야 할 약속 / 민속놀이	• 교통규칙을 지키며 안전하게 어린이집을 다닐 수 있다.	횡단보도에서는 잠시 기다렸다가 건너기	
10	동물	1	추석	• 추석의 의미를 알고 우리가 할 수 있는 것들을 알아본다.	어른 앞에서 바른 자세로 앉기	
		2	산과 들이 변했어요	• 자연의 변화로 가을이 왔음을 느낄 수 있다.	어려운 친구 도와주기	
		3	과일과 곡식들이 많아요	• 가을에 나는 열매·곡식의 종류와 특징에 대해 알아본다.	절약하는 습관 길러주기	
		4	나뭇잎이 변해요	• 나뭇잎의 변화를 계절이 변해감을 알 수 있다.	옷과 가방 정리정돈	
11	우리 동네	1	어린이집 동네를 돌아봐요	• 어린이집 주변을 돌아보며 우리 동네에 관심을 갖는다.	공공 시설물 바르게 사용하기	
		2	고마운 분들이 있어요	• 우리를 도와주는 고마운 분들을 알아보고 감사하는 마음을 갖는다.	고마운 분들께 감사하는 마음	

		3	가게놀이 / 은행놀이	• 어린이집 주변의 가게를 알아보고 놀이를 해 볼 수 있다.	식당에서 지켜야 할 예절	
		4	미용실놀이	• 미용실에서 하는 일을 알아보고 즐겁게 놀이를 해 볼 수 있다.	깨끗하게 머리 빗기	
		5	병원놀이	• 병원놀이를 통해 건강하고 안전하게 지내는 방법을 알 수 있다.	병원에 다녀온 후 손 깨끗이 씻기	
12	겨울	1	김장 담그기	• 김장을 담기 우해 필요한 재료를 알아 보고 김장을 담가본다.	화재대비 훈련 익히기	
		2	추워요	• 겨울 날씨 변화에 대해 알고 달라진 것을 느낄 수 있다.	불이 났을 때 어떻게 해야 할까?	
		3	겨울철 놀이를 즐겨요	• 겨울을 맞이하여 동식물들과 사람이 준비하는 것을 알아보고, 여러 가지 놀이들을 안다.	함께 쓰는 물건 잘 간수하기	
		4	크리스마스	• 성탄절의 유래와 의미를 알고 즐거운 성탄절을 보낼 수 있다.	계단을 오르내릴 때 좌측통행하기	
1	우리나라 / 색모양	1	우리나라 음식과 옷이 있어요	• 우리나라의 다양한 음식과 옷을 알아보고 나라를 사랑하는 마음을 갖는다.	나라 사랑하는 마음 갖기	
		2	우리나라를 상징하는 것이 있어요	• 우리나라를 상징하는 것들에는 무엇이 있는지 안다.	국기에 대한 예절	
		3	여러 가지 색이 있어요	• 주변에 있는 색에 관심을 갖고, 여러 가지 색이 있음을 안다.	풀, 사인펜 사용 후 뚜껑 덮기	
		4	여러 가지 모양이 있어요	• 주변의 모양에 관심을 갖고, 여러 가지 모양이 있음을 안다.	TV보는 시간과 바른 자세	
2	형님반에 가요	1	이만큼 자랐어요	• 내 몸의 키, 나이, 반이 달라지는 것을 알 수 있다.	끝까지 노력하기	
		2	설날/전통놀이	• 설날의 의미를 알고, 다양한 전통놀이를 체험해 본다.	설날 알아보기	
		3	사랑하는 선생님과 친구들	• 한 해 동안 재미있게 지냈던 선생님과 친구들에게 고마운 마음을 갖는다.	친구와 싸우고 나면 어떻게 해야 될까?	
		4	형님반이 되어요	• 형님반이 되면 달라지는 것들에 대해 알아보고 긍정적인 자아개념을 갖는다.	약속 지키기	

④ 4세반 연간 교육계획안(예시)

월	생활 주제	주	주제	교육 목표	절기 및 국경일
3	어린이집 생활	1	우리는 무궁화반	• 우리반을 알고 새로운 반에 적응하며 즐겁게 생활할 수 있다.	• 3.1절: 일제치하에 독립만세 운동을 일으킨 날 • 3.5(경칩): 개구리가 겨울잠을 깬다는 날 • 3.20(춘분): 낮과 밤의 시간이 같은 날 • 3.22(물의 날)
		2	즐거운 어린이집 생활	• 놀이영역을 알고 즐겁게 놀이를 할 수 있다.	
		3	선생님과 친구들	• 선생님과 친구들에 대하여 관심을 가지고 사이좋게 지낼 수 있다.	
		4	사이좋게 놀아요	• 지켜야 할 약속을 알고 안전하고 사이좋게 놀이를 할 수 있다.	
		5	봄의 변화	• 계절의 변하에 관심을 가지고 달라진 것을 발견 할 수 있다.	
4	봄	1	씨앗을 심어요	• 씨앗을 심어보고 식물의 성장과정에 관심을 갖는다.	• 4.5(청명/식목일): 날씨가 풀리고 화창하여 나무 심고 씨뿌리기에 적당하다는 날 • 4.5(한식): 조상의 묘를 찾아 성묘하는 날 • 4.20(곡우): 봄비가 내려 여러 곡식 채소가 윤택해진다는 날 • 4.20(장애인의 날) • 4.21(과학의 날): 과학의 중요함을 알고 장려하기 위한 날 • 4.22(정보통신의 날) • 4.28(충무공탄신일): 이순신 장군이 탄생한 날
	색과 모양	2	봄의 동식물	• 봄의 동식물에 대해 관심을 가지고 특징을 알 수 있다.	
		3	색	• 색에 대해 관심을 갖고 다양한 색 활동을 할 수 있다.	
		4	모양	• 여러 가지 모양을 알고 다양한 모양 활동을 할 수 있다.	
5	나와 가족	1	감사하는 마음(어린이날, 어버이날, 스승의날)	• 나의 소중함을 깨닫고 부모님과 선생님께 감사한 마음을 갖는다.	• 5.5(어린이날): 방정환 선생님이 만든 우리들의 날 • 5.5(입하): 여름이 시작되는 날 • 5.8(어버이날): 부모님의 고마움을 기리는 날 • 5.15(스승의날): 선생님의 은혜에 감사하는 날 • 5.15(석가탄신일): 부처님이 태어나신 날 • 5.31(바다의 날)
		2	나의 몸/나의 마음	• 나의 몸의 여러 부분의 특징과 하는 일을 알 수 있다. • 자신의 마음과 느낌을 언어로 바르게 표현할 수 있다.	
		3	가족	• 가족 구성원의 명칭에 대하여 알고 감사한 마음을 갖는다.	
		4	가족	• 가족의 좋은 점을 알고 도와 줄 수 있는 방법을 알아본다.	

월	주제	주	소주제	목표	행사 및 기념일
6	동물	1	동물들이 사는 곳	• 동물들이 사는 곳을 알고 그 동물들의 특징을 알아본다.	• 6.5(환경의날): 환경보호를 중요하게 생각하는 날 • 6.5(망종): 논이나 밭에 씨를 뿌리는 날 • 6.6(현충일): 순국선열들의 넋을 기리고 추모하는 날 • 6.11(단오): 단오의 유래와 풍습을 즐기는 날 • 6.21(하지): 일년 중 낮의 길이가 가장 긴날 • 6.25(6.25사변일): 북한이 쳐들어와 전쟁이 일어난 날
		2	공룡	• 공룡의 종류와 특징을 알아본다.	
	스포츠	3	동물원	• 동물원에 있는 동물을 알아보고 동물원을 견학한다.	
		4	내가 좋아하는 운동	• 내가 좋아하는 운동에 대해 이야기 할 수 있다.	
		5	월드컵	• 월드컵의 의의와 월드컵 경기에 관해 알 수 있다.	
7	여름 물놀이	1	여름이 되었어요	• 여름 날씨의 특징을 알 수 있다.	• 7.7(소서): 여름더위가 시작되는 날 • 7.15(초복): 삼복에 첫 번째 복날. 시원한 음식으로 더위를 이겨냄 • 7.17(제헌절): 우리 헌법을 만든 날 • 7.23(대서): 여름더위가 가장 심한 시기 • 7.25(중복): 삼복의 두 번째 복날 가장 더운 날
		2	여름철 과일	• 여름에 먹을 수 있는 여러 가지 과일과 채소음식을 알아보고 먹을 수 있다.	
		3	물놀이	• 안전하게 즐겁게 물놀이를 할 수 있다.	
		4	환경보호	• 주변 환경을 깨끗이 하고 자연을 사랑하고 보호하는 마음을 갖는다.	
8	내가 다녀온 곳	1	여름방학을 보내고	• 여름 방학을 보내고 난 후 한 일을 이야기하고 표현할 수 있다.	• 8.7(입추): 가을이 시작되는 날 • 8.11(칠석): 하늘에 있는 견우와 직녀가 까치들이 만들어준 다리로 1년에 한번 만나는 날 • 8.14(말복): 삼복의 세 번째 복날 • 8.15(광복절): 일본의 식민통치에서 다시 나라를 찾은 날 • 8.23(처서): 더위가 물러가고 아침저녁으로 시원해지기 시작하는 날
		2	산과 바다	• 산과 바다를 기본 경험을 여러 가지 방법으로 표현할 수 있다.	
	숫자와 전화	3	시장에 가면	• 시장에 가면 볼 수 있는 것들에 관해 탐색하고 알아본다.	
		4	시장놀이	• 시장 놀이를 통해 화폐의 단위와 경제활동에 관해 알 수 있다.	
9	교통기관	1	교통기관의 종류	• 육상, 해상, 항공 교통기관의 종류와 특징을 알아본다.	• 9.7(백로): 아침이슬이 맺히기 시작하여 점차 서늘해지기 시작하는 날 • 9.18(철도의 날) • 9.18(추석): 우리민족의 최대의 고유명절 첫 곡식과 과일로 조상의 산소를 찾아 성묘를 하고 여러 가지 민속놀이를 함. • 9.23(추분): 낮과 밤의 길이가 같은 날
		2	교통기관의 발달	• 교통기관의 발달과정을 알아보고 미래의 교통기관을 상상해 본다.	
	지역사회	1	우리 동네 I	• 우리가 살고 있는 동네에 관심을 갖고 둘러볼 수 있다.	
		2	우리 동네 II	• 우리를 도와주는 여러 기관과 이웃에 감사한 마음을 갖는다.	

월	주제	주	소주제	목표	기념일
10	추석/ 가을	1	추석/민속놀이	• 고유 명절인 추석에 대해 알고 풍습과 민속놀이를 즐길 수 있다.	• 10.1(국군의 날): 우리 국군의 발전상을 기념하여 나라를 지키고 군인에게 감사하는 날 • 10.2(노인의 날) • 10.3(개천절): 단군께서 우리나라를 세우신 날을 기념하는 날 • 10.8(한로): 찬이슬이 내리는 날 • 10.9(한글날): 세종대왕께서 우리의 글자인 한글을 만드신 날 • 10.15(체육의 날) / • 10.20(문화의 날) • 10.21(경찰의 날) / • 10.23(상강): 첫서리가 내린다는 날 / • 10.25(저축의 날)
		2	가을이 되었어요	• 계절의 변화를 느낄 수 있다.	
		3	가을의 열매	• 가을에 거두는 여러 가지 곡식과 열매를 알아본다.	
11	우리나라 세계 여러나라	1	우리나라	• 우리나라를 상징하는 것과 문화에 관해 알 수 있다.	• 11.7(입동): 겨울로 접어드는 시기 • 11.9(소방의 날): 불조심에 대한 생각을 새롭게 하는 날 • 11.17(순국선열의 날) • 11.22(소설): 첫눈이 내린다는 시기
		2	세계 여러 나라	• 세계 여러 나라의 문화에 대해 알아본다.	
	지구와 환경	3	지구와 우주	• 태양계에 관심을 갖고 여러 행성을 알아본다.	
		4	우리가 살고 있는 곳	• 우리가 살고 있는 지구의 중요성을 알고 깨끗한 지구를 만드는 방법을 생각해 본다.	
12	겨울	1	겨울이 왔어요	• 겨울날씨 변화에 대하여 알고 달라진 것을 알 수 있다.	• 12.7(대설): 눈이 많이 내린다는 날 • 12.22(동지): 1년 중 밤의 길이가 가장 긴 날 팥죽을 쑤어먹음 • 12.25(성탄절): 성자 예수님이 탄생하신 날
		2	겨울준비 (식물, 동물, 사람)	• 겨울을 맞이하여 준비해야 할 것들을 알아본다.	
		3	겨울철 놀이와 안전	• 겨울철에 할 수 있는 놀이의 종류에 대해 알아보고 안전하게 놀이할 수 있다.	
		4	즐거운 성탄절	• 성탄절의 유래와 의미를 알고 즐겁게 성탄절을 보낼 수 있다.	
1	새해 / 기계와 도구	1	새해와 나이	• 새해를 맞이하여 달라진 것들을 알아본다.	
		2	책	• 내가 좋아하는 책을 친구들에게 소개하고 함께 읽어본다.	
		3	도구와 기계 I	• 우리가 사용하는 도구의 종류와 특징을 알아본다.	
		4	도구와 기계 II	• 우리 주변에서 사용하고 있는 기계의 종류와 특징을 알아본다.	

<table>
<tr><td rowspan="4">2</td><td rowspan="4">초등학교
(형님반)
에 가려면</td><td>1</td><td rowspan="2">형님반</td><td rowspan="2">• 형님반이 되어 달라진 것들에 대해 알고, 긍정적인 자아 개념을 갖는다.</td><td></td></tr>
<tr><td>2</td><td></td></tr>
<tr><td>3</td><td rowspan="2">초등학교에서 필요한 물건</td><td rowspan="2">• 초등학교에 대해 알아봄으로써 안정감과 즐거운 마음으로 준비할 수 있다.</td><td></td></tr>
<tr><td>4</td><td></td></tr>
</table>

⑤ 5세반 연간 교육계획안 1(예시)

월	주제	단원	행사
3	즐거운 어린이집	① 우리 어린이집 궁금해요 ② 약속이 있어요 ③ 놀이영역이 있어요 ④ 친구와 예절	• 입학식, O.T • 1차 신체검사 • 생일 축하식
4	장애인의 날 / 나	① 나의 몸 ② 청결한 몸 ③–④ "장애인" (프로젝트)	• 씨앗 뿌리기 • 봄소풍 • 학부모 면담 • 요리 실습 • 생일 축하식 • "꼬마신랑신부"
5	우리가족	① 우리가족과 친인척 ②–③ "결혼식" (프로젝트) ④ "우리집 강아지"(동시 프로젝트)	• 어린이날 행사(가면무도회) • 병원놀이 • 경로잔치 • 현장학습 • 생일 축하식 • 가족동반대회
6	우리동네	① 내가 살고 있는 곳 ② 우리고장의 여러 기관 ③–④ "우리동네" (프로젝트)	• 시장 놀이(바자회) • 현장 학습 • 요리 실습 • 여러 동네 기관 견학
7	과일 물	① 여러 가지 과일 ②–③ 물의 특성 ④ 물의 특성 ⑤ 물의 소중함	• 캠프 • 수영놀이 • 생일 축하식 • 여름방학 • 과일 가게 견학
8	교통기관	① 교통수단 ② 교통기관 ③–④ "자동차"(프로젝트)	• 정비소 견학 • 수영놀이 • 생일 축하식 • 경마장 승마학습
9	우리나라 세계 여러 나라	① 옛날과 오늘날 ② 우리나라의 문화 상징 ③–④ "세계속의 문화"(프로젝트)	• 2차 신체검사 • 요리 실습 • 예절의 날(민속놀이) • 현장 학습 • 생일 축하식
10	지구와 우주 운동	① 지구와 우주 ②–③ "별, 뿅뿅 로켓타고"(동시 프로젝트) ④–⑤ "체육대회"(프로젝트)	• 가을 소풍 • 체육 대회 • 생일 축하식 • 아빠 참여수업
11	보도기관	① 방송국 ② 방송매체의 종류 ③–④ "광고" (프로젝트)	• 성대 예술 교육원 • 방송국 견학 • 요리실습 • 생일 축하식

12	서로 돕는 이웃 크리스마스	① 추워 졌어요 ② 즐거운 크리스마스 ③-④ "산타할아버지"(동시 프로젝트)	• 산타 잔치 • 연꽃 동문회 • 인형극 관람 • 생일 축하식 • 신입생 원아 모집
1	새해	① 새해가 되었어요 ② 겨울놀이 ③-④ "동물들의 나이 자랑(동화프로젝트)	• 연꽃 작은 음악회 • 겨울 방학 • 생일 축하식 • 눈 썰매장
2	즐거웠던 우리반	① 즐거웠던 햇살반 ② 초등학생이 되었어요 ③-④ "자원재활용" (프로젝트)	• 요리 실습 • 생일 축하식 • 수료식 및 졸업식 • 취학반 초등학교 견학 • 과자 파티(송별파티) • 졸업 여행

⑥ 5세반 연간 교육계획안 2(예시)

월	프로젝트 주제	지도목표	프로젝트 활동내용		행사 견학
3	나	• 새로운 반이 되어 나에 대해 알아봄으로써 나와 친구를 존중하고 사랑할 수 있는 기회가 되도록 한다.	• 우리 얼굴 그리기 • 나의 몸에는 어떤 모양이 있을까? • 종이 접시로 내 얼굴 꾸미기 • 내 얼굴 이야기 후 그림 그리기 • 신기한 우리 몸속 여행 • 누워서 우리의 몸 그리기 • 우리의 뼈 그리기	• 손가락으로 OHP 그림자 놀이 • 몸으로 그림자 만들기 • 나의 몸으로 길이 재기 • 내 기분 이야기하기 • 내가 좋아하는 것들 • 사랑하는 우리 가족 • 나에 대한 인터뷰하기	
4	봄꽃	• 봄이 되어 자연의 변화를 느끼며 봄에 피는 꽃들(벚꽃)을 관찰하고 다양한 방법으로 봄을 표현할 수 있다.	• 숲에 살고 있는 나무 • 내가 좋아하는 봄 꽃 • 봄 소식을 전해 줘요 • 꽃이 활짝 피었어요 • 벚나무 만져 보기 • 줄기도 숨을 쉬어요 • 작은 새들의 먹이	• 계절마다 옷을 갈아입어요 • 꽃나무의 겨울나기 • 꽃잎으로 예쁘게 그려요 • 여러 가지 모양 • 굵은 나무, 가는 나무 • 꽃나무의 차이점	
5	결혼	• 진달래반 친구들과 함께 지내며 여자, 남자에 대한 호기심과 유아들이 흥미를 느낀 결혼에 대해 알아보고 옛날과 오늘날의 결혼식을 비교해 본다.	• 결혼에 대한 이전 경험 나누기 • 결혼에 대한 생각 나누기 • 결혼은 왜 하는 것일까? • 결혼식 비디오 보기 • 웨딩 드레스 • 결혼식 축가 부르기 • 결혼행진곡 감상하기 • 반지, 목걸이 만들기 • 전통 혼례 표현하기	• 왜 촛불을 켜나요 • 혼인 서약서 만들기 • 전통 혼례복의 무늬 만들기 • 병풍 만들기 • 아기가 생겼어요 • 결혼사진 액자 만들기 • 나의 결혼식 모습 상상하여 그리기	

6	다양한 나라의 사람들	• 인터넷과 대중매체를 통해 세계의 사람들을 쉽게 접할 수 있는 때에 세계 여러 나라에 대해 알아보고, 세계인이 함께 모이는 월드컵 경기에 대해 알아본다.	• 세계 여러 나라의 사람들 • 내가 좋아하는 나라는? • 만국기 만들기 • 나라 이름 알아보기 • 여러 가지 운동 경기 • 월드컵이란? • 우리나라와 경기하는 나라들	• 붉은 악마 • 응원가 만들기 • 힘내라 대한민국 • 2006년 ○○ 월드컵 • ○○ 월드컵 대진표 만들기 • 우승 트로피 만들기	
7	치아	• 젖니에서 영구치로 변해가는 과정을 통해 유아들이 치아의 관심을 가지고, 다양한 실험과 현장 학습을 통해 치아의 소중함을 느낀다.	• '이'하면 생각나는 것들 • '치아'의 이전 경험 그리기 • 싹싹 닦아라 • 하얀이는 소중한 내친구 • 콜라와 우유는 우리들의 이를 어떻게 할까요? • 치아 모형 찍기	• 왜 '사랑니' 일까? • 이가 하는 일은 어떻게 다를까 • 치과 견학 • 우리가 궁금한 것이 있어요 • 견학 후 스케치하기 • 유치원에서 이를 닦을 때는? • NIE: 이를 좋게 하는 음식 • 치과 이름 지어 보기(그래프)	
8	비	• 비는 우리의 생활에 꼭 필요하고 없어서는 안 될 소중한 것으로써 우리의 생활에 사용되는 비의 용도 및 비가 오기까지의 과정을 알고, 여러 가지 날씨의 종류와 특징에 대해 알아본다.	• 뉴스, 신문에 나오는 일기예보 · 온도 • 비를 예측할 수 있는 것들 • 내일 날씨 예측해 보기 • 만약 매일매일 비가 온다면 • 비를 그치게 하는 방법 • 일기예보에 관한 모든 것	• 우리동네 지도 그리기 • 기상청에서 하는 일 • 일기도를 읽어 보아요 • 우산 만들기 • 비옷 만들기 • 비를 피할 수 있는 것들 • 비올 때 할 수 있는 것들	
9	우주	• 우리가 살고 있는 지구를 이루는 주변 자연의 모습을 살피고, 우주를 이루는 행성들과 별자리에 대해 알아 본다.	• 우주에 대한 생각 모으기 • 우주 그리기 • 지구와 행성 밴다이어 그림 • 태양계 관찰 • 별자리 되어 보기 • 우주인 되어 보기 • 까만 저 하늘 위, 별을 보면 • 비행접시 그리기	• 별자리 이야기 듣고 장면 그리기 • 내가 만든 별자리 • 달의 변화를 표현해요 • 밤하늘 꾸미고 관찰하기 • 그림자놀이 • 우주 꾸미기 • 내가 바라본 우주 • 내가 우주인이 된다면	
10	과자	• 유아들이 늘 접하는 간식의 한 종류만 과자가 만들어 지는 과정을 이해하고 과자를 만들 때 사용되는 주재료와 향료, 모양, 색깔, 맛, 냄새 등 감각을 이용한 다양한 활동들을 경험해 볼 수 있다.	• 내가 좋아하는 과자 • 과자는 무엇으로 만들까? • 현대의 과자와 과거의 과자 • 과자 포장지 만들기 • 헨젤과 그레텔 • 과자집 만들기 • 땅콩강정이 되어 보자	• 쿠키 만들기 • 떡집 견학 • 여러 종류의 과자 • 과자 맛보기 • 과자로 오감 체험하기 • 제과점 견학	

11	화가	• 유아들이 그린 그림을 통해 유아들이 마음을 이해할 수 있다. • 유명한 화가의 작품을 감상하며 다양한 방법으로 표현하고 해석할 수 있다.	• 연필의 성질 알기 • 정물대 만들기 • 스케치 연습하기 • 나 그리기 • 친구 얼굴 그리기 • 작가 만나기 • 사과 스케치하기 • 수채화 채색하기	• 수묵화 그리기 • 면봉 그림 • 명화 감상 후 그리기 • 명화 분석하기 • 재미있는 명화로 이야기 만들기 • 명화보고 상상하기 • 말 꾸러미 만들기	
12	책	• 유아들이 관심 있는 책의 종류와 내용을 알아보고, 다양한 책에 흥미를 가지고 즐길 수 있도록 한다.	• 책 표지 꾸미기 • 이야기 짓기 • 책갈피 만들기 • 옛날 책 만들기 • 도서관 놀이 • 글자 인쇄하기 • 내가 가장 재미있게 읽었던 책 • 옛날 책과 오늘날의 책	• 책의 종류 • 도서관과 서점 비교하기 • 책이 만들어지는 과정 • 도서관과 서점 견학 • 노래 가사 바꿔 부르기 • 낱말 맞추기 • 도서관에서 책 빌려 보기	
1	옷	• 유아들의 생활과 아주 밀접히 연관되어 있는 옷의 종류와 역할, 옷이 만들어지는 과정 그리고 옷에 쓰이는 부속품들에 대해 알아보고 옷의 필요성과 고마움에 대해 알아본다.	• 옷의 종류 • 옷의 역할 • 옷이 만들어지는 과정 • 옷의 재료 알아보기 • 옷감의 종류 • 옷감의 패턴 찍기 • 패턴 디자인하기	• 액세서리 만들기 • 나만의 옷 디자인 하기 • 옷을 깨끗하게 해요 • 옷을 정리해요 • 여러 가지 무늬가 있어요 • 단추 모자이크 • 패션쇼	
2	초등학교	• 초등학교에 대해 알아봄으로써 안정감을 주고, 긍정적인 마음으로 학교에 갈 준비를 할 수 있다.	• 초등학교에 가요 • 초등학교 필요한 준비물 • 초등학교에 있는 물건 • 어린이집과 초등학교의 같은 점, 다른 점 • 나는 학교에 간다 • 그림일기 써 보기 • 초등학교로 4행시 짓기	• 알림장 적어보기 • 사랑하는 친구들에게 편지쓰기 • 내가 만약 초등학교에 다니지 않는다면 • 제일 많이 가는 학교는? • 상상 속 선생님 • 내가 태어나서 초등학교에 가기까지	

2) 월간 교육계획안

(1) 월간 교육계획안 작성방법

월간계획은 연간계획을 토대로 하여 한 달간의 지도를 위한 구체적인 지도 방법을 계획하는 것이다. 월간 교육계획을 수립하기 위해서는 계절의 변화나 반복되는 활동을 중심으로 영유아들의 상황과 발달에 맞추어 계획을 수립한다. 월간 교육계획안은 연간 교육계획안보다 더 상세히, 구체적으로 수립해야 하며, 매월의 주제와 소주제에 대한 내용이 활동별로 수립되어야 한다. 월간 교육계획안 작성 시에는 다음과 같은 내용이 포함될 수 있다.

① 단원 또는 주제: 연간계획안을 토대로 짜여진 그 달의 주제

② 소주제: 그 달의 주별로 짜여진 소주제

③ 목표: 그 단원, 주제에 따라 성취하고자 하는 목표

④ 발달영역: 언어발달영역, 인지발달영역, 사회발달영역, 정서발달영역, 신체발달영역을 포함하는 활동 내용

⑤ 표준보육과정: 6개 영역별(기본생활, 신체운동, 의사소통, 사회관계, 예술경험, 자연탐구)로 이루고자 하는 교육내용

⑥ 기본생활습관

- 그 단원과 주제에 따라 확립하고자 하는 기본생활습관 형성을 위한 내용
- 유아 연령이 어릴수록 식사, 낮잠, 배변 등의 내용을 구체적으로 수립한다.

(2) 월간 교육계획안 작성의 실제

① 2세반 월간 교육계획안(○○어린이집)__5월 계획안

- 주제: 가족

5월		5월 1주(2~7일)	5월 2주(9~14일)	5월 3주(16~21일)	5월 4주(23~28일)
주제		엄마, 아빠가 좋아요.	엄마, 아빠를 흉내내요Ⅰ	엄마, 아빠를 흉내내요Ⅱ	우리 가족
등원 및 맞이하기		어린이집에 누구와 함께 왔는지 이야기하기	엄마, 아빠께 "다녀오세요"인사하기	날씨에 대하여 이야기 나누기	등원 시 선생님께 "안녕하세요"인사하기
자유 선택 활동	그리기·만들기 영역	• 엄마, 아빠 얼굴 꾸미기 • 어버이날 카네이션만들기 • 가면 만들기	• 나비모양 셀로판 코팅지 꾸미기 • 엄마, 아빠 얼굴 종이에 스티커 붙이기 • 데칼코마니	• 모루 도장 찍기 • 하트모양 종이에 색물 풀칠해 보기 • 집모양 종이에 스티커 붙여 꾸며보기	• 엄마, 아빠 얼굴 꾸미기 • 도형으로 집모양 구성하기 • 잡지에서 오린 가족 사진 붙이기
	소꿉영역	• 엄마, 아빠에게 전화하기 • 빨래하는 흉내 내기 • 엄마, 아빠 구두신기	• 밀가루 반죽으로 음식 만들기 • 엄마, 아빠 회사가는 흉내내기 • 엄마, 아빠 옷 입기	• 가족 인형놀이(가족 인형 들고 인형놀이) • 촉감 조끼 입기 • 밀가루 반죽으로 음식 만들기	• 화장하기 • 반죽으로 공 만들기
	언어·책보기 영역	• 가족사진보며 이야기하기 • 〈동화〉 "엄마, 아빠는 나를 사랑해요"	• 가족사진보며 이야기하기 • 〈동화〉 '우리집' '뚝딱 뚝딱 집을 지어요'	• 〈동화〉 '엄마를 바꿔줘요' '혼자 집을 보았어요 • 엄마, 아빠 목소리로 말해보기	• 가족 인형놀이 • 가족사진보며 이야기하기 • 〈동화〉 '나는 아빠야', '엄마 앞치마'
	탐색·감각영역	• 가족 그림자 맞추기 • 소리 나는 신발놀이 • 크기대로 놓아보기	• 곰돌이 인형 옷입히기 (지퍼, 단추, 핀) • 큰 구슬 끼우기 • 〈요리〉 딸기쨈과자 샌드만들기	• 크기대로 상자 놓기 • 크기대로 상자 쌓아보기 • 블록으로 버스 만들기	• 가족사진 탐색하기 • 빨래 널기(빨래집게 꽂이) • 색깔 집 찾기
	쌓기·대근육·음률영역	• 짝짝쿵 노래에 맞춰 리듬악기 연주하기 • 벽돌블록 도미노	• 스펀지 블록으로 집만들기 • 끌차에 블록 실어 나르기 • 영아체조	• 종이벽돌로 가게 만들기 • 조그만 공 굴려보기 (평지, 경사로)	• 스펀지 블록 오르내리기 • 높이 뛰며 탬버린 치기 • 엄마, 아빠 구두신고 달리기 • 〈신체표현〉 리본 막대 흔들기
전이활동		• 〈손유희〉 '곰 세 마리' • 〈음률〉 '어린 송아지'	• 손 인형과 악수하기 • 〈음률〉 '뽀뽀뽀', '닮은곳이 있어요'	• 〈음률〉 '개구리' • 〈손유희〉 '엄마별이 올라갑니다'	• 〈음률〉 '숲 속 작은 집' '곰 세 마리'
실외놀이		꽃·나무에 물주기/ 모래로 음식 만들기/ 씽씽카 타기/ 개미 찾아보기/ 비눗방울 잡아보기/ 꽃 찾아보고 냄새 맡아보기/ 두꺼비집 만들기			
기본생활습관 및 안전교육		양손으로 그네줄을 꼭 잡고 타요/ 모래를 친구에게 던지지 않아요/ 친구와 부딪치지 않게 앞을 보고 달려요/ 옷걸이를 제자리에 걸어요			
행사		· 어린이날 행사		· 생일축하·가족행사	

〈연습 1〉 (　　　)월 계획안　　　　　• 주 제: (　　　　　　　　　　　　)

<table>
<tr><th colspan="2">월</th><th>월 1주</th><th>월 2주</th><th>월 3주</th><th>월 4주</th></tr>
<tr><td colspan="2">주제</td><td></td><td></td><td></td><td></td></tr>
<tr><td colspan="2">등원 및 맞이하기</td><td></td><td></td><td></td><td></td></tr>
<tr><td rowspan="5">자유 선택 활동</td><td>그리기·만들기 영역</td><td></td><td></td><td></td><td></td></tr>
<tr><td>소꿉 영역</td><td></td><td></td><td></td><td></td></tr>
<tr><td>언어·책보기 영역</td><td></td><td></td><td></td><td></td></tr>
<tr><td>탐색·감각 영역</td><td></td><td></td><td></td><td></td></tr>
<tr><td>쌓기·대근육·음률영역</td><td></td><td></td><td></td><td></td></tr>
<tr><td colspan="2">전이활동</td><td></td><td></td><td></td><td></td></tr>
<tr><td colspan="2">실외놀이</td><td colspan="4"></td></tr>
<tr><td colspan="2">기본생활습관 및 안전교육</td><td colspan="4"></td></tr>
<tr><td colspan="2">행사</td><td></td><td></td><td></td><td></td></tr>
</table>

② 3세반 월간 교육계획안(OO어린이집)

- 주제: 건강한 생활
- 목표: 적절한 운동과 휴식으로 건강한 생활을 하고, 물놀이를 하며 시원한 여름을 보낸다.
- 기간: 2018년 7월 1주~7월 4주

소주제 / 활동		1주	2주	3주	4주
		우리가 먹는 음식이에요	즐겁게 혼자해요	날씨가 더워졌어요	물놀이는 재미있어요
맞이하기		• 아침에 먹고 온 음식에 대해 이야기하기	• 다함께 체조를	• 등원하는 길의 날씨 이야기해 보기	• 주말에 물놀이 한 경험 이야기 나누기
실내 자유 선택 활동	쌓기 놀이	• 블록으로 음식점 만들기 • 의자와 식탁 만들기	• 목욕탕 만들기	• 시원한 곳 만들기 • 부채 만들어 바람 불어주기	• 수영장 만들기
	역할 놀이	• 음식점 놀이 • 음식 배달 놀이	• 목욕놀이	• 선풍기가 되어요	• 물놀이 기구, 인형 만들어 수영장 놀이
	미술 영역	• 야채도장 찍기	• 생일카드 • 신문지 길게 찢어 연결하기	• 새콤달콤 주스 • 여름 풍경(협동 발)	• 깊고 깊은 바닷속
	탐색 조작	• 과일 맛 느끼기	• 목욕용품 패턴 크기 순서대로 놓아보기	• 오르다: 바닷가의 색깔	• 오르다: 바닷가의 색깔
	음률 영역	• 감상: 빗방울 전주곡	• 싹싹 닦아라	• 감상: 천둥, 번개 • 신체표현: 통통통	• 신문지 막대 춤추기
대·소집단 활동		• 이야기 나누기: 음식을 골고루 먹으면 • 그림책: 꿀꿀이의 아이스크림 가게	• 이·나: 목욕을 해 보았나요 • 신체표현: 머리 어깨 무릎, 발 • 그림책: 충치도깨비 달달이와 콤콤이	• 동시: 여름 낮 • 이·나: 날씨가 더워졌어요 / 운동과휴식 • 한솔: 비오는 날	• 한솔: 원숭이 집을 찾아 주세요 • 이야기 나누기: 신나는 물놀이/여름방학
실외자유 선택활동		• 비 관찰하기	• 돌주워 그림그리기	• 화채 만들기	• 꽃반지, 목걸이 만들기
기본생활 습관		• 음식 골고루 먹기	• 햇빛에서 오래 놀지 않기	• 찬 음식 많이 먹지 않기	• 수영장에서 뛰지 않기

〈연습 2〉

- 주제:
- 목표:
- 기간:

<table>
<tr><th colspan="2" rowspan="2">소주제 / 활동</th><th>1주</th><th>2주</th><th>3주</th><th>4주</th></tr>
<tr><th></th><th></th><th></th><th></th></tr>
<tr><td colspan="2">맞이하기</td><td></td><td></td><td></td><td></td></tr>
<tr><td rowspan="5">실내
자유
선택
활동</td><td>쌓기
놀이</td><td></td><td></td><td></td><td></td></tr>
<tr><td>역할
놀이</td><td></td><td></td><td></td><td></td></tr>
<tr><td>미술
영역</td><td></td><td></td><td></td><td></td></tr>
<tr><td>탐색
조작</td><td></td><td></td><td></td><td></td></tr>
<tr><td>음률
영역</td><td></td><td></td><td></td><td></td></tr>
<tr><td colspan="2">대·소집단
활동</td><td></td><td></td><td></td><td></td></tr>
<tr><td colspan="2">실외자유
선택활동</td><td></td><td></td><td></td><td></td></tr>
<tr><td colspan="2">기본생활
습관</td><td></td><td></td><td></td><td></td></tr>
</table>

③ 4세반 월간 교육계획안(OO어린이집)

		1주	2주	3주	4주
실내자유선택활동	조형활동	• 점토 교통기관 • 타이어 무늬찍기 • 교통기관 모래그림	• 꼬마 자동차 꾸미기 • 비행기 종이접기	• 탈것: 모양종이에 꾸미기 • 모래 종이에 그리기	• 신호등, 교통표지판 그리기 • 뗏목 만들기
	쌓기놀이	• 자동차를 만들어요	• 기차놀이	• 공항 만들기	• 도로 만들기
	역할놀이	• 운전기사 놀이	• 주유소 놀이	• 세차장 만들기	• 자동차 정비소 놀이
	언어	• 자동차 책 만들기 • 동화: 보람이의 자전거 • 동시: 자전거	• 동화: 바쁜 바퀴들 • 타고 싶은 것 말하기 • 교통기관 스크랩	• 그림책: 공항 • 동화: 기차 ㄱㄴㄷ • 동시: 비행기	• 동화: 꼬마 자동차 덜컹이 • 동화: 차례차례
	수·과학	• 자전거 관찰	• 교통기관 소리듣고 알아맞추기 • 육상, 해상항공 교통 분류하기	• 구르는 것과 구르지 않는 것	• 배 띄우기(물에 가라앉는 것과 뜨는 것)
	음률	• 새노래: 빠른 박자, 느린 박자 표현하기	• 새노래: 간다간다	• 새노래: 더 빠른 것, 더 느린 것	• 새노래: 건너가는 길
대·소집단활동		• 이야기 나누기: 내가 타본 것들 • 게임: 풍선 가마놀이 • 이야기 나누기: 우리를 편하게 해 주는 탈것들	• 이야기 나누기: 자동차가 되기까지 • 게임: 터널 통과 • 이야기 나누기: 여러 가지 탈것	• 이야기 나누기: 교통기관을 이용할 수 있는 장소 • 견학: 지하철역 돌아보기 • 이야기 나누기: 교통기관을 이용할 때 지켜야 할 예절	• 이야기 나누기: 왜 사고가 났을까? • 견학: 자동차 정비소 • 이야기 나누기: 교통규칙 지키기
실외자유선택활동		• 바퀴처럼 굴러보기	• 비행기 날리기	• 장난감 자동차 타기 • 세차장 놀이	• 횡단보도 건너보기
기본생활습관		• 차례를 지켜요	• 횡단보도로 다녀요	• 공공장소에서 조용히 해요	• 교통규칙 지키기

〈연습3〉

		1주	2주	3주	4주
실내자유선택활동	조형 활동				
	쌓기 놀이				
	역할 놀이				
	언어				
	수·과학				
	음률				
대·소집단 활동					
실외자유 선택활동					
기본생활 습관					

④ 5세반 월간 교육계획안의 예 1(OO어린이집)

		1주	2주	3주	4주
실내자유선택활동	조형활동	• 주말지낸 그림 그리기 • 꽃목걸이 만들기	• 주말지낸 그림 그리기 • 미농지로 꽃 만들기 • PET병으로 화분 만들기	• 주말지낸 그림 그리기 • 점토로 곤충 만들기 • 동극머리띠 만들기 • 나비 모델 만들기	• 주말지낸 그림 그리기 • 내 얼굴 그리기 • 신문잡지에서 여러 가지 얼굴 표정 오려 꾸미기
	쌓기놀이	• 봄 공원 구성하기	• 경마공원 구성하기 • 꽃가게 구성하기	• 곤충과 집 구성하기 • 동극무대 구성하기	• 블록으로 키 재기 • 여러 가지 블록으로 얼굴 구성하기 • 여러 가지 표정 구성해 보기
	역할놀이	• 집안 꾸미기 • 봄 나들이 가기	• 꽃가게 놀이 • 꽃 배달하기	• 곤충 되어보기 • 동극: "무당벌레, 거미, 진딧물"	• 내가 좋아하는 친구되어 행동하기 • 장기자랑대회
	언어	• 동화: 엄마, 무슨 소리인간요 • 그림 수수께끼: 날씨 알아보기 • 쓰기: 봄에 관한 동시 짓기	• 동화: 봄이다! 어서 나와라 • 꽃나무 명칭알기 • 봄에 피는 꽃 책 • 무엇일까요?	• 곤충기억력 게임 • 쓰기: 나비의 성장 • 곤충이름 글자판	• 쓰기: 나를 소개해요 • 얼굴부분의 역할 • 나의 아기사진 수수께끼 • 나의 기분을 말해요
	수·과학	• 봄을 알 수 있는 것 • 과학: 나무둘레를 재어보아요 • 개나리꽃 피우기	• 과학: 씨앗 관찰하기 • 과학: 싹 틔우기에 좋은 흙 • 개나리꽃 피우기 • 꽃의 씨를 찾아주세요	• 과학: 수경재배 • 개미의 여행 • 수경재배 관찰 기록하기 • 곤충퍼즐 • 요리: 영양꼬치	• 키 재어보기 • 내 마음을 표현해요 • 요리: 식빵으로 얼굴 꾸미기
	컴퓨터	• 어린이 훈민정음(그림일기)	• 인터넷: 검색엔진에서 검색어 치기 • 인터넷: 식물관련 사이트 검색해 보기 • 식물관련 정보 인쇄하기	• 인터넷: 곤충사이트 검색해 보기 • 곤충에 대해 알아낸 것 인쇄하기	• 옷 꾸며 입히기 프로그램 • 윈도우 그림판에서 그려 보기 • 내가 그린 것 인쇄하고 설명쓰기
	음률	• 음악감상: 비발디의 사계 중 '봄' • 신체표현: 음악듣고 표현하기	• '씨앗' 노래 불러보기 • '꽃씨' 마라카스 연주	• 꽃카드에 따라 박자쳐보기 • 종이연주	• 목소리 녹음해 듣기 • 음악감상: 로망스
대·소집단 활동		이야기 나누기 • 주말 지낸 이야기 • 봄을 알 수 있는 것 이야기 • 봄의 변화 • 견학시 지켜야 할 약속 • 식목일 • 새노래: 봄날 • 동시: 봄 • 손유희: 무슨옷 입었니	이야기 나누기 • 주말 지낸 이야기 • 봄에 피는 꽃 • 식물을 잘 자라게 하려면... • 동화: 꽃과 나무 • 새노래: 식물의 성장 • 동시: 봄나무	이야기 나누기 • 주말 지낸 이야기 • 봄에 볼 수 있는 동물 • 곤충이 주는 이로움 • 동화: 개미, 진딧물, 무당벌레 • 새노래: 개미의 여행 • 동시: 개미네 집 • 동화: 나비의 숨바꼭질	이야기 나누기 • 주말 지낸 이야기 • 나를 소개해요 • 새노래: 웃는 얼굴 • 동시: 모두들 나에게 얘기해요 • 동시: 웅덩이에 비친 내 얼굴

<table>
<tr><td>실외자유
선택활동</td><td>• 산책: 봄나무 관찰하기
• 순서대로 그네타기</td><td>• 꽃가게 견학
• 모종심기
• 신체표현: 식물의 성장
• 게임: 씨앗심기
• 씨앗심기</td><td>• 꽃밭에 물 주기
• 개미 관찰하기
• 신체표현: 나비의 성장
• 게임: 애벌레처럼 기어 움직이기</td><td>• 손바닥 맞대고 밀기
• 모래 집짓기
• 신체활동: 호키포키</td></tr>
<tr><td>기본생활
습관</td><td>• 놀잇감은 스스로 정리해요</td><td>• 나무와 꽃의 고마움을 알고 보살펴주기</td><td>• 곤충을 함부로 괴롭히지 않기</td><td>• 손을 씻은 후 물을 꼭 잠그기</td></tr>
</table>

⑤ 5세반 월간 교육계획안의 예시 2

<table>
<tr><td rowspan="2">단원</td><td rowspan="2" colspan="2">나와 가족</td><td>1주</td><td>2주</td><td>3주</td><td>4주</td></tr>
<tr><td>나</td><td>나의 몸</td><td>남자와 여자</td><td>우리가족</td></tr>
<tr><td>목표</td><td colspan="6">• 나에 대해 알게 하며 자아 존중감을 갖게 한다.
• 나의 몸에 대해 알아보고 신체부위의 이름을 알게 한다.
• 남자와 여자의 차이점을 알게 하고 역할에 대해 알아본다.
• 우리 가족의 중요성에 대해 알아보고 가족 구성원의 역할을 알게 한다.</td></tr>
</table>

<table>
<tr><td>생활
영역</td><td>주
변</td><td>내용</td><td>1수준</td><td>2수준</td><td>준비물</td></tr>
<tr><td rowspan="4">건강
생활</td><td>1주</td><td>기쁜 마음 갖기,
행복한 웃음</td><td rowspan="4">• 매일 웃어 보자
• 몸을 이용한 간단한 체조
• 대근육 활동
• 몸에 좋은 물</td><td rowspan="4">• 어떨 때 웃음이 나는가?
• 머리, 다리, 팔, 가슴운동
• 신체를 이용한 다양한 대근육운동
• 산소가 살아 있는 물을 마시자</td><td rowspan="4">• 다양한웃는사진, 그림 자료
• 신체조 사진, 스크랩 또는 VTR 자료
• 깨끗한 물, 더러운 물</td></tr>
<tr><td>2주</td><td>신나는 체조</td></tr>
<tr><td>3주</td><td>우리 집에 왜 왔니
(대근육 운동)</td></tr>
<tr><td>4주</td><td>깨끗한 물을 마셔요</td></tr>
<tr><td rowspan="4">사회
생활</td><td>1주</td><td>내가 소중해요!
남도 소중해요</td><td rowspan="4">• 나도 남도 존중할 수 있는 마음을 갖자
• 내 몸도 친구 몸도 귀해요
• 남자, 여자 모두 소중해요
• 가족은 매우 소중해요</td><td rowspan="4">• 자아존중감 및 이타심 갖기
• 내가 아프면 남도 아플 수 있다는 마음 갖기
• 남자와 여자의 다른점, 역할 알기
• 가족이 없는 사람의 마음이 되어보기</td><td rowspan="4">• 신체 각 부위 명칭도
• 남자와 여자 성 역할에 따른 자료
• 가족구성원의 이름,역할이 담긴 사진 자료</td></tr>
<tr><td>2주</td><td>내 몸을 사랑해요!
친구몸도 사랑해요</td></tr>
<tr><td>3주</td><td>남자, 여자 모두 중요해요</td></tr>
<tr><td>4주</td><td>우리가족은 아주
소중해요</td></tr>
<tr><td rowspan="4">표현
생활</td><td>1주</td><td>나를 표현해요</td><td rowspan="4">• 내 얼굴 그리기
• 내 몸의 소중함을 표현하기(언어, 그림, 동작)
• 남자, 여자 옷 입히기
• 우리 가족 그리기</td><td rowspan="4">• 내 얼굴 모자이크
• 내 몸의 한 부분이 고장나면 어떨까? 언어, 그림, 동작을 통해 표현하기, 가족사진액자
• 성과 나이에 맞는 옷입히기
• 가족 앨범 만들기</td><td rowspan="4">• 남자, 여자 성과 나이에 따른 다양한 옷, 조작활동 자료
• 가족사진
• 신체부위 사진자료</td></tr>
<tr><td>2주</td><td>내 몸을 표현할 수 있어요</td></tr>
<tr><td>3주</td><td>남자와 여자의
다른점 표현해 보기</td></tr>
<tr><td>4주</td><td>우리가족 표현해 보기</td></tr>
</table>

<table>
<tr><td rowspan="4">언어
생활</td><td>1주</td><td>나는요 – (자기소개)</td><td rowspan="4">• 자기 소개해 보기
• 내 몸이 왜 소중한지 말해 본다.
• 남자, 여자의 닮은 곳
• 나도 가족을 도와요</td><td rowspan="4">• 친구들 앞에서 자기소개, 내 희망 말하기
• 소중한 내 몸을 어떻게 잘 관리해야 하나?
• 남자와 여자가 없으면 어떻게 될까?
• 가족 구성원으로 내가 해야 하는 일</td><td rowspan="4">• 동시자료
• 동화자료
• 이야기 나누기 자료
• 교육용 성역할 VTR 자료
• 사진자료 이야기 꾸밀 수 있는 자료</td></tr>
<tr><td>2주</td><td>내 몸은 소중해요!</td></tr>
<tr><td>3주</td><td>남자와 여자가
있어야 해요</td></tr>
<tr><td>4주</td><td>우리가족은 행복해요!</td></tr>
<tr><td rowspan="4">탐구
생활</td><td>1주</td><td>지문관찰, NIE활동
내 이름 찾기</td><td rowspan="4">• 립스틱으로 지문찍고 관찰하기
• 몸에서 나는 소리 관찰
• 내 키, 몸무게 재기
• NIE자료에서 가족 이름 찾기</td><td rowspan="4">• 지문찍어 확대경으로 관찰하고, 표현해 보기
• 내 몸의 각 부분이 낼 수 있는 다양한 소리관찰
• 내 키, 몸무게와 친구 키, 몸무게 비교해 보기
• NIE를 활용한 가족 이름 찾아 꾸미기</td><td rowspan="4">• 립스틱, 종이, 확대경
• 몸에서 나는 소리 녹음 자료
• 키, 몸무게 측정기
• NIE자료, 다양한 신문</td></tr>
<tr><td>2주</td><td>몸에서 나오는 소리</td></tr>
<tr><td>3주</td><td>키와 몸무게 재기</td></tr>
<tr><td>4주</td><td>NIE활동 가족 이름 찾기</td></tr>
<tr><td rowspan="4">기본
생활
습관</td><td>1주</td><td>감기 걸리지 않게
몸을 따뜻하게 하기</td><td rowspan="4">• 몸을 따뜻하게
• 내 몸을 깨끗이 씻어요
• 올바른 변기 사용법
• 몸에 좋은 음식 먹기</td><td rowspan="4">• 체온을 따뜻하게 하려면...
• 내몸 단장하는 방법 알기
• 화장실 사용순서 익히기
• 우리 몸에 이로운 음식 알아보기</td><td rowspan="4">• 교육용 VTR 자료
• 화장실 사용순서, 그림 카드
• 몸에 좋은 음식, 나쁜 음식 분류카드</td></tr>
<tr><td>2주</td><td>내 몸을 깨끗이 씻고
단정하기</td></tr>
<tr><td>3주</td><td>화장실 사용법
바르게 익히기</td></tr>
<tr><td>4주</td><td>가족 모두가 병에 걸리지 않는 올바른 식생활 습관 기르기</td></tr>
</table>

3) 일일 교육계획안

(1) 일과 운영의 내용

어린이집의 하루 일과는 10시간 이상에 걸쳐 진행되므로, 일과활동은 영유아의 신체적, 심리적 상태를 고려하여 무리 없이 구성되어야 한다. 영유아를 위한 하루 일과는 구성할 때 고려해야 할 내용은 다음과 같다.

첫째, 영유아를 위한 활동은 전인적인 발달에 초점은 둔 보호와 교육이 통합되어 구성된 양질의 활동들로 제공되어야 한다. 예를 들어, 영아를 대상으로 일과를 구성할 때 수면, 수유, 대·소변 가리기 등 신체적 욕구충족을 위한 활동이 대부분이므로 이러한 활동을 교육적으로 접근시켜 나가야 할 것이며, 유아를 대상으로 일과를 구성할 때는 신체적 욕구 충족을 위한 활동의 시간이 감소되고, 교육을 위한 활동의 시간이 증가될 수 있다.

둘째, 영유아의 발달 정도를 고려한 발달에 적합한 활동들로 구성되어야 한다. 보육교사는 각 연령 단계에서 일어나는 인지적·사회적·신체적·언어적·정서적 발달을 정확하게 예측하고, 각 활동들은 기대되는 발달을 도와주고, 촉진할 수 있도록 제공되어야 한다.

셋째, 각 영유아의 개인적인 발달의 차이를 고려한 개별적 접근이 이루어지도록 일과를 구성해야 한다. 특정한 연령집단의 영유아에게는 발달의 공통적인 경향도 있지만, 영유아들은 각기 다른 가정환경, 가족배경, 성격을 가지게 되므로 개인차가 생기게 된다. 이러한 개인차를 고려한 활동에서 영유아의 개인적인 흥미, 발달속도, 경험과 능력이 반영되어야 한다.

데커와 데커(Decker & Decker)가 말하는 어린이집의 일과운영의 고려해야 할 기본원리는 다음과 같다.

① 효과적인 하루의 계획은 유아를 따뜻하게 비형식적으로 맞아들이는 것부터 시작한다. 이 시간은 영유아들을 개별적으로 맞이할 수 있는 시간이므로 교사는 될 수 있는 대로 각 유머와 많은 이야기를 나누며 각각의 유아 상태를 파악하도록 한다.

② 일과계획 속의 일정한 시간은 영유아의 신체적인 욕구(화장실 다녀오기와 간식 먹기)가 반영되어야 한다. 놀이에 열중하게 되면 영유아는 아직까지 자신의 배설 욕구를 적절히 조절할 수 없기 때문에 쉽게 피곤함을 느끼거나 배가 고프면 쉽게 짜증을 내기 쉽다. 따라서 일과계획은 반드시 의도적으로 영유아의 신체적 욕구를 조절할 수 있도록 계획되어야 한다.

③ 일과 활동계획은 활동적인 시간과 조용하고 휴식하는 시간 사이의 균형이 이루어져야 한다. 활동적인 놀이(율동, 바깥놀이 등)를 한 후에는 조용한 놀이(책 보기, 작업, 간식 등)를 할 수 있는 균형 잡힌 계획이어야 한다.

④ 일과 활동계획은 각 프로그램의 철학에 근거해야 하며, 개인이나 집단의 욕구를 반영해야 한다. 실내와 실외활동, 개인 혹은 집단 활동, 교사선택의 활동과 유아선택의 활동이 균형을 이루고 다양하게 전개되어야 한다.

⑤ 일과활동계획은 융통성 있게 전개되어야 한다. 날씨의 변화, 영유아의 흥미 지속성을 고려하여 활동을 다른 것으로 대치하거나 길거나 짧게 실시하여야 한다.

⑥ 효과적인 활동계획은 영유아가 쉽게 이해할 수 있어서 안정감을 갖고 다음에 무슨 활동을 할 것인가를 파악할 수 있게 해야 한다.

⑦ 효과적인 활동계획은 활동의 평가로서 끝마치도록 한다. 영유아가 하루에 무엇을 성취했다는 성취감과 함께 하루활동을 평가해 볼 수 있는 시간을 갖는다.

(2) 일과 활동

매일 반복되는 일과 활동의 내용과 교사가 주의해야 할 사항은 다음과 같다.

① 등원

어린이집의 하루생활의 시작은 등원과 함께 시작된다. 등원시간에는 영유아가 전날 밤은 어떻게 지냈는지 수면 상태 등을 알아보고 부모와 상세한 대화를 통해 영유아 보육에 필요한 정보를 교환하는 시간이다. 교사는 부모와 유아를 반갑게 맞이하고 유아와 라포(rapport)를 형성하여 영유아가 부모와 편안하고 자연스러운 분위기에서 헤어질 수 있도록 돕는다. 어린이집과 가정과의 '연락장'을 활용하여 영유아에 대한 건강, 수면, 식사, 배변, 준비물, 언어전달에 대한 정보교환이 이루어지면 많은 도움을 받을 수 있다. 또한 전날 밤에 수면을 제대로 취하지 못한 영유아는 조용한 침실에서 계속 잠을 잘 수 있도록 배려하고 아침식사를 제대로 하지 못하는 영유아에게는 간식을 제공한다.

② 수유와 이유(간식과 식사)

수유와 이유, 간식과 식사시간은 영양면에서는 균형 잡힌 영양을 섭취할 수 있어야 하고 심리적인 면에서는 즐거운 시간이 될 수 있도록 해야 한다. 수유와 이유의 양이나 내용, 횟수 등은 영아의 연령과 보육시간을 고려하여 조정한다. 수유 시에는 교사와 영아와의 상호작용이 충분히 이루어질 수 있도록 개별적이며 즐거운 분위기에서 먹이도록 한다. 수유는 반드시 영아 한 명, 한 명을 가슴에 안고 먹이며, 먹인 후에는 트림을 시켜서 자리에 눕힌다.

유아는 오전·오후 1일 2회의 간식과 점심식사가 제공된다. 이 시간은 친구들과 즐거운 경험을 나누고 언어적 상호작용도 증진시킬 수 있으며, 음식과 식사에 대한 긍정적이고 바른 태도를 가질 수 있다. 식사를 마치고 나면 양치질을 하게 한다.

③ 낮잠시간

영아는 하루 생활의 많은 부분이 수면시간이다. 그러므로 수면시간에 대한 세밀한 배려와 계획이 필요하다. 분위기는 아늑하고 조용하게 조성해 주어 영아들이 편안함과 안정감을 느낄 수 있도록 한다. 영아의 경우에는 자기 전에 수유와 이유, 식사 등을 하고 기저귀를 갈아주어 푹 잘 수 있도록 한다. 유아의 경우에는 스스로 낮잠 준비를 할 수 있도록 교사가 도와준다.

침구는 가볍고 간편한 유아용 침구로 주고 낮잠을 자기 전에 화장실을 다녀오게 한다. 낮잠 잘 준비가 완료되면 교사는 조용하고 낮은 음악을 틀어주어 유아들이 편안한 분위기 속에서 잠들 수 있게 한다. 먼저 낮잠을 깬 유아는 화장실을 다녀오게 한 후 다른 유아들의 방해가 되지 않게 조용한 활동(예 책보기, 조작활동, 미술활동 등)을 하게 한다.

④ 배변(기저귀 갈기)-화장실 다녀오기

영아의 배변은 대소변 훈련이 되기 전까지는 대부분 개인의 습관에 따라 이루어진다. 교사는 수시로 기저귀를 점검하고 기저귀 갈이대를 이용하여 갈아준다. 수유와 이유 직후, 수면 전에는 기저귀를 갈아주어야 하며, 기저귀를 갈 때는 영아와 눈을 마주보고 말을 하거나, 노래를 들려주면서 즐거운 분위기를 유지하도록 한다. 배변 훈련은 영아가 발달상 충분한 준비되었을 때 시작하고, 부모와 보조를 맞추어 진행한다.

유아의 경우에는 활동이 끝나거나 시작하기 전(예를 들면 이야기 나누기 시간, 자유선택활동, 간식, 식사시간, 미술활동, 음률활동, 요리활동, 바깥놀이 등)에 규칙적으로 화장실 다녀오는 시간을 주도록 한다.

⑤ 자유선택활동

보육실은 여러 가지 흥미영역으로 구성하여 다양한 자료와 놀잇감 활동을 경험할 수 있도록 한다. 영아를 위한 흥미영역에는 대근육 활동영역, 기저귀 가는 영역, 수유영역, 낮잠영역, 감각놀이영역, 딸랑이영역, 거울영역, 소꿉놀이영역, 음악영역, 도서영역, 미술영역 등을 구성할 수 있다.

4·5세 유아를 위한 흥미영역은 보육프로그램의 주제와 연결하여 자료와 활동에 변화를 줄 수 있으며 도서영역, 과학영역, 블록영역, 목공영역, 역할놀이영역, 조작영역, 요리영역, 컴퓨터영역, 물놀이영역, 모래놀이영역, 미술영역, 음악영역, 감각영역 등을 구성할 수 있다.

⑥ 집단 활동

영아기에는 집단 활동이 거의 이루어지지 않으므로 별도의 집단 활동을 계획하지 않아도 되나 유아기에는 집단 활동 프로그램이 꼭 구성되어야 한다. 3세 유아는 집단 활동에 쉽게 적응하지 못하고 집중시간이 짧으므로 집단 활동 시간을 짧게 진행하도록 한다. 집단 활동에는 이야기 나누기, 동화 들려주기, 미술활동, 음률활동, 신체표현, 게임활동, 바깥놀이 TV시청, 슬라이드 보기, 견학, 야외학습 등이 있다.

⑦ 귀가(하원)

귀가시간이 다가오면 교사는 어린이 개인이 갖고 가야 할 물건이나 전달사항이 있는지 점검한다. 등원시간과 비교하여 특별한 변화가 없는지 영유아를 살핀 후 개별적인 연락사항이 있으면 준비한다. 이때 등원 시에 활용한 어린이집과 가정과의 '연락장'을 활용하여 영유아의 하루 생활을 간단하게 기록해서 부모님께 전해 주도록 한다. 특별히 영유아의 건강이 좋지 않다든지 친구와 놀다 다친 곳이 있으면 어린이집 있었던 일 등을 자세히 적어서 전달하는 것이 좋다. 귀가시간에는 부모님이 오실 때까지 당번교사가 전달사항을 전하도록 하며, 차량탑승 하원 원아 외의 다른 원아들은 자유놀이를 하며 부모님이 오실 때까지 교사와 함께 활동한 후 하원한다.

(3) 연령별 일과 운영의 실제

① 영아(2세 미만) 일과표의 예

등 원
- 등원-교사와 Rapport 형성. 시진, 문진을 통해 영아 건강상태 체크
- 자유놀이-영아반에 구성된 흥미영역에 따라 활동
- 수유와 이유-개별적인 욕구에 따라 제공한다.
- 기저귀 갈기

오 전
- 수면-오전낮잠
- 기저귀 갈기
- 수유/이유 또는 점시
- 자유놀이-교사가 계획한 놀이 활동을 줄 수 있다.

점 심
- 목욕-낮잠 자기전에 목욕하여 충분한 수면을 취할 수 있도록 돕는다.
- 기저귀 갈기
- 수면-오후 낮잠
- 수유와 이유
- 자유놀이-교사는 영아들의 놀이를 관찰 평가할 수 있다.

오 후
- 기저귀 갈기
- 귀가준비-등원 시 영아의 소지품 점검
- 귀가

※ 영아의 일과운영은 생리적인 욕구를 충족시키는 활동들로 구성되어 있으나 보육교사의 계획된 프로그램, 어린이집의 상황과 영아 개인적인 발달에 따라 융통성 있게 변화될 수 있다.

② 영아반 일일교육계획안(OO어린이집)

시간	주요 일과	주요 활동 내용
7:30~9:00	등원 및 건강관찰	• 밝은 미소로 영아를 맞이하고 보호자에게 영아의 상태를 듣는다. • 영아의 건강상태를 살피고 관찰한다. • 영아의 소지품 및 일일 연락장을 확인·정리한다. • 영아는 놀잇감을 가지고 자유롭게 놀이한다.
9:00~10:00	오전 간식 기저귀 갈기	• 영아의 손을 씻기고 간식을 준비한다. • 간식을 먹이고 뒷정리를 한다. • 기저귀를 살펴보고, 젖은 기저귀를 갈아준다.
10:00~11:30	오전 낮잠 기저귀 갈기	• 낮잠준비 및 낮잠, 자장가나 조용한 음악을 들려준다. • 낮잠에서 깨어나는 영아별로 침구를 정리·정돈하고 기저귀를 살펴본다.
11:30~12:00	자유놀이	• 교사가 준비한 놀이활동을 하거나 자유롭게 탐색활동을 한다. • 교사와의 상호작용, 또래와의 접촉, 혼자놀이 등의 활동을 한다.
12:00~13:00	점심 기저귀 갈기	• 손을 씻겨준다. • 이유식을 먹인다. • 정리·정돈을 하고 기저귀를 살펴본다.

13:00~14:00	산책 및 실외놀이	• 교사가 준비한 실외 놀이활동을 하거나 어린이집 주변을 유모차나 다인승 수레를 타고 산책한다.
14:00~16:00	오후 낮잠 기저귀 갈기	• 낮잠준비 및 낮잠, 자장가나 조용한 음악을 들려준다. • 낮잠에서 깨어나는 영아별로 침구를 정리·정돈하고 기저귀를 살펴본다.
16:00~17:00	오후 간식	• 영아의 손을 씻기고 간식을 준비한다. • 간식을 먹이고 뒷정리를 한다.
17:00~17:30	자유놀이 기저귀 갈기	• 교사가 준비한 놀이활동을 하거나 자유롭게 탐색활동을 한다. • 교사와의 상호작용, 또래와의 접촉, 혼자놀이 등의 활동을 한다. • 기저귀를 살펴보고 젖은 기저귀를 갈아준다.
17:30~귀가	귀가 준비 및 귀가	• 영아의 귀가를 준비시키고 일일연락장과 가정통신문을 챙긴다. • 보호자와 대화하고 영아와 귀가인사를 나눈다.

③ 3세 유아 일과표의 예

오 전
- 등원–교사와 라포 형성, 시진, 문진을 통해 영아 건강상태 체크
- 자유놀이–자유선택활동(보육실에 구성된 흥미영역에 따라 활동)
- 정리정돈 및 화장실 다녀오기–(갖고 놀던 장난감 스스로 정리정돈한 후 화장실 다녀오기)
- 간식–오전간식
- 소집단 활동–언어활동, 조작활동, 미술활동 등 소그룹으로 할 수 있는 활동
- 대집단 활동–이야기 나누기, 동화듣기, 신체표현활동, 게임, 음률활동 등

점 심
- 손 씻기, 화장실 다녀오기
- 점심식사–점심식사 흘리지 않고 먹기, 제자리에서 먹기, 감사한 마음 갖기
- 이 닦기, 화장실 다녀오기–식사 후 이 닦기, 기본생활습관 기르기
- 낮잠–조용하고 아득한 분위기제공, 조용한 음악 틀어주기
- 자유놀이–먼저 일어난 유아는 조용한 놀이(책보기, 그림 그리기, 조작활동 등) 하기
- 소집단 활동–감각활동, 조작활동 등
- 손 씻기, 화장실 다녀오기
- 간식–오후간식

오 후
- 바깥놀이–신체게임활동, 물놀이, 모래놀이, 대근육활동 포함
- 자유놀이–실내자유놀이
- 손 씻기, 화장실 다녀오기
- 귀가준비–등원 시 유아가 갖고 온 소지품 점검
- 귀가

④ 3세반 일일 교육계획안(OO어린이집)

생활주제		동물	
활동주제		좋아하는 동물이 있어요-내가 좋아하는 동물	
활동목표		내가 좋아하는 동물의 이름을 알고 동물의 소중함에 대해서 안다.	
시간	활동	활 동 내 용	자료
~9:00	등원/휴식	• 친구, 선생님과 인사 나누기	
~9:30	오전간식	• 손을 깨끗이 씻고 간식을 접시에 담아서 간식 인사 후 먹고 정리하기	
~10:40	자유선택활동	• 놀이계획 후 영역별로 선택 놀이하기 – 언어영역: 동물수수께끼 내기 – 미술영역: 동물 모양 종이에 물감 불기 – 수.조작영역: 동물 부분만 보고 전체를 알아요	놀이계획표, 크레파스, 물감
~11:00	정리정돈 및 평가	• 정리 음악을 듣고 정리하기 • 놀이 계획에 대한 평가하기	
~11:10	화장실 다녀오기	• 화장실 다녀와서 손 씻기	
~11:40	대•소집단 활동	• 이야기 나누기: 어떻게 할까요? • '내가 좋아하는 동물' • 음률: 동물 모양판에 주머니 던져요	교수매체 (동물그림, 악보)
~12:40	점심준비/점심식사	• 손 씻고 배식하기 • 식사 인사 후 맛있게 먹기	
~13:00	이 닦기/ 화장실 다녀오기	• 한 명씩 이 닦고 화장실 다녀오기	
~14:00	실외놀이/손 씻기	• 놀이기구, 물모래놀이 등 선택하여 놀이하기	물모래놀잇감
~15:00	낮잠/휴식	• 낮잠을 자지 않는 유아도 누워서 음악을 들으며 휴식하기	음악
~15:20	정리/세수하기/ 화장실 다녀오기	• 침구류를 정리 후 화장실 다녀오기 • 한명씩 머리를 빗겨 주고 로션 발라주기(교사)	로션, 머리빗
~15:50	대집단 활동	• 동화 '무지개물고기' • 하루 일과 평가	
~16:20	오후간식	• 간식 당번이 간식을 나눠주면 간식 인사 후 맛있게 먹기	
~17:20	자유선택활동	• 음률: 리듬악기놀이 • 수조작: 어항 관찰하기, 낚시놀이	
~18:00	정리정돈/ 귀가준비 및 귀가	• 정리음악을 듣고 정리하기 • 개인 소지품을 정리하고 인사나누기	

⑤ 일일 교육계획안 작성방법

일일 교육계획은 그날의 수업 진행에 직접적인 참고 자료가 되므로 매우 세밀하게, 구체적으로 계획한다. 교사는 영유아의 경험을 풍부하게 할 수 있는 활동을 제공하고 유아 스스로 선택할 수 있는 활동을 포함해야 한다.

일일 활동계획 및 운영 기본원리는 다음과 같다.

첫째, 일관성이 있어야 한다: 매일의 일과를 일관성 있게 운영해야 영유아들은 다음이 활동을 쉽게 예측할 수 있어서 안정감을 갖고 활동할 수 있으며, 자신의 행동을 조절할 수 있다.

둘째, 일과계획 운영 시 화장실 가기, 간식 먹기, 낮잠, 휴식 등 영유아의 신체적 욕구를 해결하는 시간을 필수적으로 반영한다. 놀이에 열중하는 유아는 자신의 배설욕구를 적절히 조절할 수 없어 옷에 실수할 수 있으며, 놀이 자체가 힘이 들어 쉽게 피곤해 하거나 배가 고파서 짜증을 내기 쉽다. 그러므로 교사는 일과를 계획할 때 영유아의 신체적 욕구를 조절할 수 있도록 계획해야 한다.

셋째, 교사는 미리 짜놓은 일과계획의 틀에 유아들을 끼워 맞추려고 하지 말고, 유아들이 흥미와 요구에 따라 의사결정을 하고 적극적으로 참여하도록 도와야 한다.

넷째, 효율적인 일과운영을 위해 동적인 활동과 정적인 활동, 실내활동과 실외활동, 개별활동과 대집단, 소집단 활동, 교사 선택활동과 유아 선택활동 등이 균형 있게 진행되어야 한다. 유아들은 주의 집중시간이 짧기 때문에 서로 대조되는 활동을 번갈아 가면서 제공해 주어야 한다. 예를 들어, 이야기 나누기, 동시, 동화듣기 등의 활동을 제공해 주고 나면 창의적 신체게임활동, 바깥놀이활동, 음율활동 등 동적인 활동을 제공해 주고 이러한 동적인 활동이 끝나면 조용한 음악을 듣거나 휴식할 수 있는 시간을 준다. 또한 개별활동을 한 다음에는 소그룹이나 대그룹활동을 제공해야 하며, 교사가 선택한 활동이 있으면 유아가 선택할 수 있는 활동이 포함되어야 한다.

다섯째, 일일 활동계획은 여러 가지 유형의 상호작용이 일어날 수 있도록 계획한다. 교사와 유아 간의 상호작용, 유아와 유아 간의 상호작용, 유아와 교구 간의 상호작용이 골고루 제시될 수 있어야 한다.

여섯째, 일일 활동계획은 융통성 있게 운영되어야 한다. 날씨의 변화나 유아의 흥미에 따라 활동내용이나 활동시간을 조정할 수 있어야 한다. 예를 들어, "비"에 대해 계획을 했는데 날씨가 좋은 경우에는 다른 활동으로 대치해야 한다. 그러므로 교사는 날씨의 변화에 따라 프로그램을 진행하기 힘든 경우를 고려하여 다른 활동을 미리 계획에 두어야 한다. 또한 봄의 곤충에 대해 1~2일간의 교육계획을 했는데 유아들의 흥미도가 계획되어 관심이 많아질 때는 1~2일간의 연장활동을 할 수 있다.

일곱째, 활동을 계획하고 실행한 후에는 반드시 평가를 한다. 하루 일과에서 계획 → 활동 → 평가의 순환적 단계의 순환과정이 계속 반복해서 이루어지도록 계획한다.

※ 일일 교육계획안 작성 양식지는 어린이집 별로 다르게 작성하고 있으나 대부분 어린이집에서 다음과 같은 양식지를 사용하고 있다.

표 5-5 일일 교육계획안 작성양식지

일 시	년 월 일 요일	대상 연령		담당 교사	
주 제					
목 표					
시 간	활동명	활동내용		자료 및 유의점	

⑥ 보육실습일지 실제

표 5-6 보육실습일지양식

<table>
<tr><td colspan="3">월 일(요일) 날씨 :</td><td>실습명</td><td></td><td>지도교사</td><td></td><td>원장</td><td></td></tr>
<tr><td>생활주제</td><td colspan="2"></td><td>반 명</td><td colspan="5">반(세)</td></tr>
<tr><td>일일주제</td><td colspan="8"></td></tr>
<tr><td>목 표</td><td colspan="8"></td></tr>
<tr><td>활동시간</td><td>활동명</td><td colspan="5">활 동 내 용</td><td colspan="2">자료 및 준비물</td></tr>
<tr><td></td><td></td><td colspan="5"></td><td colspan="2"></td></tr>
<tr><td>협의 및
전달사항</td><td></td><td colspan="5"></td><td colspan="2"></td></tr>
<tr><td>지도교사
조언</td><td></td><td colspan="5"></td><td colspan="2"></td></tr>
<tr><td>메 모</td><td></td><td colspan="5"></td><td colspan="2"></td></tr>
</table>

표 5-7 보육실습 일지 예시

<table>
<tr><td colspan="3">10월 8일(월요일) 날씨: 맑음</td><td>실습명</td><td>000</td><td>지도교사</td><td>000</td><td>원장</td><td>000</td></tr>
<tr><td>생활주제</td><td colspan="2">가을 I</td><td>반명</td><td colspan="5">지혜반(5세)</td></tr>
<tr><td>일일주제</td><td colspan="8">가을의 변화</td></tr>
<tr><td>목표</td><td colspan="8">가을에 나타나는 자연의 현상과 변화에 대해 알게 한다.</td></tr>
<tr><td>활동시간</td><td>활동명</td><td colspan="5">활동내용</td><td colspan="2">자료 및 준비물</td></tr>
<tr><td>~9:50</td><td>등원 및
자유선택활동</td><td colspan="5">• 언어영역: 가을의 낱말카드, 동시판: 가을이 오는 소리
• 수영역: 낙엽과 과일 1 : 1대응 낙엽서열화 카드
• 과학영역: 낙엽관찰, 낙엽과 과일무게 측정
• 미술영역: 가을에 본 것 그리기 자유화, 낙엽 찍기 or 낙엽 스크래치
• 음악영역: 새노래 배우기 악보 리듬악기로 연주해보기
• 조작영역: 낙엽 puzzle 맞추기
• 적목영역: 가을동산 꾸미기</td><td colspan="2">낱말카드, 동시판, 낙엽, 과일, 서열화카드확대경, 돋보기, 저울, 이젤, 도화지, 크레파스, 물감, 악보(도토리), 퍼즐, 블럭</td></tr>
<tr><td>~10:00</td><td>정리정돈,
화장실 다녀오기</td><td colspan="5">• 갖고 놀던 장난감, 교구를 영역별로 정리정돈 후 손 씻고 화장실 다녀오기</td><td colspan="2">타올, 비누</td></tr>
<tr><td>~10:20</td><td>손유희 및 이야기 나누기
(대그굽활동)</td><td colspan="5">• 하나에다 하나하면, 밀과 보리가 자라네, 뚱보아저씨 집에는 가을에 나타나는 현상에 대해 발표, 토의, 내가 가을에 본 것, 가을바람의 느낌, 가을이 오면 변하는 것(옷차림, 기온, 나무의 변화, 나뭇잎의 변화, 가을들판의 변화, 허수아비, 햇곡식, 햇과일 등)</td><td colspan="2">가을의 변화
사진자료,
신문스크랩,
동화자료</td></tr>
<tr><td>~10:30</td><td>손유희 및 동화
(대그룹활동)</td><td colspan="5">• 나는 동그란 주전자예요, 뚱뚱이 뛰어와, 머리 위에서, 꼬꼬아줌마의 밀농사</td><td colspan="2">타울, 비누</td></tr>
<tr><td>~10:35</td><td>정리정돈,
화장실 다녀오기</td><td colspan="5">• 대집단 활동했던 자리 옮기기 및 손 씻고 화장실 다녀오기</td><td colspan="2"></td></tr>
<tr><td>~10:55</td><td>간식</td><td colspan="5">• 간식기도 후 간식 먹기(우유 + 고구마 그라탕)</td><td colspan="2">우유, 고구마
그라탕, 간식그릇</td></tr>
<tr><td>~11:00</td><td>정리정돈</td><td colspan="5">• 간식 먹은 자리 정리정돈</td><td colspan="2"></td></tr>
<tr><td>~11:20</td><td>새노래 배우기 및
창의적 신체활동
(대그룹활동)</td><td colspan="5">• 새노래 도토리 율동 및 새노래 배우기
• 도토리처럼 굴러보기, 떨어져 보기, 다람쥐가 되어보기</td><td colspan="2">피아노, 악보</td></tr>
<tr><td>~11:50</td><td>미술활동
(소그룹활동)</td><td colspan="5">• 낙엽 찍기, 낙엽 스크래치(자유놀이시간에 못 다 한 것 완성하기)</td><td colspan="2">물감, 낙엽, 색연필
도화지</td></tr>
</table>

~12:00	정리정돈, 화장실 다녀오기, 손 씻기	• 작업하던 것 정리정돈 후 화장실 다녀오기	비누, 타올
~12:20	바깥놀이게임 (대그룹활동)		
~12:25	손 씻고 화장실 가기		
~12:55	점심식사		
~13:05	정리정돈 및 화장실 다녀오기		
~13:20	양치하기		
~13:30	음악듣기/낮잠준비		
~15:30	낮잠		
~15:40	기상, 정리정돈 화장실 다녀오기		
~16:10	바깥놀이(실외놀이) 대그룹활동		
~16:20	정리정돈 손 씻고 화장실가기		
~16:50	자유놀이 중 감각놀이 (소그룹활동)		
~17:00	정리정돈, 손 씻기		
~17:20	간식		
~17:30	정리정돈 및 화장실 다녀오기		
~18:00	귀가준비 및 귀가		
협의 및 전달사항	자유놀이 시간에 동시판의 동시 유아들과 함께 읽어보고 써보기		
지도교사 조언	부분 수업에 참여해 주셔서 감사합니다. 손유희를 자유롭게 유아들과 함께 할 수 있는 것 1~2가지 준비해 주시기 바랍니다.		
메 모	자유놀이 시간에 유아를 관찰할 수 있는 관찰지 활용하여 관찰해 보세요.		

표 5-8 보육실습일지 예시

10월 15일 (월요일)날씨: 맑음		실습자명	000	지도교사	000	원장	000
생활주제	가을Ⅱ	반명	지혜반(5세)				
일일주제	가을의 변화						
목표	가을에 나타나는 자연의 현상과 변화에 대해 알게 한다.						

활동시간	활동명	활동내용	자료 및 준비물
~9:50	등원 및 자유선택활동 (소그룹활동)	• 언어영역: 가을 곡식 낱말카드, 가을에 나는 과일이름 카드 • 수영역: 과일을 통해 분수 개념알기, 1 : 1대응 서열화 • 과학영역: 과일 단면도 측정, 씨앗관찰, 가을곡식 무게측정 • 미술영역: 과일, 곡식 모자이크, 허수아비 모자이크 • 음악영역: 새노래 악보 "사과 같은 내 얼굴" • 조작영역: 과일 puzzle, 파일씨앗 조작하기 • 적목영역: 가을들판, 과수원 꾸미기	사진, 카드, 과일(여러 가지), 칼, 도마, 저울, 곡식, 확대경, 색종이, 곡식 여러 가지 도화지, 본드, 풀, 악보, 과일씨앗, 퍼즐, 여러 가지 블록, 보조물
~10:00	정리정돈 및 화장실 다녀오기	• 갖고 놀던 장난감, 교구를 영역별로 정리정돈 후 손 씻고 화장실 다녀오기	타올, 비누
~10:20	손유희 및 이야기 나누기 (대그룹활동)	• 떼굴떼굴 도토리, 생쥐 한 마리, 올라간 머리 내려온 머리 • 가을에 볼 수 있는 곡식과 과일에 대해 토의, 햇과일을 먹어본 경험, 맛에 대해 발표하기	과일, 곡식사진, 실물
~10:30	정리정돈/손 씻기	• 대그룹 활동했던 자리 옮기기, 정리정돈, 손 씻기	타울, 비누
~10:35	요리실습 (소그룹활동)	• 과일 샐러드 만들기 • 여러 가지 과일을 깍두기 크기로 썰어 마요네즈에 버무린다.	감, 사과, 밤, 귤 요리 순서판, 담을 그릇, 믹싱볼
~10:55	간식 먹기	• 오전간식 메뉴(우유+과일 샐러드) • 간식기도 후 간식 먹기	마요네즈, 우유, 간식그릇
~11:00	정리정돈 및 화장실 다녀오기	• 간식 먹은 자리 정리정돈 후 화장실 다녀오기	타올, 비누
~11:20	손유희 및 동화동시 듣고, 외우기	• 나는 매우 튼튼합니다. 아빠 손가락은 • 동화: 가을의 선물 • 동시: "바사삭 바사삭"	동화자료 동시판
~11:50	새노래배우기 및 창의적 신체활동 (대그룹활동)	• 새노래: 사과 같은 내 얼굴 • 교사가 설명하면 그대로 표현해 보기, 창의적으로 신체 표현해 보기, 사과가 되어보기, 사과가 떨어진다. 맛있게 먹는다.	악보, 피아노

~12:00	정리정돈, 화장실 다녀오기, 손 씻기	• 작업하던 것 정리정돈 후 화장실 다녀오기	비누, 타올
~12:20	바깥놀이 자유놀이 (소그룹활동)	• 바깥놀이기구 활용한 대근육 활동	놀이터 놀이기구, 타올, 비누, 식판, 수저, 물
~12:30	손 씻고/점심식사 준비	• 점심식사	
~13:10	점심식사	• 식사 기도 후 감사하는 마음으로 먹기	
~13:20	정리정돈/양치/ 화장실 다녀오기	• 식사자리 정리정돈 후 양치하고 화장실 가기	양치컵, 칫솔, 치약, 타올
~13:30	낮잠 준비	• 휴식 취하기, 낮잠 준비(이불 깔기) • 클래식 음악 들으며 낮잠 준비	각자 이불, 베게
~15:30	조용한 음악듣기, 낮잠	• 클래식 음악 들려주며 낮잠 재우기	음악을 들려줄 CD플레이어
~15:40	정리정돈 화장실다녀오기	• 잠자리 정리정돈 후 화장실 다녀오기	
~16:10	미술활동 (소그룹활동)	• 곡식 모자이크, 허수아비 모자이크(오전미술 영역에서 다하지 못한 것 완성하기)	여러 가지 곡식(조, 팥, 수수, 쌀, 콩 등) 본드, 도화지, 색종이, 풀
~16:40	바깥놀이 활동	• A팀, B팀 나누어 접시에 과일 담아 반환점 돌아와서 다음번 유아에게 전해주기, 먼저 들어온 팀이 이긴다.	과일, 접시, 반환점, 호각
~16:50	정리정돈 및 손 씻고 화장실가기, 간식먹기	• 게임하던 자리 정리정돈하고 손 씻기, 화장실 다녀오기 • 오후간식 메뉴(야쿠르트+잡채)	타올, 비누, 잡채, 야쿠르트, 간식판, 포크, 물
~17:40	감각놀이활동, 과학활동 (소그룹활동)	• 여러 가지 과일의 단면도 관찰, 과일별 무게 측정, 씨앗관찰(오전 과학영역의 활동연결 수업)	칼, 도마, 여러 가지 과일
~17:50	정리정돈 및 화장실 다녀오기	• 소그룹 활동하던 자리 정리정돈 후 화장실 다녀오기	
~18:00	귀가준비	• 입고 왔던 옷, 소지품, 가방 출석카드 확인, 챙기기	각자 소지품 및 부모님께 전달할 메모지, 차량탑승표 명단
−귀가	귀가	• 자유놀이를 하면서 순차적으로 귀가한다.	
협의 및 전달사항		다음 주에는 직접 동화를 유아들에게 구연해 주세요	
지도교사 조언		곡식 모자이크할 때 여러 가지 곡식이 서로 섞이지 않도록 해 주세요. 다 완성한 작품은 날짜, 이름, 제목을 써서 포트폴리오 할 수 있도록 자료를 모아 주세요.	
메 모		연구 수업할 자료 준비해 주세요. 다음주는 부분수업을 1~2가지 더 합니다.	

06

CHAPTER

영유아와의 상호작용

학습내용

실습생은 영유아의 일상생활을 함께 하면서 또 영유아의 자유선택활동에 개입하면서, 영유아 간의 갈등상황을 중재하면서 영유아와 다양한 상호작용을 시도해 본다. 이를 위해 본 장에서는 실습생과 영유아와의 바람직한 상호작용을 일상생활, 놀이 개입, 갈등 중재의 측면에 대해 구체적으로 살펴보고자 한다.

1. 영아를 위한 바람직한 상호작용

실습생은 영아의 탐색을 확장시키고 반복되는 놀이 속에서 질적인 변화를 가져올 수 있도록 하는 놀이 개입에서, 놀잇감 다툼 등의 갈등 중재에서, 영아와의 바람직한 상호작용을 위한 방법을 이해하고 실천하도록 노력하여야 한다.

1) 일상생활의 상호작용

실습생은 영아의 기저귀 갈이, 화장실 가기, 급·간식 지도, 손 씻기, 세수하기 등 다양한 일상생활에서 영아와 상호작용하게 된다. 영아의 월령이 낮을수록 교육활동보다는 일상생활활동의 비중이 크다. 실습생은 영아와의 개별화된 상호작용을 통해 각 영아가 발달에 적합한 긍정적인 일상생활을 경험할 수 있도록 도와야 한다.

(1) 등원 시 상호작용

실습생은 부모와 헤어지기 힘들어하는 영아의 경우는 부모와 안정적으로 헤어질 수 있도록 보육실에서 잠시 놀이할 수 있도록 배려하며, 부모와 헤어지는 것이 수월한 영아의 경우 부모와 잘 헤어진 것에 대하여 격려하고 영아가 선호하는 놀잇감으로 놀이를 진행할 수 있도록 돕는다.

(2) 세수하기, 옷 입고 벗기, 머리 빗기에서 상호작용

영아가 급·간식을 먹고 난 후에는 얼굴과 손에 묻은 음식물을 닦아내기 위하여 세수를 하게 된다. 실습생은 영아의 기다리는 시간을 줄이기 위해서 먹고 난 순서대로 1 : 1로 세수를 돕고 두 명 이상의 영아가 동시에 세수해야 하는 경우 티슈를 이용해 간단히 닦은 후 책보기, 퍼즐 등의 조용한 활동을 제공하여 한 명씩 세수할 수 있도록 돕는다. 세수하는 동안 거울을 보면서 얼굴과 신체의 명칭에 대해 이야기 나누고 신체 접촉을 많이 하도록 한다.

실습생은 영아가 낮잠을 자기 전과 낮잠을 자고 난 후나 옷에 이물질이 묻은 경우에 옷을 갈아입힌다. 영아가 낮잠을 자기 전 겉옷을 벗은 채로 편안한 상태에서 잠이 들 수 있도록 하고, 낮잠을 자고 난 후에는 놀이 활동과 체온 유지에 적합한 옷을 입도록 한다. 영아의 옷에 음식물, 배변의 흔적 등 이물질이 묻었을 때도 위생을 위하여 옷을 갈아입힌다. 영아가 옷을 입고 벗을 때 실습생은 영아의 신체 부위를 언급하며 부드럽고 따뜻한 접촉을 시도하여야 한다.

영아는 낮잠 후 또는 귀가 전에 머리를 빗는데, 영아들이 전이활동이나 놀이활동을 하는 동안에 실습생은 각 영아의 머리를 빗질한다. 머리를 빗을 때는 위생을 위하여 개별 빗을 사용한다. 실습생은 영아의 머리를 빗질하면서 하루 일과 중 즐거웠던 일, 힘들었던 일 등에 대해 이야기 나눈다.

(3) 수유, 이유, 식사 시 상호작용

월령에 따라 수유, 이유, 식사가 진행될 때 실습생은 영아의 개별적인 음식 선호를 이해해 주어야 한다. 선호하는 음식과 선호하지 않는 음식의 양을 배식 때에 조절하고 선호하지 않는 음식은 먹어야 하는 이유를 단문장으로 설명해 주고 먹어보도록 권하되 영아가 강요당한다고 느끼지 않게끔 한다. 또한 실습생은 영아가 수유, 이유, 간식 및 점심을 먹을 때 어떠한 습관이 있는지에 대해서도 알아야 한다. 가령 수유 시 부드러운 촉감의 특정 물건을 잡아야만 하는 영아가 있고, 간식을 먹을 때 먼저 음료를 먹은 후 고형식을 먹는 영아도 있다. 영아의 식습관을 알고 미리 준비해 주어야 한다.

실습생은 수유, 이유, 식사가 진행되는 동안 영아의 말과 행동에 관심을 보이고, 눈을 마주치며 주의 깊게 듣고 밝은 표정으로 적절하게 응답해야 한다. 또한 영아의 발달 정도에 따라 식도구 사용에 적절한 도움을 주어야 한다.

(4) 낮잠 시간에서 상호작용

실습생은 영아가 낮잠을 통해 충분히 휴식할 수 있도록 커튼을 내리고 조용한 자장가를 틀어주는 등 잠들 수 있는 분위기를 만들어 주어야 한다. 대부분 월령이 낮은 영아일수록 낮잠 횟수가 많고 총 낮잠 시간이 길다. 그러나 개별 영아의 신체 리듬에 따라 차이가 있으므로 개별적으로 적합한 낮잠 시간을 수용한다. 또한 낮잠 시 인형이 필요하거나 성인과의 접촉을 요구하는 등의 다양한 영아의 낮잠 습관을 고려하여 편안한 분위기에서 잠이 들 수 있도록 한다. 영아가 잠이 들도록 등을 토닥여 주고 부드러운 목소리로 자장가를 불러주는 것도 좋다. 특히, 8개월 이전 영아 돌연사를 예방하기 위하여 침대, 요람, 쉬는 영역에는 솜, 천, 털 종류의 도구를 넣지 않으며 잠잘 때 머리를 이불, 천 같은 것으로 덮어두지 않는다. 또한 잠을 자고 있는 영아의 표정, 상태, 소리를 항상 관찰하여 잠자는 동안에 나타날 수 있는 영아의 건강 상태를 확인할 수 있어야 한다.

(5) 기저귀 갈이에서 상호작용

실습생은 영아의 기저귀 갈이에도 참여하게 한다. 영아의 기저귀를 수시로 점검하여 적절할 때 바로 갈아주어 기저귀가 축축한 상태에서 오랜 시간 동안 지내지 않도록 한다. 영아의 기저귀 갈이는 반드시 기저귀 갈이만이 이루어지는 시간이 아니라 영아와 실습생 1 : 1 상호작용의 시간이므로 기저귀를 갈아주면서 기저귀 가는 과정에 대해 이야기를 나누고 다리를 주무르거나 하는 등의 신체적 자극을 주어 이 과정을 즐거운 놀이처럼 진행한다.

(6) 배변 훈련에서 상호작용

교사가 부모와 의논하여 주도적으로 배변 훈련과정을 진행하나 실습생도 일정한 부분을 담당할 수 있다. 영아의 배변 훈련 시기와 내용은 영아의 개인차를 반영하여 진행하여야 한다. 배변 훈련 시기는 보통 20~24개월 즈음이며, 영아가 배변 의사를 표현할 수 있을 때 시작하는 것이 좋다. 배변 훈련은 가정과 연계하여 일관성 있게 실시하여야 효과가 있다. 실습생은 교사가 배변 훈련과정이 유아에게 긍정적이며 즐거운 경험이 되도록 어떠한 활동을 진행하고 어떻게 환경을 구성하는지를 관찰하고 돕도록 한다. 또한 배변 훈련 과정 중에 영아가 언제든지 배변 실수를 할 수 있음을 이해하고 배변 실수를 수용하고 격려하여야 한다.

(7) 건강상태 확인

영아는 하루 일과 중 건강상태가 변화할 수 있으므로 주의 깊게 관찰하여 영아의 건강상태에 대해 적절한 조치를 취해야 한다. 실습생은 수시로 영아의 안색, 활동성 등을 주의 깊게 살펴 영아가 휴식을 취하게 하거나 적절한 양호조치를 받도록 한다.

(8) 보육실 전체 상황 확인

영아가 보육실 공간 중 어느 곳에 있든지 파악되어 안전문제가 발생하지 않아야 한다. 그러므로 실습생은 영아와 놀이를 하고 있을 때에도 옆에 있지 않는 다른 영아들이 어디 있는지 수시로 확인하며, 교실 전체 상황을 관찰해야 한다.

(9) 스스로 한 일에 대한 격려

영아의 월령이 높아지면서 독립심이 나타나고 스스로 하고자 하는 일이 늘어난다. 그러나 항상 스스로 한 일의 결과가 좋은 것만은 아니다. 실습생은 영아가 독립심을 보이며 스스로 한 일에 대해서는 그 결과가 좋지 않다 하더라도 격려해 주어 긍정적인 자아존중감을 기르도록 한다.

(10) 기질에 따른 상호작용

영아는 순한 기질, 까다로운 기질, 느린 기질로 구분되는 기질의 영향을 많이 받으며 기질에 따라 행동의 개별차가 크다. 실습생은 영아의 기질을 구성하는 여러 요인을 이해하고 각 영아의 기질에 적합한 상호작용을 해야 한다. 까다로운 기질의 영아는 일과 리듬이 불규칙하므로 개별 일과 리듬을 수용해 주어야 하며, 이동을 하거나 놀이를 정리할 때는 미리 영아가 준비하고 예측하도록 다른 영아보다 먼저 알려주는 것이 필요하다. 느린 기질의 영아는 자신의 불편함에 대한 표현이 적기 때문에 실습생의 주의 깊은 관찰이 필요하다.

(11) 편견 없는 상호작용

실습생은 영아의 성별, 사회경제적 배경, 종교, 발달적 지체 여부에 관계없이 모든 영아를 평등하게 대해야 한다. 언어 이해 발달이 늦은 영아조차도 실습생의 비언어적 표현, 즉 분위기나 표정 등으로 자신에게 대하는 태도를 판단할 수 있으므로 주의해야 한다.

(12) 개별적인 요구 파악

실습생은 영아의 개별적 요구를 알아차리기 위해 영아의 비언어적·언어적 표현을 관찰하여야 한다.

2) 놀이개입

실내·외 자유선택활동 시간 동안 실습생은 영아의 놀이를 관찰하고, 확장하고, 지속시키기 위하여 놀이에 개입하게 된다.

(1) 탐색활동

영아는 오감각을 활용하여 사물에 대한 지식을 구성하는 탐색활동을 한다. 실습생은 영아의 탐색을 위해 다양한 사물을 여러 가지 방법으로 살펴볼 수 있도록 허용적인 분위기를 조성하고 탐색활동을 격려한다. 또한 영아의 탐색활동을 자세히 관찰하고 영아의 탐색 속도와 리듬을 존중하는 가운데 상호작용할 수 있도록 한다.

(2) 반복되는 놀이

영아는 동일한 놀이를 반복하는 것을 선호하는데, 반복 놀이 속에서 놀이의 질적인 변화가 나타난다. 실습생은 영아가 반복되는 놀이 속에서 다양한 놀이를 시도해 볼 수 있도록 진행되는 놀이를 평가하고 놀이의 질적인 변화를 유도할 수 있는 새로운 활동자료나 놀이방법 등을 제시한다.

(3) 놀이 참여

실습생은 영아의 놀이상대로 놀잇감을 함께 나누며 영아가 놀이를 주도하는 가운데 놀이가 활성화되도록 개입한다. 영아의 월령이 낮을수록 성인의 참여가 놀이를 지속하는 데 도움을 준다.

(4) 언어 사용

놀이에 참여할 때 실습생은 영아와 다양한 이야기를 나누게 된다. 영아가 이야기를 나눌 때 우선 영아와 눈높이를 맞추고, 영아의 발달 수준을 고려하여 단순하고 구체적인 언어를 사용한다. 문장의 길이도 고려하여 짧은 문장으로 이야기 나눈다. 또한 실습생은 항상 영아의 발성이나 말을 주의 깊게 들으며 영아의 말을 정확한 표현으로 다시 말해 주는 등 명료화시켜 준다. 예를 들어, 영아가 옆의 또래가 가지고 있는 자동차를 만지며 "빵빵"이라고 이야기할 때, 실습생은 이러한 상황을 관찰하여 "자동차를 갖고 싶니?"로 명료화시켜 준다.

3) 갈등 상황 및 부정적 행동에 대한 개입

영아들 간의 갈등 상황은 수시로 발생하는데, 놀잇감 다툼이 갈등의 주요 원인이다. 영아의 갈등이 줄어들수록 동일한 놀잇감을 여러 개 비치해 놓지만 갈등 상황이 완전히 없어지는 것은 아니다. 그러므로 실습생은 다음과 같은 적절한 개입방법에 대해서 알아야 한다.

(1) 대안 활동 제공

실습생은 다른 영아의 놀잇감을 뺏고 활동을 방해하는 영아에게 대안적인 놀잇감을 찾아주거나 다른 재미있는 활동을 제공하여 주의를 돌릴 수 있도록 한다. 이러한 방법은 특히 평상시에 개별 영아가 선호하는 놀잇감과 활동을 관찰하여 각 영아가 선호하는 매력적인 대안활동을 제시했을 때에만 효과가 있다.

(2) 부정적 정서 수용

실습생은 영아가 울거나 화내고 불안해 할 때 이를 받아주고 그 원인을 파악하도록 노력해야 한다. 또래 간의 갈등이 원인일 수도 있고 건강상태의 악화나 기질적은 특징, 가정에서의 문제가 원인일 수도 있다. 원인을 파악하지 못하는 경우 일단 영아의 부정적인 정서를 언어로 표현해 주고 수용해 주는 것이 도움이 된다.

(3) 긍정적 언어 사용

영아의 갈등 상황에 개입할 때 영아의 행동에 대해 비판하거나 간섭하는 등의 부정적인 언어보다는 긍정적인 언어를 사용한다. 예를 들어, 또래의 놀잇감을 가져가려는 영아에게 “친구의 놀잇감을 빼앗으면 안 돼!”라고 이야기하기보다는 “여기, 같은 놀잇감이 있어. 이것 가지고 놀자.”라고 이야기한다.

2. 유아를 위한 바람직한 상호작용

실습생은 유아의 일상생활, 놀이 상황, 갈등 개입과 관련된 상호작용을 함에 있어서 바람직한 방법을 숙지하고 실천해야 한다.

1) 일상생활에서 상호작용

(1) 등원 시 상호작용

유아는 등원 시 교사와 실습생의 따뜻한 맞이하기로 부모와 편안하게 분리하여 즐겁게 하루 일과를 시작할 수 있다. 그러므로 실습생은 등원 시 항상 따뜻하고 친절한 모습으로 유아를 맞이하여야 한다. 유아를 안아주고 유아에게 개별적인 질문과 관심을 보여 준다.

(2) 긍정적인 신체적 상호작용

유아도 영아처럼 성인과의 신체적 상호작용을 선호하며 신체적 상호작용을 통해 만족감과 성인에 대한 애착을 형성한다. 실습생은 유아와 미소짓기, 안아주기, 쓰다듬기 등의 긍정적인 신체적 상호작용을 자주 해야 한다.

(3) 눈높이 맞추기

유아는 상대방이 자신의 눈높이를 맞추고 상호작용할 때 존중받고 있다고 느낀다. 그러므로 실습생은 유아와 이야기를 나눌 때 항상 유아의 눈높이에 맞게 자세를 낮춘다.

(4) 개별적 상호작용

유아반은 실습생 1인당 유아 수가 많으므로 의도적으로 유아와의 1 : 1 상호작용을 진행하여야 한다. 실습생은 하루 일과 중 모든 유아와 개별적으로 이야기 나눌 수 있도록 계획하고 실천하도록 한다.

(5) 보육실 전체 상황 파악

각 흥미영역별로 적당한 수의 유아가 놀이하고 있는지, 유아 간 갈등 상황은 없는지, 활동 자료가 부족하지 않은지 등 보육실 전체 상황을 항상 파악하여야 한다.

(6) 급·간식 지도 시 상호작용

유아가 급·간식 시간을 맛있는 음식을 함께 먹고 또래와 이야기를 나누는 즐거운 시간으로 인식할 수 있도록 또래 간 대화를 독려하는 상호작용을 한다. 또한 유아의 바람직한 식습관과 자율성을 격려하고 선호하지 않는 식재료의 장점을 이야기하여 먹기를 시도해 볼 수 있도록 한다.

(7) 화장실 가기

개별 유아에 따라 화장실 뒤처리, 옷 벗고 입기 수준이 다르다. 실습생은 유아가 화장실을 가고자 할 때 함께 화장실로 가서 유아에게 휴지 쓰기, 물 내리기, 손 씻기, 뒤처리하기 등에 대해 개별적 능력에 따라 도움 수준을 다르게 조정한다. 이러한 과정에서 유아가 청결에 대한 기본생활을 기르도록 개별적으로 격려해 준다. 유아가 옷 벗고 입기를 스스로 할 수 있도록 하고 옷 벗고 입기가 끝난 후에는 옷의 정리정돈상태를 확인하고 도움을 준다.

(8) 요구에 대한 적절한 반응

실습생은 항상 유아를 관찰하여 유아의 질문이나 요구를 즉시 알아차리고, 이에 대해 유아의 발달 수준에 적합하게 긍정적으로 반응하도록 한다.

(9) 편견 없는 상호작용

유아의 성별, 발달 지체 여부, 부모의 경제 수준, 가족 형태, 종교 등에 관계없이 항상 모든 유아에게 평등하게 대해야 한다.

(10) 부정적 정서 해결

실습생은 유아가 분노, 좌절, 슬픔 등의 감정을 표현할 때 우선 이를 수용하고 적절하게 언어로 표현할 수 있도록 하고, 그 원인을 파악하여 유아 스스로 해결할 수 있도록 돕는다.

(11) 친사회적 행동 격려

실습생은 또래 간의 협동, 나누기, 감정 이입하기, 돕기 등의 친사회적 행동을 격려하여 유아로 하여금 또래 간의 친사회적 행동이 가치 있는 행동임을 알도록 한다.

(12) 차례를 기다려야 하는 시간

손 씻기, 식사시간 등 차례를 기다려야 하는 시간에 안전사고가 발생하지 않도록 소그룹으로 지도하며 나머지 유아가 지루해 하지 않도록 책보기, 손유희 등 다양한 전이활동을 제공한다.

(13) 건강상태 확인

일과 중에 유아의 안색, 활동 수준을 살펴 휴식이나 의료적 처치를 제공할 수 있도록 한다. 유아는 자신의 건강상태에 대해 언어로 표현하는 경우도 많으므로 유아의 표현에 주의를 기울여서 적절히 반응하도록 한다.

(14) 스스로 한 일에 대한 격려

유아는 영아보다 스스로 힘으로 신발 신고 벗기, 옷 입고 벗기, 화장실 가기 등의 자조 기능이 발달한다. 실습생은 유아의 발달 수준을 고려하여 스스로 할 수 있는 일을 격려하여 시도해 볼 수 있도록 한다. 유아가 스스로 한 일에 대한 결과가 좋지 않은 경우에도, 실습생은 유아로 하여금 다음에 더 잘할 수 있다고 느끼고 긍정적인 자아존중감과 자율성을 획득할 수 있게 한다.

2) 놀이 개입

(1) 놀이 개입 시 언어 사용

영아보다는 말하기, 듣기 수준이 높지만 성인과 동일한 언어 발달 수준이 아니므로 유아에게 전달하는 말은 간단하고 분명하여 유아가 쉽게 이해할 수 있어야 한다.

(2) 놀이 참여

유아의 놀이에 참여하며 유아의 즐거운 기분을 함께 공유한다. 실습생은 유아의 놀이를 자세히 관찰하고 놀이 참여자로서 놀이를 확장할 수 있도록 상호작용한다.

(3) 놀이 자료 제공

놀이 평가 시간에 다음 놀이를 위해 필요한 자료나 놀이방법의 수정을 유아가 요구할 때, 실습생은 이러한 요구를 즉각적으로 반영하여 필요한 자료를 찾아 제공하거나 놀이 방법에 대한 제안을 한다.

(4) 다양한 반응과 대답에 대한 수용

활동을 진행할 때 실습생은 한 가지의 정답만을 정해 놓고 유아와 상호작용하지 말고, 질문에 대한 유아의 다양한 반응과 대답을 수용한 후 이와 같이 대답한 이유에 대해 유아 스스로 표현할 수 있도록 돕는다.

(5) 비놀이 행동에 대한 개입

실습생은 자유선택활동 시간에 방관 등의 비놀이 행동을 하는 유아에 대해 관심을 갖고 관찰하여 해당 유아가 놀이 행동을 나타낼 수 있도록 모델링 보여 주기, 병행놀이 하기, 직접 놀이 교수하기 등의 방법으로 개입하여야 한다.

(6) 비인기아, 무시아 보호

실습생은 놀이활동 중 매번 다른 유아에 의해 상해를 입거나 따돌림을 당하는 유아에게 관심을 갖고 관찰하며, 원인이 무엇인지 지도교사와 함께 찾아보고 이러한 유아를 보호하여야 한다.

3) 갈등 상황 및 문제 행동 지도

(1) 긍정적인 방법의 지도

유아 간 갈등 상황에 개입하거나 유아의 문제 행동을 지도할 때 비판이나 위협 등 부정적인 방법을 사용하기보다는 유아가 보이는 행동의 과정에 대한 구체적인 격려 등 긍정적인 방법을 사용한다.

(2) 갈등 상황 개입

유아 간에 갈등이나 문제가 있는 경우, 실습생이 판단 내려 문제를 해결하지 말고 유아가 서로의 생각을 나눌 수 있도록 돕고 서로 바람직한 해결책과 대안을 제시하여 유아 간 합의를 통해 선택할 수 있도록 절절히 개입한다. 그러나 신체적으로 공격을 할 경우에는 실습생은 즉시 개입하여 상해가 발생하지 않도록 한다.

(3) 갈등 상황에 대한 예방

실습생은 개별 유아를 관찰하여 문제상황이나 갈등상황을 미리 예측하고 예방하도록 노력한다.

07

CHAPTER

영유아 문제유형별 생활 지도 실제

학습내용

실습이 진행되면서 실습생은 영유아의 생활 지도에 접하게 되고, 기본생활습관의 지도에서 어려움에 직면하는 등 학급에서 발생하는 문제를 경험하게 된다. 학급에서 이러한 문제에 직면했을 때 실습생은 지도교사로부터 조언 및 도움을 받을 수 있다 할지라도 순간적으로 당황하게 되고 심지어는 실수를 하거나 다른 문제가 발생할 수도 있다. 그러므로 실습생은 문제상황에서의 바람직한 영유아 지도방법에 대해 숙지할 필요가 있다. 본 장에서는 보육실습 중 실습생이 접할 수 있는 교사의 영유아 생활 지도 사례를 살펴보고 영유아의 발달을 고려하지 않으면 자칫 문제행동으로 오인할 수 있는 영유아의 기본 생활지도에 대해 구체적으로 살펴보고자 한다.

1. 영유아의 생활 지도

영유아는 어린이집에서 하루 일과를 보내는 시간 동안에 다양한 문제를 나타낼 수 있다. 영아의 경우는 어린이집 적응하기, 밀고 때리기, 이유의 어려움, 물기 등의 문제가 많이 나타나며 유아의 경우는 때리기, 공격적 언어 사용, 비놀이 행동, 편식, 놀잇감 나누기의 어려움, 성기에 관심을 보이는 행동, 어린이집 물건을 가지고 가는 행동 등이 나타난다.

영유아의 문제를 해결하기 위해서는 그 원인을 파악해야 한다. 동일한 문제일지라도 그 원인은 다양하므로 특정 문제에 대한 한 가지만의 해결책은 있을 수 없다. 교사는 영유아 관찰, 부모와의 상담을 통해 문제의 원인을 없앨 수 있는 방법을 찾아야 한다. 영아와 유아의 보편적인 문제에 대한 교사의 지도 사례를 살펴보면 다음과 같다.

1) 영아 생활 지도 사례

(1) 어린이집 적응하기

- 아동명: 김OO
- 성 별: 남
- 연 령: 만 1세
- 총 어린이집 등원 기간: 1개월
- 적응 프로그램 기간: 3월 첫 주 5일간
- 관찰일: 4월
- 문 제: 보육 시간 동안 계속 울음을 보인다.

지도교사의 지도 내용

• 1차시(4월 9일~4월 11일)

어떤 상황에서, 언제 울기 시작하는지를 파악하기 위하여 사례기록을 작성하였다. 사례기록을 3회 이상 작성하고 같은 반 교사 2명이 이 문제에 대해 논의하였다. 사례기록을 통해 살펴 본 결과 OO는 흥미 있는 놀이를 지도교사와 함께 진행할 때는 울음을 보이지 않고 지도교사가 다른 영아와 상호작용해서 OO와 신체적 거리감이 생기거나 놀이에 대한 흥미를 감소할 때 울음을 보임을 살펴볼 수 있었다. 지도교사는 이와 같은 행동이 OO의 부적응 행동으로 파악하고 부모님과 상담을 하여 2~3일 정도 적응 프로그램을 연장하여 적용하기로 하였다. 연장된 적을 프로그램은 영아가 어린이집에 머무는 시간을 오전 시간으로 하고 부모님이 보육실 밖에서 참관을 하며 OO가 불안해하면 바로 도움을 주는 것으로 결정하였다.

• 2차시(4월 12일~4월 13일)

적응 프로그램이 다시 진행되었다. OO의 어머니께서는 보육실 밖에서 기다리시면서 OO가 불안해 하고 어머니를 찾으면 밖에서 지켜보고 있음을 알려 주었다. 또 오전 활동시간이 끝난 후 귀가하도록 하였다. OO는 이 과정에서 울음이 눈에 띄게 감소하는 모습을 보였다.

• 3차시(4월 14일~4월 17일)

놀이시간에는 울음을 보이는 횟수가 거의 없어 다시 낮잠을 시도하였다. 첫날 낮잠 시간이 되자 다시 울음을 보여 지도교사는 OO에게 자기 싫으면 자지 않아도 된다는 것을 알려주고 안아주며 OO가 선호하는 인형과 천으로 만들어진 공을 제공하였다. OO는 2일을 위와 같이 보낸 후에 3일째에는 놀다가 잠이 들었고, 이후 낮잠 초기에는 교사가 안아주어야 했으나 곧 잠이 드는 모습을 보였다.

영유아의 변화

어린이집에 처음 온 OO는 낯선 공간에 애착대상자와의 분리로 심한 불안을 느껴 부적응 행동을 보였으나 지도교사와 부모의 노력으로 불안감이 많이 줄어든 것을 볼 수 있다.

(2) 밀고 때리기

- 아동명: 김OO
- 성　별: 남
- 연　령: 2세 영아
- 총 어린이집 등원 기간: 만 2년
- 문　제: 또래의 놀잇감을 뺏거나 또래를 밀고 때린다.

지도교사의 지도 내용

- **1차시(4월 4일)**

등원 후 한 달간의 OO의 사례를 기록하고 OO의 부모와 상담을 하였다. 사례를 통해 OO는 원하는 것을 얻기 위한 방법으로 또래에게 공격적인 행동을 하는 것으로 나타났다. 지도교사는 부모에게 아직 언어로 자신의 의사를 원활히 나타낼 수 있는 연령이 아니라 공격적인 행동이 나타나는 것은 자연스러운 일이나 빈도가 높고 공격적인 행동을 통해 매번 원하는 것을 얻는 사례가 공격적 행동을 강화하고 있음을 이야기하고, 가정과 어린이집 모두에서 공격적인 행동으로 얻고 싶은 것을 얻는 기회를 줄이고 부모의 일관성 있는 훈육 태도가 필요하다는 것을 이야기하였다.

- **2차시(4월 5일~4월 11일)**

OO를 계속 관찰하면서 사례기록을 하였고 다른 만 1~2세반 교사들과 모여 OO에게 어떻게 도움을 줄지 논의하는 자리를 마련하였다. 교사들은 OO의 부모와 꾸준히 훈육 방법에 대해 이야기를 나누고 동일한 놀잇감의 여러 개 배치 등 물리적 환경을 수시로 점검하며 OO가 원하는 것을 얻기 위해서는 언어로 또래에게 이야기하도록 사회적 기술을 적접적으로 교수하였다.

- **3차시(4월 12일~4월 19일)**

지도교사는 갈등 상황에 직면했을 때 즉각적으로 개입하여 필요한 사회적 기술을 직접 모델링 보이고 OO가 해 보도록 하였다. 부모와도 어린이집에서 일어나는 갈등 상황과 교사의 개입방법에 대해 매일 이야기 나누었고, 가정에서도 동일한 방법으로 실시하였다.

영유아의 변화

OO의 공격적 행동이 완전히 사라지지는 않았지만 빈도가 조금씩 줄어들고 있음을 관찰해 볼 수 있었다. 앞으로 지속적인 개입이 필요하겠다.

(3) 이유의 어려움

- 아동명: 이OO
- 성 별: 여
- 총 어린이집 등원 기간: 1개월
- 관찰일: 4월
- 생년월일: 만 1세
- 문 제: 밥을 거부하는 행동–분유를 제외하고는 모든 음식물을 먹지 않으려고 하며, 교사가 음식을 먹이려고 하면 울면서 손으로 밀어낸다.

지도교사의 지도 내용

- **1차시(4월 2일~4월 11일)**

OO가 음식을 거부하는 이유가 아직 어린이집에 적응하지 못하여서인지 유동식(분유)을 계속 섭취하고 싶기 때문인지 한 달간의 사례를 바탕으로 1세반 교사들이 함께 논의하였고 부모와 상담을 진행하였다. 그 결과 OO는 가정에서 밥보다 분유 섭취량이 많음을 알 수 있었고, OO의 음식 거부는 분유를 섭취하고 싶은 욕구에서 비롯된 것임을 알게 되었다. 이에 OO의 부모와 의논하여 OO는 14개월 월령으로 분유 섭취보다는 고형식 섭취를 더 많이 해야 되므로 가정에서의 분유 양을 줄이고 밥 양을 늘리며 OO의 반응을 계속 관찰하면서 적절한 시점에 분유 수유를 중단하기로 하였다. 그리고 어린이집에서는 일과 중 1회만 수유를 하고 나머지는 고형식을 먹되 밥과 반찬, 간식, 이유식 등이 제공될 때 모든 음식물을 한 번씩은 먹어 볼 수 있도록 지속적으로 권유하기로 하였다.

- **2차시(4월 11일~4월 24일)**

수유량을 줄이고 고형식을 먹도록 한 처음에는 고형식 섭취가 적은데다 수유량이 적어 배고파하며 짜증을 내었으나 서서히 지도교사가 권하면 고형식을 서너 숟가락 정도 먹기 시작하였다. 지도교사는 부모님과 논의하여 수유 횟수는 그대로 유지하되 수유량을 반으로 줄이도록 하였다.

- **3차시(4월 24일~4월 27일)**

수유량이 줄어들자 밥, 반찬, 간식의 양이 다른 또래 월령의 영아와 비슷한 수준으로 먹기 시작하였다.

영유아의 변화

OO의 공격적 행동이 완전히 사라지지는 않았지만 빈도가 조금씩 줄어들고 있음을 관찰해 볼 수 있었다. 앞으로 지속적인 개입이 필요하겠다.

(4) 물 기

- 아동명: 문OO
- 성 별: 남
- 연 령: 만 1세
- 어린이집 총 등원 기간: 13개월
- 관찰일: 4월
- 문 제: 또래를 문다.

지도교사의 지도 내용

- **1차시(4월 1일~4월 6일)**

OO가 반복되는 물기 행동을 보일 때 주의 깊게 관찰하며 원인이 무엇인지 파악하고 "~해서 OO가 속상했구나. ~해서 마음이 아팠구나~."하며 영아의 욕구를 먼저 이해하고 수용한 후, 대안 행동을 제시하였다. 그리고 사례기록과 포트폴리오도 자주 기록하여 좀 더 심도 있는 관찰을 하려 했다.

- **2차시(4월 9일~4월 13일)**

OO의 부모, 지도교사가 함께 모여 OO의 사례기록과 포트폴리오를 보면서 해결방안에 대해 모색하였다. 그리고 OO에 대한 부모님의 양육태도에 대해 여쭈어 보고 기관과 가정을 연계해서 OO의 공격성에 대한 지도가 이루어지도록 하였다. OO는 화가 나는 일이 있을 경우, 부정적 정서의 해결방법으로 물기 방법을 선택하고 있음을 알 수 있었다. 지도교사는 공격적 행동이 나올 때마다 감정을 수용해 주고 부정적인 정서를 바람직하게 해소할 수 있는 대안 행동으로 망치 두드리기, 점토 만지기 등을 제시하기로 하였다.

- **3차시(4월 16일~4월 27일)**

OO가 부정적인 정서가 나타날 만한 상황 또는 갈등 상황에서 지도교사가 즉시 개입하여 대안 활동을 제시해 주자 빈도가 줄어들었다.

영유아의 변화

교사의 개입방법에 따라 물기 빈도가 줄어들었으며 물기 행동을 하더라도 허용되지 않는 행동임을 이해하는 듯한 모습이 나타났다.

2) 유아 생활지도 사례

(1) 때리기

• 아동명: 심OO
• 성 별: 남
• 연 령: 만 4세
• 관찰일: 4월
• 문 제: 놀잇감을 던지거나 또래를 때리는 행동이 자주 나타난다.

지도교사의 지도 내용

• 1차시(4월 5일~4월 10일)

유아반 교사들이 모여 OO의 공격적 행동 사례에 대해 이야기 나누었다. 교사들은 OO의 사례를 기록하여 부모와 상담을 하기로 결정하였다.

• 2차시(4월 11일~4월 17일)

부모와의 상담을 통해 가정에서도 공격적 행동의 빈도가 높다는 것을 알게 되었고, OO의 공격성 행동의 원인이 문제를 해결하고자 하는 데서 비롯되었음을 파악하게 되었다. 따라서 지도교사는 OO가 문제를 해결하는 바람직한 행동을 모방하는 것이 필요하다는 것을 부모와 합의하고 어린이집에서 친사회적 행동이 많은 유아를 OO와 짝을 지어주고 OO가 그 행동을 모방하도록 하였다. 또한 소집단 활동으로 갈등 상황에서의 해결 방법을 이야기 나누는 시간을 갖도록 하였다.

• 3차시(4월 18일~4월 25일)

친사회적 유아에게 OO와 짝이 되어 함께 활동하도록 부탁하고 OO가 친사회적 행동이 나타날 때 격려를 통해 행동을 강화하였다. 그리고 소집단 활동으로 갈등 상황에 대한 막대 인형극을 보여 주고 상황을 해결하기 위한 방법을 생각해 보도록 하였다. OO는 이 과정을 통해 다른 유아의 생각과 바람직한 해결방법을 인지할 수 있었다.

영유아의 변화

또래 친구가 놀이를 방해하거나 공격적인 행동을 할 때 OO도 공격적인 행동을 나타내었지만 OO가 먼저 다른 또래의 놀이를 방해하거나 공격적인 문제해결방법을 시도하는 빈도는 현지히 줄어들었다.

(2) 공격적 언어 사용

- 아동명: 김OO
- 성 별: 남
- 연 령: 만 4세
- 관찰일: 4월
- 문 제: 또래와의 갈등 상황에서 "너 죽을래?"와 같은 공격적 언어를 사용한다.

지도교사의 지도 내용

• 1차시(4월 3일~4월 6일)

OO가 또래에게 때리는 행동과 더불어 "너 죽을래? 맛 좀 볼래?"라는 언어를 사용하는 모습이 여러 번 관찰되어 지도교사는 교사회의 시간에 원장과 의논하였다. 교사회의에서 OO가 언제, 어떤 이유로 신체 및 언어적 공격성이 나타나는지 알기 위하여 관찰을 하도록 결정하였다.

• 2차시(4월 9일)

관찰을 통해 OO는 놀이가 방해되거나 원하는 놀잇감을 차지하지 못할 때 신체 및 언어적 공격성이 나타나는 것을 알게 되었다. 지도교사는 OO와 또래가 놀이를 방해할 때 또는 원하는 놀잇감을 갖지 못했을 때 어떤 기분이 드는지 이야기 나누고 OO의 감정을 충분히 이해해 준 후, 그런 상황에서 어떻게 행동하는 것이 바람직한지 이야기 나누어 보았다. 그리고 OO가 이야기한 바람직한 행동이 직접 실행으로 나타나면 좋을 것 같다고 하였다.

• 3차시(4월 11일~4월 18일)

부모와 상담하여 OO의 문제 행동에 대해 이야기하고 가정에서도 관심을 가져 주길 부탁하였다. 또한 OO의 공격성 행동이 나타났을 때 다른 행동으로 해결할 수 있는 방법은 없는지 OO가 스스로 생각해 볼 수 있도록 지속적으로 지도하였다.

영유아의 변화

OO는 신체 및 언어로 공격하는 행동이 용납되지 않는 행동이며, 이를 대체할 수 있는 다른 방법을 선택해야 한다는 것을 인지하고 행동으로 실행하려고 노력하기 시작하였다.

(3) 비놀이 행동

- 아동명: 김OO
- 성 별: 여
- 연 령: 만 3세
- 관찰일: 4월
- 문 제: 하루 일과 중 대부분의 시간을 방관, 혼자놀이로 보낸다.

지도교사의 지도 내용

• 1차시(4월 2일~4월 10일)

지도교사가 관찰해 본 결과 OO는 언어, 인지, 신체 부분이 평균발달수준과 비슷하였으나 도래와의 상호작용이 거의 없었다. 그래서 어머니에게 상담을 요청하였다. OO의 어머니도 이런 OO의 행동을 잘 알고 있으며 어린이집에서 또래들과 어울리면 이런 행동이 나아질 듯하여 입소를 결정했다고 이야기하였다. 지도교사는 OO가 또래의 놀이에 참여하도록 자연스럽게 유도하고 진행과정을 어머니와 매일 상담하기로 하였다.

• 2차시(4월 11일~4월 27일)

자유선택활동 시간에 또래 놀이 주변에서 방관 행동을 하는 OO를 교사가 자연스럽게 놀이에 참여시키도록 하였다. OO는 교사가 놀이 상황에 함께 있으면 또래와 놀이하고 교사가 이동하면 다시 방관이나 혼자놀이를 하였다.

• 3차시(4월 12일~4월 27일)

교사는 OO가 다른 친구와 놀잇감을 잘 나누어 쓰고 친사회적인 행동을 많이 하는 유아 옆에서 놀이를 할 수 있도록 한 후 OO의 행동 변화를 관찰하였다.

• 4차시(4월 23일~4월 27일)

놀이 시작은 교사의 유도가 필요하나 놀이 지속은 교사가 이동해도 계속 이루어졌다.

영유아의 변화

방관, 혼자놀이가 교사의 개입으로 또래와의 상호작용으로 진행되었다.

(4) 놀잇감 나누기의 어려움

- 아동명: 오OO
- 성　별: 남
- 연　령: 만 3세
- 관찰일: 4월
- 문　제: 또래와 놀잇감을 나누기 어려워한다.

지도교사의 지도 내용

• 1차시(4월 3일~4월 6일)

지도교사는 OO의 행동을 자세히 관찰하고 사례를 기록한 후 놀이를 할 때마다 OO가 나타내는 행동에 대해 같은 연령 담당교사와 이야기 나누었다. OO는 만 3세 유아로 아직 또래와 놀잇감을 나누어 쓰는 것이 원활한 연령은 아니지만 나누어 쓰기가 거의 되지 않고 있고, 이 문제가 갈등 상황 빈도를 높여 주므로 교사의 개입이 필요하다고 판단하였다.

• 2차시(4월 9일)

지도교사는 OO가 또래와 놀잇감을 나누어 쓰지 않아 또래와 갈등이 발생할 때마다 OO의 기분을 충분히 수용한 후 다른 친구의 기분을 이해할 수 있도록 질문하고 대안을 찾도록 하였다.

• 3차시(4월 11일~4월 18일)

교사는 OO가 다른 친구와 놀잇감을 잘 나누어 쓰고 친사회적인 행동을 많이 하는 유아옆에서 놀이를 할 수 있도록 한 후 OO의 행동 변화를 관찰하였다.

• 4차시(4월 23일~4월 27일)

교사는 OO가 또래와 놀잇감을 나누어 쓰고 친사회적인 행동을 하였을 때 OO에게 긍정적인 격려를 해 주고, 그 행동이 강화될 수 있도록 해 주었다.

영유아의 변화

OO는 처음에는 교사가 다른 친구의 감정을 이해하도록 말을 해 주어도 대답을 회피하거나 울음을 보이는 등 다른 친구의 감정을 이해하려는 노력조차 하지 않았지만 시간이 지날수록 다른 친구도 기분이 좋지 않을 것이라고 말하며 다른 친구의 기분을 이해하고 다른 친구에게 놀잇감을 나누어 주려는 모습을 보였다.

(5) 편식

- 아동명: 강OO
- 성　별: 남
- 연　령: 만 4세
- 관찰일: 4월
- 문　제: 김치를 먹으려 하지 않음

지도교사의 지도 내용

- **1차시(4월 2일~4월 6일)**

교사는 김치를 잘 못먹는 OO에게 김치를 왜 먹어야 하는지 이야기해 주고 OO에게 다른 유아보다 김치를 조금 주며 먹을 수 있는지 물어보았다. 지도교사는 OO에게 다 먹지 못해도 한 번은 맛을 보자고 권해 본다.

- **2차시(4월 10일~4월 13일)**

교사는 보다 잘게 썬 김치를 지난주보다 조금씩 양을 늘리며 배식하였고 OO가 밥을 다 먹고 식판을 정리할 때마다 "OO! 김치 다 먹었구나! 잘했어!"하고 격려해 주었다.

- **3차시(4월 16일~4월 20일)**

OO가 김치를 먹을 때 "선생님 김치가 너무 매워요"하고 말을 걸어 올 때면 "그럼 OO는 밥이랑 같이 먹어 볼까? /물 한잔 먹고 와."하고 대안을 제시하였다.

- **4차시(4월 23일~4월 27일)**

OO가 점심을 먹는 테이블에 교사가 함께 앉아 먹을 때마다 즉각적으로 격려해 주었다.

영유아의 변화

식습관에 대한 지도는 하루아침에 이루어지지 않기 때문에 장기적으로 시간을 두고 이루어지므로 4월 한 달 동안 행동이 눈에 띄게 달라진 것을 찾기는 힘들었으나 3월보다 김치를 좀 더 먹을 수 있게 되었다.

(6) 성기에 관심을 보이는 행동

- 아동명: 박OO
- 성 별: 남
- 연 령: 만 4세
- 관찰일: 4월
- 문 제: 또래의 성기를 만지는 행동

지도교사의 지도 내용

• 1차시(4월4일)

낮잠 시간에 옆의 여자친구의 다리를 만지고 치마를 들춰본다. 지도교사는 OO에게 다가가 두 손을 잡고 토닥여 준다.

• 2차시(4월 11일)

OO가 화장실에서 또래와 서로 성기를 만지는 모습을 발견한 지도교사는 OO에게 '우리 몸의 소중함'에 대한 이야기를 하였다. 또한 이야기 나누기 시간에 다른 사람이 우리 몸의 소중한 부분을 만지는 것에 대해 "싫어!"라고 말할 수 있음을 상기시켰다. 부모와 의논하여 가정에서도 동일하게 지도하도록 하였으며 보건교사에 의한 전체 성교육을 강화하였다.

• 3차시(4월 11일~4월 18일)

화장실과 이동 시 행동을 관찰했으나 친구의 성기를 만지고 장난치는 모습을 볼 수 없었다.

영유아의 변화

소중한 우리 몸에 대한 이야기를 듣고, 우리 몸의 소중한 부분을 만지는 것이 다른 사람에게 불쾌함을 줄 수 있다는 것을 지속적으로 알려주어 다른 사람이 나쁜 기분을 느끼는 행동을 하지 않도록 하였다.

(7) 어린이집의 물건을 집으로 가져가는 행동

• 아동명: 오OO
• 성 별: 남
• 연 령: 만 4세
• 관찰일: 4월
• 문 제: 어린이집의 물건을 자신의 사물함에 넣고 가정으로 가지고 가려고 한다.

지도교사의 지도 내용

• 1차시(4월 12일)

지도교사는 OO가 보육실 놀잇감을 사물에 넣었다가 하원 시에 집으로 가져간 것을 알게 되었다. 지도교사는 OO에게 보육실 놀잇감을 왜 가져갔는지 물어보고 보육실 놀잇감은 친구들과 함께 사용하는 것이므로 집에 가져가는 것이 아니라고 이야기해 주었다.

• 2차시(4월 13일)

주임교사와 원장과 상의한 뒤 부모와 상담하여 보육실 물건을 가정으로 가져가는지 주의 깊게 살펴보고 지도교사와 마찬가지로 보육실 물건을 모든 친구들이 함께 사용하는 것임을 알려주고 다시 보육실로 가져오도록 요청하였다.

• 3차시(4월 11일~4월 18일)

또 같은 일이 반복되자 OO가 도덕적인 개념을 형성할 수 있도록 비슷한 상황에 대해 인형극으로 보여주고 그룹토론을 하는 시간을 가졌다.

영유아의 변화

교실의 물건을 가지고 가면 안 된다는 사실을 인지하고 그것은 해서는 안 되는 행동이라는 도덕적 개념을 형성하였다.

3) 특수아의 요구

- 아동명: 이OO
- 성 별: 남
- 연 령: 만 5세
- 관찰일: 4월
- 문 제: 전반적 발달 장애

지도교사의 지도 내용

• 1차시(4월 1일~4월 10일)

매일 OO의 상태와 공격적 행동, 집착을 갖는 물건 등에 대해 상세히 기록하고 보건소에서 오신 특수교사분과 OO에 대해 논의를 하였다.

• 2차시(4월 9일)

특수교사가 제공한 개별화 보육프로그램을 실행해 본다. OO에게 이야기할 때는 반드시 눈을 보고 이야기하고 한 글자씩 천천히 또박또박 말한다. 지시를 할 때도 간단한 단어를 사용하여 지시한다('앉아', '안돼' 등).

• 3차시(4월 13일~4월 20일)

반 유아들에게 OO의 상태에 대해 이야기해 주고 이상한 행동을 하면 교사를 대신하여 도와주고 공격적 행동을 하면 바로 교사에게 이야기하도록 알려준다.

• 4차시(4월 21일~4월 27일)

부모 상담기간이라 OO의 부모와도 상담을 했다. OO의 현재 상태와 보다 나아진 점, 앞으로 어떻게 지도할지를 논의하고 집에서도 체계적인 프로그램에 따라 생활할 수 있도록 한다.

영유아의 변화

눈에 띄는 변화는 있지 않지만 보다 공격적인 성향이 줄고 있고 그 강도가 낮아지고 있다. 하지만 여전히 종이에 대해 집착을 갖고 있고 종이만을 가지고 놀이한다.

2. 영유아의 기본생활습관 지도

영유아 시기의 기본생활습관 지도는 건강하고, 안전하며 예절과 질서를 지키며 절약할 수 있는 성인으로 성장하기 위한 습관 형성과 관련된다. 영유아가 가정에서 대부분의 시간을 보내던 과거 시대에는 가정에서 기본생활습관 지도가 이루어진 반면에, 0세부터 어린이집에서 보내는 영유아가 급증하는 현대사회에서는 어린이집에서의 기본생활습관 지도가 중요함이 부각되고 있다.

영유아의 기본생활습관 지도는 영유아의 발달과 연관되어 있으므로 발달에 대한 이해 부족으로 인하여 발달수준에 따른 영유아의 자연스러운 행동이 영유아의 문제 행동으로 오인될 수 있다. 그러므로 실습생은 발달과 관련된 영유아의 기본생활습관 지도를 이해함으로써 영유아의 관련 행동을 부적절하게 판단하는 사례가 없도록 노력해야 한다.

영아기에는 월령과 개별 발달 수준에 따라 수유, 이유, 이 닦기, 배변훈련과 관련된 기본생활습관의 습득이 필요하다. 교사는 도움 수준을 적절히 조절하면서 영아가 스스로 할 수 있는 일을 지지하고 격려해야 한다. 또한 영아기에는 놀잇감 나누기, 차례 기다리기 등 영아 발달에 적합하지 않은 기본생활습관을 강조하지 않아야 한다.

유아기에는 청결, 안전, 예절, 절약, 질서 등의 덕목을 익힐 수 있도록 지도한다. 유아가 건강하고 안전한 생활을 위해 스스로 실행해 볼 수 있는 일을 찾아보도록 하고 이를 위한 규칙을 이해하고 따르도록 하며 스스로 손 씻기, 음식 먹기 등을 진행하도록 돕는다. 또한 예절 바른 언어를 사용하고 자신의 물건을 아끼며 정리 정돈하도록 지도한다.

<표 7-1>, <표 7-2>와 <표 7-3>은 영아와 유아의 기본생활습관 지도를 위한 실습생의 이해를 돕기 위하여 어린이집의 영유아를 위한 연간 기본생활습관 지도계획안의 한 예를 제시한 것이다.

표 7-1 0세 영아를 위한 연간 기본생활습관 지도 계획의 예

구 분	I 수준	II 수준
수유하기	교사에게 안겨 수유하기	
이유식 맛보기	교사와 함께 이유식 맛보기	
양치하기	이유식 후 손가락 칫솔로 양치하기	
기저귀 갈기	교사와 눈 맞추며 기저귀 갈기	
낮잠 자기	교사의 품에 안겨 편안하게 낮잠 자기	자신의 매트에 누워 편안하게 낮잠 자기
컵으로 마셔보기	교사 도움 받아 컵으로 물 마셔보기	두 손으로 컵 잡고 물 마셔보기
숟가락 사용하기	교사 도움 받아 숟가락으로 이유식 먹어보기	스스로 숟가락을 사용하여 이유식 먹어보기
편안하게 낮잠 자기	자장가 들으며 편안하게 낮잠 자기	
이유식 먹어보기	이유식 의자에 앉아 이유식 먹어보기	이유식 의자에 스스로 앉아 이유식 먹어보기
양치질 하기	이유식 후 교사와 함께 양치질해 보기	

표 7-2 1세, 2세 영아를 위한 연간 기본생활습관 지도 계획의 예

구 분	I 수준	II 수준
만나고 헤어질 때 인사하기	엄마 아빠와 손 흔들며 인사하기	엄마 아빠와 '안녕'이라고 말하면서 손 흔들고 인사하기
즐겁게 음식을 먹기	도움 받아 식사도구 이용하여 음식 먹기	스스로 식사도구 이용하여 음식 먹기
깨끗이 손을 씻기	도움 받아 손 씻어 보기	스스로 손 씻기
쉬 응가하기	기저귀 갈이 후 뽀송뽀송한 느낌 경험해 보기	'쉬', '응가' 말해 보기
놀잇감 정리하기	교사와 함께 놀잇감 자리 알아보기	교사와 함께 놀잇감 정리해 보기
옷 벗고 입기	교사 도움 받아 겉옷 입고 벗기	겉옷의 지퍼 단추, 혼자서 끼워보기
놀이 규칙 지키기	미끄럼틀을 탈 때 내 순서 알기	자동차를 탈 때 친구들이 내릴 때까지 기다리고 타기
안전하게 생활하기	그림 보며 위험한 행동 찾아보기	위험한 행동을 하면 어떻게 될까 이야기해 보기
놀잇감 정리하기	놀잇감의 자리를 찾아 정리하기	정리되지 않은 모습 보며 불편함 이야기하기

표 7-3 유아를 위한 연간 기본생활습관 지도 계획의 예

구 분		Ⅰ 수준	Ⅱ 수준
3	예절	선생님과 친구들에게 바르게 인사하기	
	질서	복도에서 천천히 걷기	복도에서 차례차례 줄을 서서 걷기
	청결	신발장에 신발 넣기	신발은 정해진 신발장에 바르게 정리하기
	절제	종이는 꼭 필요한 만큼만 쓰기	
4	예절	겉옷을 스스로 벗고 입기	겉옷을 스스로 벗고 입으며 단추(지퍼)잠그기
	질서	차례차례 계단을 오르고 내리기	
	청결	사용한 놀잇감은 제자리에 정리하기	
	절제	전등 스위치로 장난하지 않기	사람이 없거나 교실을 나갈 때는 전등 끄기
5	예절	도움을 받았을 때는 고맙다고 말하기	도움을 받았을 때는 고마움 표현하기
	질서	놀잇감은 친구와 나누어 쓰기	활동 순서를 기다리며 놀이하기
	청결	화장실 사용 후 물 내리고 손 씻기	
	절제	휴지는 꼭 필요한 만큼만 쓰기	
6	예절	잘못이나 실수를 했을 때는 미안하다고 말하기	잘못이나 실수를 했을 때는 미안함을 표현하기
	질서	정해진 낮잠 시간에 자고 일어나기	정해진 낮잠 시간에 자고 일어나며 이부자리를 스스로 정리하기
	청결	양말을 스스로 벗고 신기	양말을 스스로 벗고 서랍장에 정리한 뒤 다시 신기
	절제	함께 사용하는 물건(활동재료)들을 아껴쓰기	아껴 쓸 수 있는 물건을 알아보고 절약하기
7	예절	다른 사람이 이야기 할 때는 잘 듣기	다른 사람이 이야기를 할 때는 바른 태도로 들어주고 대답하기
	질서	차례대로 놀이하기	놀이를 할 때 규칙을 잘 알고 지키기
	청결	이를 깨끗이 닦기	
	절제	치약은 필요한 만큼만 사용하기	
8	예절	어른께 존대말을 사용하기	
	질서	놀이의 시작과 끝 이해하기	놀이의 시작과 끝을 알고 계획하며 놀이하기
	청결	손톱을 물어뜯지 않기	손톱을 물어뜯지 않고 깨끗이 정리하기
	절제	화장실에서 물장난 하지 않기	화장실에서 물을 필요한 만큼 사용하기

월	영역	내용	
9	예절	화장실 문을 노크하고 들어가기	
	질서	실내에서는 적당한 목소리로 이야기하기	
	청결	쓰레기는 쓰레기통에 버리기	쓰레기는 분리수거 하기
	절제	새물건과 재활용품을 골고루 활용하기	재활용품을 활용 하기
10	예절	의자에 바르게 앉아 식사하기	의자에 바르게 앉아 식사하고 음식을 남기지 않기
	질서	다 본 책은 제자리에 꽂기	찢어지지 않게 살짝 책장은 넘기고 다 본 책은 제자리에 꽂기
	청결	교실에 떨어진 휴지를 주워서 휴지통에 버리기	어린이집 주변에 떨어진 휴지를 주워서 휴지통에 버리기
	절제	내가 맡은 일은 스스로 끝까지 하기	내가 맡은 일은 즐거운 마음으로 스스로 끝까지 하기
11	예절	여러 사람이 모인 곳에서는 작은 소리로 이야기하기	
	질서	실내에서는 뛰지 않고 걸어서 다니기	
	청결	머리를 단정히 빗기	
	절제	자기생각을 또박또박 이야기하기	자기 생각을 또박또박하고 솔직하게 표현하기
12	예절	바르고 고운말을 사용하기	
	질서	신호등을 보고 좌우를 살펴 초록불에 건너기	
	청결	손톱, 발톱을 깨끗이 하기	
	절제	다른 사람의 물건을 함부로 만지지 않기	
1	예절	문을 조용히 열고 닫기	
	질서	찻길에서 위험한 장난을 하지 않기	
	청결	음식을 흘리지 않고 골고루 먹기	음식을 골고루 먹고 씹을 때 소리를 내지 않기
	절제	자기 물건 잘 챙기기	
2	예절	어른께 물건을 드릴 때는 두 손으로 드리기	
	질서	길 가장자리(보도 이용)로 다니기	
	청결	음식물을 입 속에 넣고 말하지 않기	음식물을 다 삼킨 후 말하기
	절제	사람이 많은 곳에서 차분히 감정을 조절하기	공공장소와 사람이 많은 곳에서 차분히 감정을 조절하기

08

CHAPTER

실습생의 특성에 따른 적응

학습내용

학생이었던 실습생은 '가르치면서 배우는' 학생교사라는 신분의 변화와 아울러 대학이 아닌 어린이집의 낯선 공간에서 6주간의 생활을 한다. 보육실습 기간 동안의 새로운 환경과 생활은 실습생에게 도전과 성취의 시간인 동시에, 여러 측면에서 힘든 시간이 되기도 한다. 실습생이 겪는 일반적인 문제를 알고 이에 대한 해결방법에 대해 이해하는 것은 실습을 앞둔 예비영유아교사의 실습에 대한 막연한 두려움과 걱정을 완화시킬 수 있을 뿐만 아니라, 성공적인 보육실습을 위해 필요하다. 그러므로 본 장에서는 보육실습 기간 동안에 실습생의 특성에 따라 경험할 수 있는 적응에 대해 살펴보고 구체적으로 살펴보고자 한다.

1. 불안감

실습생은 자신의 직무에 대해 명확하게 이해하지 못한 경우에 불안감을 느낄 수 있다. 이러한 불안감은 실습 초반부의 주요한 특징으로 나타난다. 특히 실습생은 실습이 진행되는 일과를 정확히 인지할 수 있을 때까지 불안감을 느낀다. 실습생은 하루 일과를 인지함으로써, 일과 진행 중 다음 일과를 예측하고 일과의 변화에 따라 실습생 자신의 직무를 이해하여 편안하게 실습에 임할 수 있다. 실제로 보육실습 초기에 실습생은 하루 일과에 대한 이해가 부족하여 자신이 어떤 직무를 행해야 하는지 예측하지 못하는 데서 오는 불안감을 호소한다(김선영·서원경, 2009).

실습생의 불안감으로 인한 반응은 다양하게 나타난다. 즉, 실습생은 지도교사의 지시 사항에 대해 방어적 태도를 보이고, 영유아를 지도하는 것을 피하려고 하며, 감기나 복통 등의 질병을 호소하기도 하고, 배정받은 학급에 대해 불만을 이야기하고 비판적인 태도를 취하며, 지도교사를 비롯한 교직원들의 실수를 찾아내려 하고, 위축된 모습을 보이기도 한다.

실습생이 불안감을 해소하거나 완화하기 위한 방법은 다음과 같다.

첫째, 어린이집 사전 방문 시에 어린이집과 배정된 학급에 대한 전반적인 내용과 더불어 학급의 하루 일과, 하루 일과에 따른 실습생의 구체적인 직무에 대해 문서로 기록된 내용을 받아두어 수시로 숙지하는 것이 필요하다. 특히, 실습생은 하루 일과에 따른 실습생의 직무를 시간대별로 정리하는 것이 필요하다.

둘째, 지도교사에게 자신의 불안감에 대해 솔직히 말하고 도움을 받는다. 지도교사는 실습생의 불안감을 유발하는 요인을 제거하는 데 가장 큰 기여를 할 수 있다. 실습 초기에 실습생은 지도교사와의 친밀함이 형성되지 않아 불안감에 대해 솔직하게 이야기하기 다소 어려울 수 있지만, 이는 불안감을 해결하고 지도교사와도 긍정적인 관계를 형성할 수 있는 기회가 될 수 있다.

셋째, 실습과정 중에 자신이 한 일에 대해 긍정적으로 생각하고 스스로에게 잘 했다고 격려해 준다.

넷째, 충분한 휴식과 영양분 섭취를 통해 건강을 유지하도록 한다.

2. 시간 관리

실습생은 출퇴근 시간이 정해진 규칙적인 생활과 다양한 직무로 인하여 시간 관리를 잘해야 한다. 어떤 실습생의 경우에는 시간 관리 부족으로 인한 문제가 실습시간 내내 나타나기도 한다. 실습생이 시간 관리를 잘 하지 못해 문제가 발생한 경우에, 지도교사는 실습생이 준비가 미흡하고 마지못해 하거나 신뢰성이 없는 것처럼 평가할 수 있다.

과제 제출을 위한 시간 관리는 특히 중요하다. 실습이 시작되면 보육실습일지, 영유아 관찰기록 등 매일 제출해야 하는 과제와 각종 수업계획서, 교구제작계획서 등 실습 진행에 따라 비정기적으로 제출해야 되는 과제가 있다. 과제를 실습 일정에 맞게 제출하기 위해서는 실습생이 스스로의 시간 관리가 필요하다. 이를 위해 실습 일자별로 해당 일에 해야 할 일을 우선순위(반드시 해야 하는 일, 일정 부분만 진행해도 되는 일, 해도 좋지만 며칠 뒤에 해도 되는 일)를 정해서 기록해 놓고 관리하도록 한다. 과제 제출을 위한 계획표의 예를 제시하면 <표 8-1>과 같다.

표 8-1 과제 제출을 위한 계획표

반드시 해야 하는 일	• 실습일지 • 관찰기록 • 교구제작 계획서	• 실습일지 • 관찰기록	• 실습일지 • 관찰기록 • 부분수업 계획서	• 실습일지 • 관찰기록	• 실습일지 • 관찰기록 • 연계수업 계획서
일정 부분만 진행해도 되는 일	• 부분수업 계획서	–	• 연계수업 계획서	• 연계수업 계획서	–
해도 좋지만 며칠 뒤에 해도 되는 일	• 연계수업 계획서	–	–	–	• 종일수업 계획서

3. 걱정

실습생은 영유아를 돌보고 가르치는 일, 특정 영유아와의 관계, 학급의 특정 상황 등의 걱정을 하기도 한다. 특히, 영유아를 가르치는 일은 실습과정을 마칠 때까지 내내 지속되는 걱정거리이다. 부분수업, 연계수업, 반일 및 종일수업 등 실습생이 수업 자료를 준비하고 교수과정을 계획하여 실행하는 과정에 대한 걱정뿐만 아니라 매일 이루어지는 자유선택활동 시간에 영유아의 놀이에 개입하는 방법과 영유아와 상호작용하는 일도 교수과정 중의 하나이므로 실습생의 걱정이 된다. 또한 급·간식, 배변 위생 및 안전 등의 일상생활지도에서도 영유아를 가르치는 상황이 발생한다.

매일 만나는 영유아가 지도교사에 대한 태도와는 달리 실습생을 무시하거나 불신하는 것처럼 보이는 것도 실습생에게는 걱정거리가 된다. 학급에 특별한 행사, 활동이 계획되어 있을 때, 실습생은 처음 경험하게 되는 일들이므로 자신의 역할과 직무에 대해 예측하기 힘들어 걱정하는 경우도 있다.

실습생이 걱정을 많이 하는 것은 성공적인 보육실습에 긍정적인 영향을 미치지 않는다. 그러므로 실습생은 걱정을 하기보다는 자신의 능력에 대해 신뢰하고 걱정을 미연에 방지하거나 해결하고자 노력해야 한다. 예를 들어, 수업 계획과 준비단계에서 수업 시의 영유아 반응과 안전·위생 관련 문제를 가능한 한 모두 예측하여 검토하는 것으로 수업 진행에 대한 걱정은 안 해도 된다. 자유선택활동 시간에 대한 개입, 상호작용, 일상생활 활동 지도에 대한 걱정은 지도교사의 지도방법을 자세히 관찰하고 기록하여 알아둔다면 미연에 방지할 수 있다. 학급의 특별한 상황에 대한 걱정은 지도교사에게 문의하여 자세한 계획서와 그 계획에 따른 실습생의 역할에 대해 검토하면 해결된다.

4. 도움 청하기

실습생에게는 지도교사를 비롯한 실습기관 내 타 교직원이나 원장에게 도움을 청하는 일이 쉽지 않은 일이 되기도 한다. 이는 실습생이 지도교사 등에게 도움을 청하는 일은 자신의 부족함을 상대방에게 드러내는 것이라고 간주하기 때문이다. 그래서 이러한 실습생은 지도교사 등 자신을 실제로 도와줄 수 있는 사람에게는 도움을 청하지 않고 동료실습생에게 도움을 요청하게 된다. 그러나 이 경우에, 동료실습생의 도움은 그 효과가 극히 제한적이거나 심지어는 부정적인 영향을 미칠 수도 있다.

실습생이 지도교사 등에게 도움을 청하는 문제를 해결하는 방법은 상대방과의 신뢰감 형성이다. 실습생이 지도교사 등과의 적절한 상호작용을 통해 신뢰감을 형성한다면 시간이 지날수록 도움을 청하는 것이 점점 더 쉬워진다. 또한 실습생은 지도교사 등에게 도움을 청하면 자신이 부족하거나 약점이 있는 것처럼 보일 수 있다는 염려를 하기보다는 자신이 상대방에게 어떠한 도움을 요청해도 흔쾌히 도와 줄 것이라는 신념을 갖는 것이 필요하다. 실습생은 지도교사 등에게 도움을 청하는 시간과 대화방법이 적합한지에 대해서도 주의를 기울여야 한다.

5. 학생교사라는 애매한 신분

실습생은 영유아와 직접적으로 상호작용하고, 수업활동을 위한 준비와 진행 등의 교사의 직무를 수행할지라도 그 모든 과정을 지도교사에 의해 점검받고 지도받는 입장에 있기 때문에 '반쪽 교사'라는 느낌을 갖게 된다. 또한 실습생은 교사의 역할을 수행하면서 영유아와 부모가 자신을 교사로서 대해주기를 기대하지만 현실은 다르다. 대부분의 영유아들은 실습생을 교사로 인정하지 않고 지도교사에게 나타내는 언행과는 다른 언행을 실습생에게 나타낸다. 가령 지도교사와 함께 지낼 때에는 학급의 규칙을 잘 지키지만 지도교사 없이 실습생만 있는 경우에는 학급의 규칙을 무시한다. 또한 영유아들은 지도교사와는 달리 실습생에게는 버릇없는 말투를 사용하기도 하고 공격적인 언어와 행동을 보이기도 한다. 영유아의 부모도 실습생에게는 교사와는 차별적인 태도로 대한다. 예를 들어, 부모는 등·하원 시에 교사에게는 예의바르게 인사하고 영유아에 대해 의논을 하지만 실습생에게는 별다른 관심을 표하지 않는 경우도 많다.

이와 같이 실습기관에서 학생교사인 실습생은 완전히 교사도 아니고 완전히 학생도 아닌 애매한 지위 때문에 불편함을 느낄 수 있다. 그러나 배우면서 가르친다는 실습생의 위치를 감안한다면 이러한 불편함은 문제가 되지 않는다. 실습생은 '반쪽 교사'란 애매한 위치보다는 실습은 보육교사 양성과정인 수업의 연장으로 학생으로서 지도받는 과정이라는 인식을 하고 모든 과정을 긍정적으로 받아들일 것이 필요하다.

6. 영유아와의 애착

실습생은 실습 초기에는 영유아와의 애착이 형성되지 않아서, 실습 종료 시기에는 애착이 형성된 영유아와의 헤어짐 때문에 힘들 수 있다. 영유아는 애착이 형성되지 않는 성인에게는 접촉 거부, 도움 거부, 울음 등을 나타내므로 실습 초기에 실습생과 애착이 형성되지 않은 상태에서는 실습생과의 접촉을 거부하고 실습생이 도움을 주려고 해도 피하는 태도를 취한다. 실습 초기가 지나고 시간이 지날수록 실습생의 민감하고 수용적인 상호작용을 통해 영유아와의 애착이 형성되고, 실습 종료 후에는 오히려 애착이 영유아와 실습생과의 헤어짐에 문제가 될 수 있다. 실습생은 헤어짐에 슬퍼하는 영유아 때문에, 그리고 이러한 상황에 대한 지도교사의 반응이 염려되기도 한다. 실습 초기에 실습생이 영유아와 애착을 형성할 수 있도록 도움을 주고 실습 종료 후에는 실습생과의 헤어짐을 슬퍼하는 영유아의 감정을 이해하고 수용해 주는 것은 지도교사의 역할 중 중요한 부분을 차지한다. 그러므로 실습생은 영유아와의 애착으로 인한 문제를 지도교사와 논의하고 적절한 도움을 받아서 해결할 수 있다.

7. 보육철학의 차이

실습기관의 보육관 또는 지도교사의 학급 운영 원리, 영유아와의 상호작용, 교수방법 등이 실습생이 보육교사 양성교육과정을 통해 습득한 보육철학과 다를 수 있다. 실습생은 자신의 보육철학을 쉽게 포기하지 말고 자신과 실습기관의 보육철학을 충분히 검토하여 자신의 보육철학이 영유아에게 더욱 바람직한 것인지 점검할 필요가 있다. 자신의 보육철학이 더 적합하다고 생각되는 경우에는 실습기관의 후원적인 분위기에 따라서 그리고 사안의 경중에 다라서 논의를 시도해 볼 수 있다. 그러나 실습생은 원장과 지도교사가 자신의 제안을 수용할 수 있을 것이라고 확신하는 경우에만 관련 문제를 제기할 수 있다는 것을 유의해야 한다. 지도교사나 원장에 의해서 실습생의 제안이나 지적이 허용되지 않거나 수용되지 않을 것이라고 판단되어 언급할 수 없는 경우에는 관련 쟁점을 기록해 놓고 4주간의 실습을 종료한 후에 보육교사 양성교육기관으로 돌아가서 실습 평가시간에 논의해 보도록 한다.

8. 실습 스트레스

유아교사가 되기 위한 실습생에게 실습은 상당한 스트레스의 원천이며(Edward, 1993; Sumsion & Thomas, 1999), 실습생이 겪는 보편적인 문제다. 실습 스트레스란 실습생으로서의 직무 수행과정에서 야기된 긴장, 욕구좌절, 불안, 분노와 의기소침과 같은 불쾌한 정서를 경험하는 것을 의미한다(김선영·서원경, 2009). 실습 교사의 일반적인 스트레스는 주로 많은 시간과 활력을 소모해야만 하고, 기록할 것도 많고, 실습 지도교사의 기대가 불명확하고, 평가 받는 것에 대해 불안해하고, 자기-기대를 충족시키지 못할까 봐 두려워하고, 교수실제에서 직면하는 문제 등과 관련된다(Sumsion & Thomas, 1999). 특히 실습생의 스트레스는 실습준비 부족으로 인한 자신의 문제, 영유아와의 상호작용, 지도교사와의 관계, 학생교사 신분에 관련된 영유아와 부모 등으로부터의 차별적 대우, 돌봄의 어려움, 수업 진행의 어려움, 실습으로 인한 일상의 변화 등에서 스트레스를 받고 있었으며 이러한 스트레스로 인해 감기나 피부질환 등의 지속, 잠의 부족, 피로 누적 및 비만의 문제를 겪고 있는 것으로 나타났다(김선영·서원경, 2009).

실습생이 알아두면 유익한 스트레스 완화 기법으로는, 긍정적으로 생각하기, 실습에서 성공한 자신의 모습 그려보기, 업무를 잘 해낸 자신에게 상주기, 스트레스를 유발시킨 상황을 변화시키기, 운동하기, 건강 돌보기, 일한 만큼 휴식 취하기, 완벽주의는 버리고 탁월성을 지향하기, 낙천성 유지하기, 유머감각을 키우기, 실습 속에서 재미를 느끼기, 필요시에는 적절한 상담받기 등이 있다(Machado & Botnarescue, 2008). 또한 실습생은 스트레스를 가능한 한 미연에 방지하고, 스트레스 요인을 조절하고, 스트레스에 대한 자신의 반응을 완화시킴으로써 실습 스트레스에 대처할 수 있다(Schwebel, Schwebel, Schwebel, & Schwebel, 2002). 즉, 실습생은 수업활동 준비를 잘하고, 예기치 않은 사건에 대비하고, 학급운영에 대해 모든 것을 학습하고, 지도교사의 기대를 파악하는 등을 통하여 스트레스를 가능한 한 미연에 방지할 수 있다. 실습생은 지도교사의 요구가 불확실한 것이 스트레스일 때에는 지도교사와 상의하는 시간을 마련하고, 관찰방법을 수정하여 관찰 관련 스트레스 요인을 완화시키는 등에 의해 스트레스 요인을 조절할 수 있다. 실습생은 실습 중의 스트레스가 인생 자체를 우울하게 만들 수는 없다는 것을 명심하며, 실습기간 동안에 적절한 휴식을 취하고 즐겁고 균형 잡힌 생활을 통해서 실습 스트레스에 대처할 수 있다.

09

CHAPTER

실습생의 발달단계

학습내용

보육실습 첫 날부터 종료일까지 실습생은 성장하고 발달하게 된다. 실습생은 매일의 실습과정에 대한 반성적 사고를 통한 자기평가를 통해 자신의 성장과 발달을 점검할 뿐만 아니라 실습 종료 후에 자신의 변화과정을 발달단계 측면에서 살펴보는 것도 필요하다. 본 장에서는 실습생 발달단계의 틀에 대한 개념과 보육현장에서의 실제 사례에 대해서 구체적으로 살펴보고자 한다.

1. 실습생의 발달단계

실습생의 변화과정을 이해하기 위한 개념적인 틀로서 실습생의 발달단계 개념의 도입이 필요하다. 실습생 발달단계에 대한 이해는 실습생에게 동료 실습생들도 자신과 비슷한 경험을 한다는 것을 인식하게끔 하고, 자신의 능력이 발달됨에 따라 더욱 더 진보된 단계로 진전된다는 것을 인식하는 데 도움이 된다. 이러한 맥락에서 카루소(Caruso, 2000)는 실습생 발달단계를 6단계로 제시한다. 각 단계에 대하여 구체적으로 살펴보면 다음과 같다.

(1) 1단계: 불안과 기대

실습생은 지도교사와 학급의 영아 또는 유아들이 자신을 좋아하고 받아들일지에 대해 걱정한다. 실습생들은 자신에 대한 높은 기대와 더불어 실습을 잘할지에 대해 염려를 많이 한다. 실습생은 현장에서 수련과정을 할 수 있는 기회를 갖게 된 것에 대해 고무되기도 한다.

(2) 2단계: 혼돈과 명료

실습생은 학급의 복잡성, 낯선 이름과 얼굴, 새로운 하루 일과에 의해 압도되고, 개입할 때와 물러설 때에 대해서 혼란스러워한다. 실습생은 담당 영아 또는 유아에 대해 알게 되고 교육과정과 친숙해지게 될 뿐만 아니라, 지도교사가 무엇을 기대하고 가치 있게 생각하는지도 알게 된다. 비록 실습생은 제한된 교사 역할을 수행한다 할지라도 담당학급과 학생교사의 역할에 대해 더 많은 이해를 하기 시작한다.

(3) 3단계: 유능함과 능력 부족

실습생은 영유아와의 수업시간을 잘 해내고, 지도교사로부터 칭찬을 받는 등의 과정을 통해서 자신감을 얻게 된다. 그러나 실습생은 지식이 많고 자신감이 넘치는 교사와 자신을 비교할 때 그리고 영유아 지도 등에서 능력이 부족함을 느끼기도 한다.

(4) 4단계: 새로운 인지와 되찾은 의구심

실습생은 교사가 되기 위해 중요한 도약을 하거나 영유아교사로서의 진로 방향에 대한 의문을 갖는다. 실습이 진행되면서 실습생은 이전 단계보다 자아중심적 성향이 약화되고 더욱 자신감이 생기며, 영유아의 요구에 주의를 집중하게 된다. 실습생의 안정감이 증대되면서 자신에 대해 더욱 비평적이 되고 자신의 역할 수행에 대해 더욱 객관적으로 분석하게 된다. 만일 실습생이 학급의 책임자로서의 역할을 성공적으로 수행하지 않는 경우에는 자신의 능력과 진로로서의 영유아교사 선택에 대해 의혹을 품는다. 실습생은 교사로서의 역할 수행을 잘 해내려고 더욱 노력하지만 실패를 하고, 좌절 속에서 실패의 원인을 지도교사나 영유아의 탓으로 돌릴 수 있다. 그럼에도 불구하고 실습생은 이 단계에서 직면한 문제를 잘 해결하고 성공적으로 실습을 마칠 수 있다.

(5) 5단계: 자신감 상승과 능력 부족의 실감

실습생은 이제 지도교사와 파트너, 즉 동료 교사가 된다. 실습생은 수업진행이나 학급운영에 있어서 더 큰 성공을 경험하면서 지도교사 없이 자신이 온전히 학급을 책임지는 순간을 소중히 여긴다. 또한 실습생은 교사 역할을 수행하는 데 있어서의 자신만의 방식을 계발하기 시작하려 한다. 실습생은 자신의 높은 기대에 영유아들이 부응하지 못할 때는 좌절을 경험한다.

실습생은 영유아와 함께 실패한 계획, 학급 운영의 문제 직면, 자신과 지도교사 및 동료실습생과의 비교를 통하여 자신의 능력이 부족함을 느끼고 잘해낼 자신감을 잃을 수 있다. 실습생은 실패의 경험에 따른 신념상실, 좌절, 실망과 싸워야 하고 인내해야 한다. 실습생은 교사가 되려는 꿈에 대해 마지못해 의문을 갖거나 확고부동하게 꿈을 위해 다시 노력한다.

(6) 6단계: 상실감, 성취감과 안도감

실습이 종료되면 실습생은 실습과정의 완성도에 대한 아쉬움, 영유아와 지도교사와의 헤어짐, 영유아교사 취업 문제 등으로 인해 상실감을 느낄 수 있다. 또한 실습생은 실습기간을 회고해 보며 자신의 발전에 대해 성취감과 긍지를 느끼거나 자신이 바라던 만큼 성공적이지 않은 경우에는 실망하기도 한다. 여하튼 실습생은 실습이 종료된 것에 대해 안도감을 느낀다.

임승렬과 조경희(1999)는 실습생의 발달단계를 4단계로 제시한다. 각 단계별로 살펴보면 다음과 같다.

- 교육실습 이전 단계

  교육실습 개시 이전의 단계로서 실습생은 교육실습에 대한 기대를 갖는다.
- 흥분, 불안과 생존 관심사 단계

  실습기간의 초기에 해당하며 실습생은 교사로서의 자신을 인식하며 유아들이 교사로 인식할 수 있도록 한다. 실습생은 교수방법 및 계획, 유아에 대한 지식이 부족하다.
- 학급운영과 교수기술 관심사 단계

  실습기간의 중기에 해당하며 실습생은 교사가 되는 방법을 학습하고, 수업계획 및 과정 평가방법을 학습한다. 또한 소그룹 영역별 수업을 한다.
- 교수 기술의 만족과 반성적 교수활동 평가 관심사 단계

  실습생은 교사로서의 수행력에 대해 반성해 본다. 또한 실습생은 실제로 교수를 해 보며 예비영유아교사에서 교사로 변화하기 시작한다.

류칠선(1998)은 실습생의 발단단계를 크게 4단계, 즉 실습이 시작되는 시기는 적응기, 실습기간은 율동적 경험기와 혼란기 그리고 실습이 마무리되는 시기는 미래를 위한 준비기로 구분하였다. 각 단계에 대해 구체적으로 살펴보면 다음과 같다.

- 1단계: 적응기

  실습생들은 교육실습에 대해 지금까지 학교에서 이론적·실제적으로 많이 배운 것 같지만 아는 것이 하나도 없는 것 같기도 하고 막막하고 걱정이 많이 되어 꿈을 꾸기도 한다. 그러나 실제로 교육실습이 시작되면서 실습 전의 막연히 두렵고 걱정되던 마음보다 새로운 환경과 분위기에 적응하면서 처음에는 힘들고 실망도 되고 혼란스럽지만 하루하루 생활하다 보면 자신감도 생기고 열심히 하고자 다짐하는 마음이 앞서게 된다.

- 2단계: 율동적 경험기

  실습생들은 교육실습이 진행됨에 따라 여러 가지 역할을 수행하면서 육체적 피로 대 보람, 서운함 대 감사함의 율동적(rhythmical) 패턴을 경험하게 된다.

  - 육체적 피로 대 보람: 실습생들은 실습생으로서 부분·연계·종일 수업을 위한 교육계획안 작성, 자료준비, 교구제작, 실습기관에서 요구하는 업무 등을 하느라 육체적으로 너무나 힘들어서 체력의 한계를 느끼는 등 피곤에 지쳐 있는 상태이다. 그러나 준비한 자료를 이용하여 수업을 진행할 때 유아들이 반응을 보이며 재미있어 하거나 지도교사가 격려의 말을 해 주면 그동안에 힘들었던 것들은 모두 사라지고 자신감과 교사로서의 보람을 느끼게 된다.
  - 서운함 대 감사함: 실습생들은 지도교사는 교육실습을 경험해 본 사람들이기에 다른 어떤 사람보다 실습생을 배려할 것이라고 기대하지만 실제로는 실습생을 대하는 지도교사의 태도에서 서운함을 느낀다. 한편, 실습생들은 낯선 환경에 잘 적응하도록 친절하게 도와주고 수업을 하고 나서 실망하거나 속상해하면 격려도 해 주는 지도교사에게 감사함을 갖게 된다.

- 3단계: 혼란기

  실습생들은 교육실습이 진행됨에 따라 실제의 실습 상황은 학교수업에서 배운 이론이나 사전실습에서 경험했던 것과 물리적 환경, 유아의 특성에 대한 지식, 교육 내용 및 방법, 측면에서 크게 차이가 있음을 인식한다. 또한 실습생 자신도 이론과 실행을 일치시키려고 노력하나 생각대로 연결이 잘 안 되며, 지도교사로부터 실습생들이 학교에서 배운 내용을 그대로 실행하려는 수업에 대해 지도교사로부터 비판을 받음으로써 혼란을 느끼게 된다.

- 4단계: 미래를 위한 준비기

  실습생들은 실습기간 동안 적응기, 율동적 경험기, 혼란기의 과정을 거치고 유아, 교사 등과의 만남에서 유아교사로서의 직접적·간접적 체험을 하게 된다. 이 과정을 통해 실습생은 학교에서 이론적으로, 모의수업으로 배웠던 것보다 실습을 통한 교육이 효과적이었으며, 이를 바탕으로 더 열심히 미래를 준비하겠다고 다짐한다.

2. 보육현장에서의 실습생의 발달단계 사례

앞서 언급한 연구자들이 제시한 유아교사의 실습생 발달단계의 틀을 참조하여 보육실습을 종료한 실습생이 자신의 발달단계를 기술한 예를 제시하면 다음과 같다.

1) 사례 1

(1) 1단계: 마음의 준비

실습 전까지는 이론으로만 알아오던 내용을 실습기간 동안 실제로 적용해 보는 것에 대해서 기대를 하는 한편, 자신이 교사의 역할을 잘 수행할 수 있을지에 대해서 많은 걱정을 한다. 반드시 행해야 할 것과 행하지 말아야 할 것, 주의할 점 등을 미리 메모해 두어 실제에 부딪혔을 때 당황하거나 실수하지 않도록 준비를 해 둔다.

(2) 2단계: 적응기

실습이 시작되면서 새로운 유아들과 선생님과 새로운 장소에 친밀해지도록 적응해야 한다. 유아들의 이름과 특성을 알아가면서 스킨십과 상호작용을 하여 라포 형성이 잘 될 수 있도록 한다. 선생님과의 관계에서 실습생은 항상 배우는 단계임을 잊지 말고 수용하며 배려하고 존중하도록 한다. 보육실은 전체적인 구조(창문, 콘센트, 화장실)와 어떤 영역에 어떤 교구가 배치되어 있는지, 교사 자료와 물품 위치는 어딘지 기억해 둔다. 이렇게 새로운 환경에 적응하면서 자신감도 생기고 열심히 하고자 하는 다짐을 가질 수 있도록 한다.

(3) 3단계: 혼란기

한 주 동안 선생님의 수업을 관찰한 후 직접 부분수업을 한다. 이야기 나누기, 새 노래 지도, 게임, 동화 등을 직접 수업하면서 학교에서 배운 이론적인 내용들과의 차이점에서 큰 혼란을 느낀다. 실습생이 미리 짜놓은 수업계획안처럼 유아들이 반응하지 않거나 창의적이고 기발한 대답으로 실습생을 당황하게 한다.

또한 영유아들과 친밀해지면서 결정을 내리기 곤란한 상황에 부딪히게 된다. 그때마다 실습생은 빠른 시간 안에 현명한 선택을 해야 함에 혼란을 느낀다. 지도교사가 제안한 부분이 자신이 준비한 것과 맞지 않을 때 선생님과의 조율을 통해 맞춰 나가고자 노력한다.

(4) 4단계: 안정기

부분수업을 하면서 각 수업 때 주의할 점과 좋은 점, 나쁜 점, 상호작용방법 등을 피드백 받는다. 그것을 계기로 직접 느끼고 되새기며 연계수업은 보다 매끄럽고 안정적으로 수업을 진행하게 된다. 선생님은 실습생의 이런 안정된 모습에 학급을 운영할 수 있도록 선생님으로서의 책임을 실습생에게 이

양해 준다. 동시에 유아들도 실습 선생님이지만 담임선생님 못지않은 힘을 가지고 있다고 느끼게 된다.

(5) 5단계: 완성기

지금까지 실습하면서 배운 것을 정리하여 종일수업을 한다. 항상 자신감 있고 당당하게 실습생 자신이 정말 선생님이 되었다 생각하고 수업을 진행한다. 타산지석이라고 이 시기에는 좋은 것은 배우고 아닌 것은 버릴 줄 알게 된다. 한 달 동안 자신에게 주어진 과업을 성공적으로 수행한 실습생은 실습을 마치면서 안도감을 느낀다. 또한 실습생 자신, 유아 그리고 담임선생님 모두 아쉬움을 느낀다. 한 발 더 성장함을 느끼며 실습을 계기로 더욱 자신감 있게 미래를 준비할 수 있게 된다.

2) 사례 2

(1) 1단계: 실습 전 긴장과 걱정 그리고 다짐

사전실습을 통해서 실습기관의 일과, 일지 쓰기 등이 어느 정도 익숙해졌지만 여전히 긴장되고 걱정이 되었다. 먼저 실습을 나갔다 온 선배들로부터 참 많이 힘들었다, 어려웠다는 이야기를 많이 들었기 때문에 무엇보다 잘할 수 있을지 걱정되는 마음이 컸다. 특히, 실습은 교사가 되기 위한 첫 단추를 끼우는 것이기 때문에 잘해야겠다는 생각이 크다 보니 더욱 긴장되었던 것 같다. 사전방문을 하고 원장님과 실습생들과 오리엔테이션을 하는 시간을 가졌고, 앞으로의 계획을 미리 알고 준비할 수 있었다. 주제가 '공룡'이라는 것을 알고 공룡에 관한 지식들도 찾아보았다. 앞으로 잘하고 열심히 해야겠다고 굳게 다짐했다. 지도교사와의 관계도 걱정이 되었지만, 늘 굴하지 않는 정신으로 하자는 마음을 먹고, 또한 많은 것을 배우자는 실습생의 겸손한 마음을 잊지 않겠다고 각오하였다.

(2) 2단계: 실습의 시작

사전실습 때 보았던 유아들을 다시 보니 매우 반가웠다. 이름과 얼굴 모두

기억이 나는 유아들도 있었고, 나를 기억해 주는 유아들도 꽤 있었다. 유아들이 알아봐주니 참 기분이 좋았다. 처음이지만 익숙한 유아들이 많아서 덜 어색했던 것 같다. 본 실습이다 보니 사전실습과는 조금 다르게 행동해야 할 것 같은데, 어떻게 해야 할지 조금 혼돈되기도 하였다. 유아들과 함께 놀이도 하면서 관찰하는 부분이 아직 조절하기 어려웠던 것 같다.

첫날 지도교사와 처음으로 인사를 나누었다. 어떤 것을 해야 하는지 구체적으로 설명해 주어서 도움이 되었다. 첫날은 바쁘시고, 둘째 날은 휴무여서 지도교사와의 관계가 조금 늦게 자리를 잡았다. 일지에 대한 코멘트 등 지도교사와 이야기를 나누지 못해서 어려움이 있었다. 유아들과 교사가 생활하는 곳에 내가 갑자기 끼어든 것 같아 어색하고, 동떨어진 기분도 들었던 것 같다. 익숙해지면 괜찮겠지 하면서 마음속으로 달래보고, 유아들과 더욱 친밀해지려고 노력했다.

(3) 3단계: 처음 한 주의 수정의 반복, 자신감의 상실

하루 일과 동안에 유아들과 생활하고 놀이하는 것은 즐거운 일이었다. 만 5세의 유아들이라 의사소통도 원활하고, 놀이도 매일 새롭고 흥미로웠다.

그런데 그날의 일지를 쓰고 다음날 교사에게 평가를 받을 때 수정할 것들을 계속 지적받았다. 물론 구체적으로 수정할 부분을 알려주셔서 좋았지만, 며칠이 지나도 계속 수정할 부분이 지적되자 '내가 너무 못하고 있나.', '나만 이런가.'하는 생각이 들면서 마음이 불안해졌다. 사실 지금에 와서 생각해 보면 지도교사의 역할은 나에게 고칠 부분을 알려주는 것이기 때문에 피드백을 주는 것은 당연한 것인데 그때는 너무 자신이 없어지고 걱정이 되었던 것 같다.

특히, 첫 주 마지막 날까지 수정 없이 통과가 되지 않자 매우 상심하는 마음이 컸다. 지도교사가 나를 참 한심하게 생각하는 것은 아닐까 하는 마음이 들기도 했다. 그래도 지도교사께서 "곧 주말이니 힘내세요."라며 격려해 줄 때는 마음이 한결 가벼워지고 힘이 났다. 처음이라 지도교사와의 관계가 확실하지 않아 교사의 작은 말투나 태도도 크게 다가왔던 것 같다.

첫 주를 마치면서 잘하고 있는지에 대한 불안, 매일의 수정으로 인한 자신감 상실에다가 아직 일지 쓰는 것이 숙달되지 않아 너무 오래 걸리는 것 때문에 잠을 거의 자지 못해 피곤함이 겹쳐 더 힘들었다. 앞으로 남은 3주 동안 잘할 수 있을까 싶었다.

(4) 4단계: 좀 더 안정된 실습

아이들과 놀이하는 것이 좀 더 자연스러워지고, 함께 놀이하는 유아들도 즐거워하였다. 쌓기 영역에서 역할놀이를 하는 데 놀이참여자가 되어 개입했다. 모두 즐거워하고 놀이도 의미 있게 확장되는 경험을 했다. 이렇게 놀이시간에 유아들과 잘 보내고 나면 뿌듯하고 기분이 좋았다.

실습일지를 쓰는 것에도 더 이상 수정 없이 교사의 사인을 받을 수 있었다. 그동안 교사가 고쳐가라고 했던대로 잘 바꾸어 갔다고 생각하니 안심이 되었다. '나도 할 수 있구나.'하는 자신감이 생기자 얼굴에 웃음이 계속 머무는 것이 스스로도 느껴졌다.

2주째에는 부분수업을 해 보았다. 수·조작활동의 게임판을 만들어 갔는데, 유아들의 반응이 좋았고, 유아들이 즐겁게 놀이하는 모습을 볼 때에 참 보람을 느꼈다. 놀이 소개를 할 때에 안정된 모습으로 차분하게 했던 점이 참 좋았고, 교사에게도 격려 받을 수 있었다.

(5) 5단계: 교사 역할의 분담

유아들이 활동할 수 있도록 준비하는 것, 양치 지도하는 것 등 교사의 역할을 실습해 볼 수 있는 기회들을 더 많이 가져볼 수 있었다. 이제 스스로 어떤 것들을 도와야 하는지 파악하여 움직이는 것이 자연스러워졌다.

전이활동 시간에 유아들에게 동화를 들려주라고 하여 유아들 앞에서 그림책을 읽어주었다. 유아들이 흥미롭게 잘 들어주었고, 나 또한 유아들의 반응을 살펴가며 적절히 읽어줄 수 있었다. 이렇게 여러 유아들에게가 아니라 개별적으로도 유아들에게 책을 읽어줄 기회가 많이 있었다. 식사 전 전이시간 등 소그룹 활동실에서 "이거 읽어주세요."하고 다가온 유아에게 책을 읽어주

곤 하였다. 이러한 경험으로 유아들과 친밀해질 수 있고, 유아들도 그림책에 잘 빠져드는 것을 보았다.

부분수업과 연계 수업활동을 진행해 보았다. 아쉬운 점들도 많이 있었지만, 내가 준비한 활동에 유아들이 적극적으로 참여하는 모습에 참 뿌듯했다. 내가 마련한 활동들로 놀이들이 이루어지고, 그것이 의미 있다고 생각될 때 나의 유능감이 높아질 수 있었다.

(6) 6단계: 아쉬움과 뿌듯함이 모두 남는 마무리

마지막 주는 무엇보다 반일수업을 했던 날이 가장 기억에 남는다. 오전 간식부터 점심시간까지 모두 내가 주 교사가 되어 일과를 이끄는 것이었기 때문에, 미리 준비도 많이 하고 머릿속으로 어떻게 해야 할지 생각도 많이 했기에 그런 것 같다.

그동안 내가 배운 교수방법과 노하우들을 모두 쏟아부어야 하는데, 아쉬운 부분도 참 많이 있었다. 놀이를 소개할 때에 유아들의 흥미를 이끌면서 잘했었는데, 놀이시간에 모든 영역에서 골고루 놀이가 이루어지지 않은 점이 아쉬웠다.

마지막 날 평가가 있었는데, 지도교사께서 좋은 점들만 많이 말씀해 주셔서 너무나 감사했다. 좋게 보아주고, 많이 가르쳐준 지도교사의 도움 때문에 실습을 잘 마무리할 수 있었다는 생각이 든다. 나 스스로 좀 더 잘하지 못한 아쉬움들이 너무 많이 남아서, 앞으로 많은 반성을 통해 사후실습에서 더 나은 모습을 보여야겠다는 생각을 해 보게 되었다.

유아들에게 좀 더 다정하게 대해 줄 것을 하는 아쉬움도 많이 남았다. 유아들을 더 많이 사랑해 줄 것을 그동안 너무 전문가처럼 혹은 그저 실습생처럼 대했던 점은 없었는지 생각해 보게 되었고 더 따뜻한 교사가 되어야겠다는 생각을 했다.

좋은 교사가 되는 것이 쉬운 일이 아님을, 매일 매일 새롭게 느꼈던 한 달이었다. 매일 어려움이 닥치고 혼란이 오고, 갈등이 생기는 것 같다. 늘 유아들에게 따뜻하고 밝은 정서적으로 의지되는 교사, 전문적인 교사가 되기 위해 앞으로 남은 준비기간 동안 노력해야겠다.

3) 사례 3

(1) 1단계: 기대와 걱정

사전실습을 해 보긴 했지만 그래도 오랜만에 어린이집에 가고 사전실습을 할 때와는 다르게 학급을 운영하고 수업을 해야 한다는 생각에 걱정이 되기도 했고, 유아들을 만나고 왠지 정말 선생님이 된 것 같아 기대에 부풀기도 했다.

(2) 2단계: 피로와 후회

실습을 하고 처음 일주일은 잠도 거의 못 자고 너무 긴장한 탓에 몸도 힘들고 정신적으로도 너무 힘들어 지쳐 있었고, 어린이집 일이 생각보다 많이 힘들어서 아동학과에 온 것이 잘한 것일까 하는 생각과 함께 조금 후회를 하기도 했다.

(3) 3단계: 교수기술 관심사와 불안

2주 말부터 수업을 계획하고 진행해야 해서 여러 가지 교수기술에 관심을 가지고 자료도 많이 찾아보고 지도교사가 수업을 할 때 어떻게 진행하는지, 하루 일과는 어떻게 운영해야 하는지 관심을 가지고 주의 깊게 관찰하였고, 그것을 토대로 계획안을 작성하였는데, 유아들이 내가 계획한 활동에 흥미를 가지고 재미있게 활동할지 불안하기도 했다.

(4) 4단계: 편안함과 안도감

어린이집의 일과에 익숙해지고 유아들의 특성도 어느 정도 파악하여 어린이집의 생활이 편안해졌고, 어색해 하며 잘 다가오지 않던 유아들도 편하게 다가와 이야기를 하여 어린이집에서 보내는 하루하루가 점차 편안해지고 걱정했던 것보다 금방 적응할 수 있어 안도감이 들었다.

(5) 5단계: 보람과 감사함

내가 수업을 진행했을 때 재미있게 활동하는 유아들의 모습과 등·하원 시 어린이집 밖에서 만났을 때 "학생 선생님이다."라고 말하며 인사도 하고 어머니에게 "선생님이야."라고 말하는 유아들을 봤을 때 보람을 느꼈고, 수업의 계획과 진행할 때 많 도움을 주시고 편하게 대해 주시는 지도교사에 대해 감사한 마음이 들었다.

(6) 6단계: 아쉬움과 성취감

실습을 처음 시작했을 때는 한 달이 언제 지나가나 걱정했었는데, 막상 실습이 끝나가니까 시간이 금방 지나간 것 같고, 이제 우리 반 유아들을 자주 보지 못한다는 생각에 서운하기도 했으며, 수업 진행이나 유아들과의 상호작용을 조금 더 잘 할 수 있지 않았을까 하는 아쉬움과 함께 그래도 한 달 동안의 실습을 무사히 끝마친 것에 대한 성취감도 들었다.

10

CHAPTER

보육실습기관에서의 실습생 평가 및 지도

학습내용

실습이 진행되는 동안에 실습기관은 실습생의 실습과정과 수행 정도에 대한 정기적인 평가와 지도를 한다. 실습생에 대한 평가와 지도는 지도교사, 주임교사, 원장에 의해 실시되는데, 주로 지도교사가 핵심 역할을 수행한다. 실습생에게 이러한 평가의 지도는 보육현장에서 새로운 지식을 습득하거나 기준 지식을 확장시키는 데 반드시 필요하다. 이를 위해 본 장에서는 지도교사의 실습생에 대한 평가 및 지도에 대해서 구체적으로 살펴보고자 한다.

1. 지도교사의 일일 실습생 평가 및 지도

지도교사는 실습생의 과제 제출, 수행 진행, 영유아와의 상호작용 등 실습 진행 전반에 대해 매일 평가, 지도하여 실습생이 다음날 실습과정에 반영할 수 있도록 한다. 지도교사의 일일 평가 및 지도 사례를 주 단위로 정리하고, 아울러 일일 평가 및 지도에 대한 실습생의 반응을 제시하면 <표 10-1>과 같다.

표 10-1 지도교사의 실습생 일일평가 및 지도

일정	지도교사 평가 및 지도 내용	실습생의 반응
첫날	실습기간 6주 동안의 일정에 다시 한번 더 소개하였다. 실습할 반의 특징과 영유아에 한 특징을 간략하게 소개하였다. 서로의 개인 연락처를 주고받고 특별한 일이 있을 경우에는 개인 연락처를 이용하자고 하였다.	실습 첫날은 실습지도교사의 배려로 아이들과 편안하게 인사를 나누고 친근해짐을 느낄 수 있었다. 그리고 아이들을 탐색해 보고 그들과 앞으로의 생활을 긍정적으로 함께 하기를 기대하고 있다.
1주	영유아 참여관찰, 하루 일과 운영, 상호작용 등 고르게 경험해 보도록 하였다. 보육실습일지 작성과 지도교사의 평가를 하였다. 교구제작계획서, 부분수업계획서, 연계수업계획서, 종일수업계획서 작성 방법을 설명하고 제출기한 내에 반드시 낼 것을 이야기하였으며 각 계획서를 제출하기 전에 여러 가지 자료를 찾아와서 지도교사와 의논할 것을 당부하였다. 또한 매일 작성하게 될 보육실습일지와 영유아 관찰기록의 완성된 예를 보여 주고 이를 토대로 작성할 것을 이야기하였다.	실습기간 동안 해야 될 일이 많은 것 같아 걱정이 된다. 틈틈이 수업자료를 찾아보아야 할 것 같고 모르는 것이 있으면 즉시 교사에게 물어보아야겠다.

2주	2주에는 수업 참관과 교구제작계획서를 제출하도록 일정이 짜여 있었다. 하루 일과의 흐름에 대해서는 이미 파악하고 있었으므로 이번에는 자유선택활동 시 개입방법과 전이활동 및 대소집단 활동에서의 교사의 교수방법을 중점으로 관찰하도록 요구하였다. 매일 실습생의 일지를 점검하면서 일지에 계획된 활동과 계획되지는 않았지만 유아가 흥미롭게 진행한 활동이 기록되었는지 살펴보고 실습생의 평가를 함께 읽어 보고 논의하였다. 또한 자유선택활동 시 특정한 영역에만 머무르는 것을 언급하며 유아기 때문에 한 가지 영역 활동이 길게 진행되지만 시간 분배를 효율적으로 하여 될 수 있는 대로 모든 영역에 개입하도록 요구하였다. 그리고 실습생이 놀이에 개입하면 놀이가 중단되는 것이 어떤 이유 때문인지 생각해 보도록 유도하였고 참고도서 목록을 주었다.	아직 지도교사처럼 교실 상황 전체를 파악하여 자유선택활동 시 모든 영역을 골고루 개입하는 시각이 부족한 것 같다. 지도교사가 평가한대로 의도적으로 모든 영역을 개입하도록 노력해 보겠다. 또한 아직 언제, 어떤 방법으로 놀이에 개입해야 효과적인지가 파악되지 않는다.
3주 ~ 4주	실습생이 교구제작계획서와 부분수업계획서를 제출 하였다. 교구는 조작 영역을, 부분수업은 조형과 언어 영역 수업을 준비하도록 요구하였다. 병원이라는 주제를 진행하고 있기 때문에 주제와 통합하여 진행될 수 있는 교구와 수업으로 준비하였다. 실습생은 조작 교구 중 주사위 그룹 게임판과 퍼즐, 패턴 판을 조사해 왔다. 실습생에게 만 3세 유아는 그룹 게임 시 규칙 인지와 승패 인지가 힘든 연령이고, 퍼즐은 이미 주제와 맞추어 다양하게 제공되고 있어 패턴 판을 제시하는 것이 좋을 것이라고 이야기하였다. 패턴은 단순한 것부터 복잡한 것까지 다양한 조합으로 제작하기로 하였다. 조형 영역 활동은 실내뿐만 아니라 실외로 연계하는 활동을 준비해 보라고 하였더니 물감 놀이로 계획하되 실내에서는 병원기구 모루 도장 찍기를, 실외에서는 주사기 물감 놀이를 계획해 왔다. 언어 영역에서는 실습생이 글자를 써보는 활동지를 준비하겠다고 해서 아직 쓰기가 어려운 월령이므로 그림과 글자가 인쇄된 종이를 제공해 주어 오려 붙이면 단어 책을 완성할 수 있는 활동으로 변경하였다. 교구제작계획서와 부분수업계획서는 실습생이 조사해온 내용을 바탕으로 2번의 논의를 거쳐 수정되었다.	진행되는 병원이라는 주제에 맞추어 지도교사가 요구한 영역의 교구와 부분수업 자료를 조사해 갔다. 도서와 서울시 보육 정보센터, 중앙보육정보센터의 자료를 이용하였다. 자료를 조사할 때 만 3세 유아의 발달적 특징을 고려하였는데 제대로 되지 않은 것 같다. 다음 연계수업 계획서를 작성할 때는 발달적 특징을 고려하여 작성해야겠다. 또한 같은 연령 내에서의 개인차도 고려하여 계획해야겠다.

4주 ~ 5주	교구제작계획서대로 교구를 제작하는 과정을 계속 점검하였으며 부분수업을 실행하였다. 또한 다음 주 연계수업과 종일수업 계획서를 의논하고 마무리지었다. 교구는 제작하여 반일수업에 사용할 수 있도록 하였는데 도안, 패턴 수, 판의 마무리 등을 점검하였다. 부분수업 진행은 첫 수업이라서 그런지 실습생이 많이 긴장하였다. 또 예상하지 못했던 유아의 질문과 반응에 당황하는 모습이 보였다. 계획 시에 좀 더 다양한 유아의 반응을 예상하도록 해야겠다. 연계수업은 쌓기-역할 활동을 제안하였다. 쌓기 영역에서 대기실과 진찰실, 약국을 만들고 의사, 약사, 간호사, 환자의 역할이 진행되고 있는 과정에서 치과, 안과, 이비인후과 등 진료과목에 따른 병원이 있음을 유아가 이해하고 있으므로 쌓기-역할에 이를 반영한 놀이를 계획하도록 요구하였다. 쌓기-역할 영역의 놀이 확장을 위해 조형, 언어 영역에서 간판 만들기, 안내판 만들기 등이 미리 이루어지도록 하였다. 반일수업은 등원이 완료되는 오전 9시에서 낮잠 자기가 시작되는 오후 1시 30분까지 계획하도록 하였다. 반일수업은 놀이계획-실내 자유선택활동-소집단활동-손 씻기 및 화장실 가기-실외자유선택활동-손 씻기 및 화장실 가기-놀이 평가-손 씻기-점심, 낮잠,전이활동-낮잠까지로 활동과 시간을 배분하도록 하였으며 손 씻기, 화장실 가기, 낮잠 지도는 평소에 지도교사가 하던 것을 그대로 진행하게 하였다. 연계수업은 상호작용방법에 초점을 맞추어 계획서를 수정하였고 반일 수업은 시간 분배 활동 선택이 문제가 되었다. 실내 자유선택활동의 모든 영역활동 계획은 실습생의 준비에 무리가 되기 때문에 3개 영역 활동을 새로 준비하는 것으로 하였다. 조작 영역에는 교구제작계획 시에 만들었던 놀잇감을 넣었고 이외에 부분수업과 연계수업에서 진행하지 않았던 영역의 활동을 새로 준비하였다. 음률 영역은 병원놀이라는 유아가 지난주에 익힌 새 노래의 율동을 만드는 소집단 활동을 준비하였으며, 과학영역은 확대경으로 관찰하기, 역할 및 쌓기 영역에서는 연계수업 때 진행되었던 놀이를 확장하도록 하였다.	지도교사가 교구제작을 매일 점검하시겠다고 해서 부담이 되었다. 그런데 부담보다는 오히려 작은 곳 하나하나 모두를 섬세하게 점검해 주셔서 완성 후 수정하는 일이 없도록 된 것 같다. 견고성과 안전성을 고려해야 하는 일이 교구제작에서 많은 부분을 차지하고 있음을 이해할 수 있었고 도안도 유아가 식별하기 쉬운 사실과 가까운 것을 찾도록 도와주셨다. 부분수업은 계획한 대로 진행이 되지 않았다. 모루 도장 찍기는 다양한 재질의 종이가 제시되었더라면 찍힌 모습을 서로 비교해 볼 수 있었을 것 같고 실외놀이터의 주사기 물감 놀이는 붙여 놓은 종이 밖으로 물감이 번져서 유아의 활동을 제한하게 되었다. 좀 더 넓은 종이를 붙이거나 종이를 붙이기 전에 더 넓게 비닐을 붙여 놓았더라면 유아가 활동을 좀 더 자유롭게 했을 것 같다. 연계수업계획은 유아의 놀이 진행과정을 파악하고 확장할 수 있도록 지도교사와 논의하여 결정하였다. 반나절 수업도 지도 교사가 계획한 활동과 연계되도록 계획하여 자료 조사가 부분수업 계획할 때보다 많이 필요하지 않았으며 오히려 현재 유아의 놀이상태를 파악하고 교사가 계획한 활동과의 연계성을 고려하는 시각이 필요하였다.

6주	연계수업과 반일수업이 진행되는 실습의 마무리 단계였다. 실습생이 그동안 모든 과정을 성실히 진행하였기 때문에 원활히 진행되리라 예상하였으나 반일수업의 시간 배분이 문제가 되었다. 특히, 반일수업은 유아의 전체 상황을 파악할 수 있어야 했으며, 일과 시간 운영의 기술이 필요하였다.	연계수업은 이미 유아가 진행한 내용을 바탕으로 확장하는 활동이었으나 어떻게 개입해야 교사가 지시하지 않고 유아가 자발적으로 병원을 진료과목별로 여러 개 만들어 진행할 수 있을까가 고민이었다. 다행히 지도교사가 연계수업 전에 이야기 나누기를 통해 치과, 안과 등 유아가 인지한 것을 어떻게 놀이에 반영할지 유아와 논의해 주었고, 이야기 나누기 과정에서 나온 간판, 안내판이 조형 영역에서 만들어져 사전활동이 충분히 이루어진 상태에서 진행될 수 있었다. 처음에는 내가 의사, 간호사 등 주도적인 역할로 놀이 참여를 했지만 조금 지나자 유아가 주도하여 진행하여 나는 환자를 맡게 되었고 이후에는 놀이에서 빠져나와 외부에서 질문하는 역할만으로도 놀이가 진행되었다. 반일수업 진행은 생각했던 것보다 더 힘이 들었다. 배분한 시간대로 일정이 진행되지 않았다. 놀이계획과 평가시간에 유아의 여러 의견을 듣는 것은 좋았으나 시간조절이 되지 않아 계획보다 많은 시간이 흘러갔다. 소집단 활동도 도입과정의 주의집중에 많은 시간이 소비되었다.
실습 종료일	다른 실습생들과 실습과정을 함께 나누어 볼 수 있는 기회라 실습생에게 도움이 되었으리라 생각된다. 보육교사가 되고 싶다고 이야기하였기 때문에 학교에 돌아가서 취업 전까지 더 준비하였으면 하는 것을 이야기해 주었다. 영유아 발달과 표준보육과정, 상호작용방법을 계속 공부하고 현장감을 놓지 않도록 사후실습이나 자원봉사도 권하였다.	원장, 다른 반 지도교사와 실습생 모두가 모여 총평가를 하였다. 실습전체 과정에 대한 평가를 기록한 평가지를 나누어 보았고, 다른 실습생의 교수자료도 함께 평가해 보는 시간이었다. 잘못된 부분만을 지적받을 줄 알았으나 격려를 많이 해 주어 힘이 되었다.

2. 실습과정의 주별 목표에 따른 지도교사의 실습생 평가 및 지도

보육실습 기간의 각 주마다 실습 내용에 따른 실습목표가 설정되어 있다. 그러므로 지도교사는 실습생이 주별 목표에 어느 정도 도달하였고 보완해야 될 점은 무엇인지에 대해 평가하고 지도한다. 지도교사의 주별 실습생 평가 사례를 제시하면 <표 10-2>와 같다.

표 10-2 지도교사의 실습생 주별 평가 및 지도

• 실습학급: 4세반 • 실습기간: 6주 • 평가자: 실습지도교사

일정	목표	평가 내용
1주 ~ 2주	영유아 발달 특성 관찰 하루 일과 관찰 교사 역할 관찰	• 상호작용 시에 장문장이 많다. 만 4세에 적합한 단 문장을 사용해야 한다. • 자유선택활동 시 언제 개입하고 언제 빠져나오는지에 대한 인식이 부족하다. 놀이 개업에 대한 참고도서를 읽을 필요가 있다. • 자유선택활동 시 모든 영역을 적절히 시간 분배하여 개입하여야 한다. 선호하는 영역에서의 개입시간이 많아 하루에 다른 영역을 개입하지 못하는 경우가 있다. • 교사가 유아의 갈등 상황을 해결해 주려고 하기보다는 시간이 걸리더라도 유아 간에 상호작용하여 그들 스스로 해결방안을 찾을 수 있도록 배려해야 한다.
3주 ~ 4주	부분수업 진행	• 한 가지 활동을 준비할 때도 유아의 개별차가 있음을 인식하고 수준별로 다양하게 접근할 수 있는 교수자료와 활동내용을 준비해야 한다. • 예상하지 못한 유아의 반응에 당황하지 말고 수업의 목표, 유아의 발달에 적합하게 상호작용해야 한다. • 수업을 계획할 때 보다 구체적인 시간대별 상호작용, 내용을 기록하여 계획대로 활동이 진행되도록 한다.
4주 ~ 5주	연계수업 진행	• 전이활동을 적절하게 진행한다. • 소그룹 활동 시 주의집중을 위한 도입활동을 고려해야 하며 전체 활동시간의 도입-전개-마무리 배분이 적절해야 한다. • 유아가 사용할 수 있는 자료의 양을 충분히 준비해 더 해 보고 싶어하는 유아가 자유롭게 사용할 수 있도록 한다. • 소그룹 활동을 하다 보니 부정적인 상호작용의 양이 많아졌다. 긍정적인 상호작용과 격려가 필요하다.
5주 ~ 6주	반나절 또는 종일수업 진행	• 교사가 계획한 활동 이외에 유아가 스스로 진행한 놀이에 대한 개입이 적었다. 유아 스스로 진행한 놀이의 가치를 인정하고 주제와 통합되어 진행될 수 있도록 개입한다. • 일과 시간 조절이 적절하였다. 정리시간 예고, 이동 시간도 잘 고려되었다. • 일상생활 지도 시 유아를 집단으로 대하기보다는 개별 상호작용의 양을 늘리고 개별 상호작용을 할 수 있는 좋은 기회로 활용한다.

3. 총괄 평가 및 지도

지도교사를 중심으로 주임교사, 원장은 실습생의 4주 동안의 실습 진행 정도 전반에 대한 것은 <표 10-3>과 같다.

표 10-3 실습생 총괄 평가

• 실습학급: 1세반 • 실습기간: 6주

일정	내용
근무태도	• 결석, 지각없이 제시간보다 일찍 출근하여 미리 보육실 환경을 둘러보고, 컵과 주전자를 가져다 놓는 등 하루 일과를 준비하시는 성실함을 보였다. 또한 활동 중에 스스로 해야 할 일을 찾았으며, 전이시간에는 항상 영아들과 함께 하며 상황에 맞게 상호작용해 주었다.
보육실습 일지 영유아 관찰기록	• 하루 일과를 잘 관찰하고 자세히 기록하였다. 특히, 활동별로 영아들의 반응이나 교사의 상호작용을 잘 관찰하고 구체적으로 서술하였다. • 영아의 행동을 자세히 관찰하고 기록하였으나, 각 영아만의 개별적인 특성이 나타나지 않아 조금 아쉬웠고, 서로 다른 사례에서 비슷한 평가들이 반복되었다.
부분수업· 연계수업	• 영아들의 발달특성과 흥미에 대해 잘 파악하고 주제에 맞게 적절한 활동을 계획하였다. • 개별적으로 영아와 적절하게 상호작용을 하며 활동을 자연스럽게 전개해 나갔다.
반일 또는 종일수업	• 부분수업과 연계수업의 경험을 토대로 계획서를 작성하였고, 하루 일과를 자연스럽게 연결하여 잘 진행하였다. • 각 영역에서 영아들과 즐겁게 상호작용하였고, 영아들의 반응에 따라 활동을 진행하였다.
전체 평가	• 영아들과 적절한 방법으로 상호작용하려는 모습을 보여 주었고, 교사의 조건을 수용하여 다음 시간에 그대로 반영하려고 노력하는 모습이 나타났다. 도움이 필요한 곳이 있으면 교사가 요청하기 전에 먼저 움직이는 부지런함을 보여 주었다.

4. 실습생의 자기 평가표

실습생은 자기 평가표를 사용하여 일일 또는 주별로 자신에 대해 평가해 볼 수 있다. 실습생이 활용할 수 있는 다양한 자기 평가표를 제시하면 다음과 같다.

1) 실습생의 자기 평가표

<표 10-4>는 실습생의 자기 평가표는 실습에 임하는 기본 태도, 보육과정, 상호작용, 전문성을 위한 노력, 구성원들과의 관계, 학급경영 및 사무처리 능력에 대한 평가표를 개발하여 제시한 것이다. 본 평가표는 실습지도 경험이 3년 이상 있는 원장 1인과 실습지도 경력교사 3인에게 타당도를 검증받았다.

표 10-4 실습생의 자기 평가표 예 1

구분	평가내용	척도		
		그렇다	보통이다	그렇지 않다
기본태도	건강상태는 양호하였는가?			
	실습생으로서의 옷차림이 잘 정돈되어 있었는가?			
	영유아를 존중하는 태도와 상호작용을 하였는가?			
	실습생으로서 적절한 단어와 문자 구성을 유지하는가?			
	영유아 등원 전후 보육실의 준비사항을 점검하였는가?			
	보육실의 청결 유지를 위하여 노력하였는가?			
	어린이집 복무규정을 준수하는가?			
보육과정	활동에 적합한 학습 자료를 정해진 시기에 적저하게 제공하였는가?			
	영유아들의 질문이나 표현을 바탕으로 활동을 전개하였는가?			
	일상생활 지도를 일관성 있고 지속적으로 진행하였는가?			
	일과 운영을 융통성 있게 진행하였는가?			
	어린이집의 보육철학과 장단기 보육목표를 반영하여 수업이 계획되었는가?			
	보육과정을 계획할 때 유아들의 개별적인 요구와 흥미 그리고 선행 경험 및 지식에 기초하여 계획하였는가?			
	영유아의 발달을 고려하여 보육과정이 진행되었는가?			
	활동을 계획할 때 통합성을 고려하였는가?			
	매일 일과 후 활동을 평가하고 다음 활동에 반영하였는가?			
	일일 보육일지를 빠짐없이 기록하였는가?			
	영유아를 관찰하고 기록하였는가?			

	활동 중 영유아가 활동한 내용을 전시하여 자극하였는가?			
	영유아의 발달에 적합한 교수 전략을 사용하였는가?			
	어린이집 보육과정에 대한 개선안을 모색할 수 있을 만큼 충분히 어린이집의 보육과정에 대해 숙지하고 있었는가?			
상호작용	영유아의 발달적 특성을 이해한 상호작용을 진행하였는가?			
	영유아에 대한 감정 조절을 잘 하였는가?			
	영유아의 요구에 즉각 반응하였는가?			
	영유아의 언어적, 비언어적 표현을 자세히 관찰하고 민감하게 반응하였는가?			
	부정적 상호작용 보다는 긍정적 상호작용을 하였는가?			
	일상생활 활동 진행 시 기다리는 시간에 다양한 전이활동을 진행하였는가?			
	1 : 1 상호작용을 진행하였는가?			
	영유아의 발달에 적합하게 갈등을 중재하였는가?			
	친사회적 행동을 격려하였는가?			
	영유아의 놀이에 참여하였는가?			
	급·간식 지도 시 즐거운 분위기를 조성하였는가?			
전문성을 위한 노력	영유아 발달에 관련된 지식을 얻기 위해 노력하였는가?			
	보육과정 계획을 위해 전문적 자료를 찾아보려고 노력하였는가?			
	지도교사의 평가를 적극적으로 반영하였는가?			
	정규 실습 전 준비과정으로 보육 관련 연수에 참여하였는가?			
	전문가로서 자신의 약점, 부족한 점을 보완하기 위하여 노력하였는가?			
	최근의 보육 정보를 접하려고 노력하였는가?			
구성원들과의 관계	어린이집 행정체계를 이해하였는가?			
	담당 학급 이외의 교사에게도 예의를 다하였는가?			
	동료 실습생과 친밀감을 유지하도록 노력하였는가?			
	지도교사를 존중하였는가?			
학급경영 및 사무처리 능력	학급 원아의 출결 사항을 매일 체크하고 지도교사에게 알렸는가?			
	학급경영에 관련된 여러 가지 일을 처리함에 있어 일의 순서를 정해서 우선적인 일을 먼저 신속하게 처리하였는가?			
	학급 운영 및 영유아 보육 이외의 업무의 내용 및 제반 조건에 대하여 정확히 이해하고 있었는가?			

11

CHAPTER

보육실습 사후관리

학습내용

보육실습 6주가 마무리된 후 실습생이 실습기관에 제출해야 할 서류나 자료, 대학이나 양성교육기관에 실습확인서를 비롯하여 제출할 서류와 기록 보관, 또한 실습기관에서의 보육실습생 관련 자료들을 보내주거나 보관하는 등의 사후관리가 필요하다. 보육실습이 끝나고 학교로 돌아온 실습생들은 그동안 실습지도에 대한 감사함으로 전하거나 정규실습을 심화시켜 사후실습으로 이어지게 지도하여 전문적인 교사로서의 능력과 역할을 준비할 수 있도록 한다. 또한 대학이나 양성교육기관에서는 보육실습 이후 평가회의 논의를 통해 추후 보육실습에 도움이 될 수 있는 방안을 마련하고 그동안 보육실습 관련 자료를 보관하고 어린이집과의 관계를 유지하도록 노력해야 한다. 이 장에서는 보육실습 지도기관의 사후관리, 보육실습에 관한 기록대장, 보육교사 자격증 신청 등에 대해 구체적으로 살펴보고자 한다.

1. 보육실습 지도기관의 사후관리

1) 관련자료 송부 및 보관

(1) 대학이나 양성교육기관에 보내야 하는 서류

보육실습기과에서는 보육실 종료 후 14일 내에 다음의 서류를 보육교사 양성교육기관에 송부한다.

- 보육실습생 출근부
- 보육실습 확인서
- 보육실습 평가서
- 보육실습비 영수증
- 보육실습 결과보고서
- 보육실습일지
- 보육실습 지도교사 자격증 사본(보육실습확인서: 어린이집지원시스템 출력 시 불필요)

- 어린이집 인가증 사본 또는 어린이집 위탁계약증서 사본(보육실습확인서: 어린이집지원시스템 출력 시 불필요)
- 어린이집 평가인증서 사본(보육실습확인서: 어린이집지원시스템 출력 시 불필요)

(2) 어린이집에서 보관해야 하는 서류

어린이집에서는 다음의 문서를 이후 5년 동안 보관한다.

- 보육실습확인서 사본
- 보육실습 결과보고서 사본
- 보육실습비 영수증 사본
- 보육실습 지도교사 자격증 사본

2) 보육실습 기록대장

보육실습생과 관련된 세부사항을 '어린이집 보관용 보육실습생 기록대장'에 정확히 기록하여 영구 보존한다. 보육실습 기록대장에는 보육실습생의 개인정보가 수록되므로 실습기관에서는 보관에 특별히 유의해야 한다.

2. 양성교육기관의 사후관리

1) 보육실습 관련자료 보관

보육교사 양성교육기관에서는 보육실습과 관련하여 실습기록대장은 영구 보존하고, 다음에 제시한 자료는 연도별로 5년 동안 보관한다.

- 보육실습확인서 사본
- 보육실습기관 방문 결과보고서
- 보육실습 평가서

- 보육실습 결과보고서
- 보육실습비 영수증 사본
- 보육실습 동의서
- 보육실습 지도교사 자격증 사본(보육실습확인서: 어린이집지원시스템 출력 시 불필요)
- 어린이집 인가증 사본 또는 위탁계약증서 사본(보육실습확인서: 어린이집지원시스템 출력 시 불필요)
- 어린이집 평가인증서 사본(보육실습확인서: 어린이집지원시스템 출력 시 불필요)

2) 보육실습 기록대장

■ **어린이집지원시스템을 통한 보육실습 관리**

어린이집지원시스템을 통한 보육실습 내용 등록·제출방법

① 보육실습 내용 등록방법: 어린이집지원시스템 → [교육관리] → [보육실습생관리] → [등록]에서 보육실습생 정보와 실습지도교사 정보를 입력 → [저장]하여 등록완료

② 보육실습 내용 제출방법: 어린이집지원시스템 → [교육관리] → [보육실습생관리] → 대상자 조회 후 [선택] → [제출](메시지 창 확인) → [확인]하여 제출완료

※ 주의

- 실습을 2회로 나누어서 실습한 경우에는 보육실습생 등록 및 제출을 각각 해야 함
- 제출된 내용은 자격취득을 위한 정보로 전송되므로 제출 이후에는 수정 불가
- 보육실습생 등록 및 수정은 실습종료일 이후 2개월 이내에만 가능함

- 2013년 3월부터 어린이집에서 보육실습을 이수하는 경우, 어린이집지원시스템에 보육실습 내용을 등록·제출하여야 함

양성교육기관은 보육실습과 관련된 세부사항을 보육시습생 기록대장에 정확히 기록하여 영구보존한다. 보육실습생 기록대장에는 보육실습생의 개인정보가 수록되므로 양성교육기관은 특별히 유의하여 보관해야 한다.

〈국가자격제도 안내〉

1) 보육교직원 자격제도
- 어린이집 원장·보육교사 국가자격증 제도
  - 어린이집 원장과 보육교사 자격관리의 효율성 및 투명성을 제고하고, 보육서비스의 질적 수준을 향상하기 위하여 국가 자격증 제도를 도입함
  - 어린이집 원장과 보육교사로 근무하기 위해서는 보건복지부장관이 검정·수여하는 국가자격증을 받은 사람이어야 함

2) 자격검정 및 자격증 발급
- 자격검정 및 자격증 발급기관
  - 발급기관: (재)한국보육진흥원
  - 어린이집 원장·보육교사의 자격검정 및 자격증 (재)발급에 관한 업무는 한국보육진흥원에서 수행

  * 관련 근거: 「영유아보육법」 제51조의2 및 같은 법 제26조의2(업무의 위탁)
- 자격검정 및 자격증 발급
  - 자격검정 일반원칙: 어린이집 원장·보육교사의 자격검정은 무시험을 원칙으로 하며, 「영유아보육법」 시행령 제21조 [별표1]에 의한 자격기준을 갖추었는지의 여부를 신청자가 제출한 서류를 심사하여 검정

  * 자격검정 및 자격증 발급 관련 중요사항은 어린이집종사자 자격검정위원회(보건복지부 훈령 제4호)의 심의·의결을 통해 결정
  - 자격증 발급: 어린이집 원장·보육교사 자격기준을 갖추고 자격검정에 합격한 사람에게는 「영유아보육법 시행규칙」 제18조 제3항 관련 별지 제12호의2 서식에 따른 자격증 발급

3. 보육교사 자격증 신청

1) 자격증 신청방법

보육교직원 자격증은 보육인력 국가자격증 홈페이지에서 개인 및 단체(대학 또는 보육교사교육원에 한함)로 신청 가능하다. 인터넷 신청을 원칙으로 하며 자격증 신청과 관련된 모든 구비서류는 한국보육진흥원(홈페이지 주소 참고)으로 등기로 발송해야 하며(등기번호 보관 요망), 자격증 신청후 반드시 '나의 자

격증 신청진행현황'을 통해 진행 상황을 확인한다(보육인력 국가자격증 홈페이지: http://chrd.childcare.go.kr).

2) 보육교사 자격증 개인 신청방법

개인별 해당 구비서류와 수수료를 준비한 후 다음 인터넷으로 신청한다.

① 보육인력 국가자격증 홈페이지 회원가입 후 '자격증 신청' 페이지에서 신청(신규, 승급, 재교부)을 한 후 발급 수수료(10,000원)를 납부하고 발급 신청서와 구비서류는 별도로 등기우편으로 발송한다.

② 인터넷 신청자의 수수료 입금 중 가상계좌결제는 반드시 개별로 부여되는 계좌번호로 기한 내 입금해야 한다.

3) 보육교사 자격증 단체 신청 방법

대학(교) 또는 보육교사교육원 등 교육기관에서 보육인력 국가자격증 홈페이지를 통해 단체 회원가입을 하고 보육교사 자격증을 신청한다. 단, 신청인원은 5인 이상(5인 미만 신청불가)이어야 하며, 동일 자격급수, 동년도 졸업(예정)수료자에 한해 신청 가능하다.

인터넷 단체 접수절차 완료 후 공문과 단체 신청자명단, 개인별 구비서류는 등기우편으로 제출해야 하며 보육교사 자격증은 단체신청 기관으로 일괄 발송된다.

단체 신청 관련 상담 안내는 다음과 같다.

- (전화상담) 한국보육진흥원 상담데스크 1661-5666
- (카카오톡 상담) 친구찾기 → ID 검색 → '보육교사자격' 친구추가

4) 자격증 신청을 위한 구비서류

(1) 보육교사 1급

자격기준	구비서류
1. 보육교사 2급 자격을 취득한 후 3년 이상의 보육업무 경력이 있는 사람으로서 보건복지부장관이 정하는 승급교육을 받은 사람	① 보육교사 2급 자격증 사본 ② 경력증명서 원본 ③ 승급교육 수료증 원본 또는 수료증명서 원본 ④ 사진파일(인터넷 신청 시 사진 등록) ⑤ 자격증 발급신청서(인터넷 신청 후 출력)
2. 보육교사 2급 자격을 취득한 후 보육 관련 대학원에서석사학위 이상을 취득하고 1년 이상의 보육업무 경력이 있는 사람으로서 보건복지부장관이 정하는 승급교육을 받은 사람 ※ 보육교사 2급 자격을 취득한 후 보육관련 대학원 입학전에 1년 이상의 보육업무 경력도 인정. 단, 대학원 재학기준 중 보육업무 경력 인정 불가	① 보육교사 2급 자격증 사본 ② 석사학위증명서 원본 ③ 석사성적증명서 원본 ④ 경력증명서 원본 ⑤ 승급교육 수료증 원본 또는 수료증명서 원본 ⑥ 사진파일(인터넷 신청 시 사진 등록) ⑦ 자격증 발급신청서(인터넷 신청 후 출력)

보육 관련 대학원
가. 학과(전공) 및 학위명에 '보육, (영)유아, 아동'의 단어가 포함된 대학원 나. 가의 경우가 해당되지 않을 경우 보육 관련 교과목 이수기준으로 인정 (보육 관련 교과목 최소 15학점 이상 이수하고 석사 학위를 취득한 경우 인정)

(2) 보육교사 2급

자격기준	구비서류
1. 전문대학 또는 이와 같은 수준 이상의 학교에서 보건복지부령으로 정하는 보육 관련 교과목 및 학점을 이수하고 졸업한 사람	① 보육 관련 교과목 및 학점을 이수하고 졸업한 학교의 졸업증명서 원본 ② 보육 관련 교과목 및 학점을 이수하고 졸업한 학교의 성적증명서 원본 ③ 보육실습확인서 원본 ④ 사진파일(인터넷 신청 시 사진등록) ⑤ 자격증 발급신청서(인터넷 신청 후 출력)
2. 보육교사 3급 자격을 취득한 후 2년 이상의 보육업무 경력이 있는 사람으로서 보건복지부장관이 정하는 승급교육을 받은 사람	① 보육교사 3급 자격증 사본 ② 경력증명서 원본 ③ 승급교육 수료증 원본 또는 수료증명서 원본 ④ 사진파일(인터넷 신청 시 사진 등록) ⑤ 자격증 발급신청서(인터넷 신청 후 출력)

* 학점은행제로 보육관련 교과목 및 학점(17과목 51학점-보육실습포함)을 이수하여 학위를 취득하시는 경우 반드시 학위취득 이후에 보육교사 자격증을 신청하시기 바랍니다.
* 전문대학 또는 이와 같은 수준 이상의 학교에서 보육관련 교과목과 학점 중 일부를 이수하고 전문학사학위 이상을 취득한 경우, 이후 대학(교) 또는 학점은행제에서 나머지 교과목과 학점을 이수하고 반드시 전문학사학위 이상을 다시 취득해야 함

(3) 보육교사 3급

자격기준	구비서류
고등학교 또는 이와 같은 수준 이상의 학교를 졸업한 사람으로서 보건복지부령으로 정하는 교육훈련시설에서 정해진 교육과정을 수료한 사람	① 졸업증명서 원본(양성교육과정 수료이전) ② 교육훈련시설 수료증 원본 ③ 교육훈련시설 성적증명서 원본 ④ 보육실습확인서 원본 ⑤ 사진파일(인터넷 신청 시 사진 등록) ⑥ 자격증 발급신청서(인터넷 신청 후 출력)

참고문헌

김선영, 서원경(2010). 보육실습. 경기: 교문사.

김선영, 서원경(2010). 보육실습 현장에서 실습생이 들려주는 스트레스와 대처. **아동학회지**, 13(2), 135-150.

김영옥 외(2007). **영유아인성교육프로그램**. 서울: 다음세대.

박성미(2005). 보육실습에 대한 예비보육교사의 인식 및 요구 조사. **영유아보육연구**, 8. 129-143.

배소연(1993). 유아교사의 실천적 지식과 교사교육의 방향. **교육학연구**, 31(5), 53-171.

배소연, 윤기영, 조부경(1994). 4년제 대학 유아교육과의 교육실습에 관한 연구. **유아교육연구**, 14(1), 173-197.

보건복지부(2016). 「**2016년 보육사업 안내**」. 보건복지부.

보건복지부(2020). 「**2020년도 보육사업안내**」. 보건복지부.

보건복지부·육아정책연구소(2016). **보육교사 양성과정 및 보육실습 매뉴얼 연구**. 보건복지부.

보건복지부·육아정책연구소(2016). **보육교사운영 매뉴얼**. 서울: 보건복지부·육아정책연구소.

보건복지부·한국보육진흥원(2016). 보육교사 자격기준 변경안내.

부산광역시 육아종합지원센터(2015). 어린이집 보육교직원 및 영유아 인성교육 프로그램.

육아정책연구소(2010). 보육시설장·교사 윤리강령 개발 연구.

윤기영 외(2001). **유아교육실습지도 지침서**. 경기: 양서원.

윤기영, 정현숙(1998). **유아교사를 위한 교육실습연구**. **청담아동연구소시리즈**. 13. 서울: 창지사.

이미화, 강은진, 김은영, 김길숙, 엄지원(2016). **보육교사 양성과정 및 보육실습 매뉴얼 연구**. 육아정책연구소.

이미화, 임승렬, 조형숙, 유은영, 송신영(2007). **육아지원 인력양성 교육과정 모형개발 연구**. 육아정책개발센터.

이은화, 배소연, 조부경(1995). **유아교사론**. 경기: 양서원.

임승렬(1998). 2년제 유치원교사 양성대학의 교육실습 개선방안 연구. **한국교사교육**. 15(2). 128-149.

임승렬(2008). 유아교육기관 실습지도교사가 실습생에게 제공하는 피드백 프로파일 분석. **유아교육학논집**, 12(5), 349-366.

임승렬(2012). **보육실습**. 경기: 공동체.

최경애, 오애순(2000). 어린이집에서의 보육실습 내용연구. **덕성여자대학교 학생생활연구**, 5, 117-139.

최석란, 서원경(2017). 보육실습 개정안에 따른 어린이집 원장, 보육교사, 예비보육교사의 인식 및 요구. **디지털융복합연구**, 15(12), 79-93

한국보육진흥원(2010). **표준보육실습지침: 양성교육기관용**.

한국보육진흥원(2013). **어린이집에서의 보육실습지도**.

한국보육진흥원(2017). **어린이집에서의 보육실습지도**.

Caruso, J. J.(2000). Cooperating teacher and student teacher phases of development. *Young Children,* 55(1), 75-81.

Decker, C. A. & Decker, J. R.(1984). *Planning and daministering early childhood programs*(3th ed). Columbus: Charles E. Merrill Publishing Co.

Eisner, W. E.(1983). *The educational imagination: On the design and evaluation of school programs*. New York. Macmillan.

Spodek, B. & Saracho, O. N.(Eds.)(1998). *Multiple perspectives on play in early childhood education*. Albany:State University of New York Press.

꼬망세 http://www2.edupre.co.kr

저자약력

■ **윤은경**

유아교육학박사
상담학박사수료
전) 전남대학교 유아교육과 외래교수
광신대학교 유아교육과 겸임교수
목포가톨릭대학교 외래교수

<주요 저서>
영유아발달
다중지능이론에 기초한 유아과학교육 프로그램 개발 및 효과
빅데이터에 나타난 청소년 생애설계에 대한 의미분석
유아용 그림책에 나타난 유아과학교육 내용분석

■ **이미나**

아동가족학박사
상담심리학박사
광신대학교 복지상담융합학부 교수
광신대학교 대학원 휴먼서비스교육학과 주임교수

<주요 저서>
영유아발달, 부모교육, 모래상자치료 입문
임상미술치료이론과 실제, 다문화가족복지와 상담
청소년교육론, 학교폭력예방 및 학생의 이해
중독상담과 재활, 노인돌봄과 노인상담

■ **김형수**

사회복지학박사
광신대학교 복지상담융합학부 교수

<주요 저서>
청소년 교육론, 청소년 문제와 청소년 복지
사회복지 법제론, 사회복지개론
사회복지조사론, 지역사회복지론
사회복지행정론, 사회보장론

예비영유아교사를 위한

보육실습

초 판 1쇄 인쇄 / 2021년 1월 10일
초 판 1쇄 발행 / 2021년 1월 15일

•

공저자 / 윤은경 · 이미나 · 김형수
발행인 / 이 중 수
발행처 / **동 문 사**

•

서울특별시 서대문구 홍제원 1길 12
(홍제동 137-8)
Tel: 02)736-3718(대), 736-3710, 3720
Fax: 02)736-3719
등록번호: 1974.04.27. 제9-17호
가격: 14,000원

•

ISBN: 979-11-6328-255-6(93370)
E-mail: dong736@naver.com
www.dongmunsa.com